本书系江西省高校人文重点研究基地江西科技师范大学数字化社会与地方文化发展研究中心开放基金项目“《江西农工商矿纪略》整理”（项目编号:2023KFJJ48）研究成果、获得江西科技师范大学著作出版资助项目资助

江西农工商矿纪略

傅春官／辑
张祥卉／点校

江西人民出版社
Jiangxi People's Publishing House
全国百佳出版社

图书在版编目（CIP）数据

江西农工商矿纪略 /（清）傅春官辑；张祥卉点校. -- 南昌：江西人民出版社，2023.11
ISBN 978-7-210-14932-3

Ⅰ. ①江… Ⅱ. ①傅… ②张… Ⅲ. ①江西－地方史－史料 Ⅳ. ① K295.6

中国国家版本馆 CIP 数据核字（2023）第 226346 号

江西农工商矿纪略 （清）傅春官　辑　张祥卉　点校
JIANGXI RONG GONG SHANG KUANG JILÜE

责任编辑：邓丽红
封面设计：同异文化传媒

江西人民出版社 Jiangxi People's Publishing House 全国百佳出版社 出版发行

地　　址：江西省南昌市三经路 47 号附 1 号（邮编：330006）
网　　址：www.jxpph.com
电子信箱：551904078@qq.com
编辑部电话：0791-86898702
发行部电话：0791-86898815
承 印 厂：北京虎彩文化传播有限公司
经　　销：各地新华书店

开　　本：889 毫米 ×1230 毫米　1/32
印　　张：13.625
字　　数：310 千字
版　　次：2023 年 11 月第 1 版
印　　次：2023 年 11 月第 1 次印刷
书　　号：ISBN 978-7-210-14932-3
定　　价：46.00 元
赣版权登字 -01-2023-555

点校前言

《江西农工商矿纪略》共六册，清傅春官辑。

傅春官（1878—？），字苕生（一作调生），清末江宁（今江苏南京）人，勤于学问，熟悉乡邦文献，精通版本目录之学，撰有《金陵历代建置表》（1 卷）、《百无可斋近体诗》（1 卷），辑刊《金陵丛刻》《金陵琐事》等书，曾任江西补用道、江西实业学堂总办、江西省劝业道尹等。

清末新政时期（1901—1911），清政府“廑念民生，提倡实业”，实行新政改革，社会各阶层热心参与实业活动，全国上下形成一股“实业热”。在此背景下，江西地方政府转变观念，重新认识江西传统经济，积极参与、领导改革，成立农工商矿各式机构，颁布实业章程，实施鼓励实业发展的政策。正如傅春官在《江西农工商矿纪略》序中所言：“江西物产丰饶，民质勤苦，水陆交通，运输便利；只以腹处内地，风气犹未甚开，而民生困苦，已日甚一日。自奏设农工商矿局后，累任大府暨本省名公巨卿，凡于实业攸关，靡不竭诚尽智，力为提倡。”而傅春官“亦适承乏其间”。光绪三十一年（1905），江西农工商矿务总局和学务处在农事试验场内筹设江西实业学堂，招生 100 余人，傅春官任总办。光绪三十二年（1906）秋间，由商部札委傅春官充商务议员。光绪三十四年（1908）12 月，江西增设劝业道，傅春官任道尹。任职江西期间，他意识到“天演进化，瞬息千里，如斤斤循故步，守成法，决不能免生存之淘汰”，于是“爰就各属报告之成迹，分门别类，钩稽贯串，汇集《农工商矿纪略》一书，远师货殖考工之遗意，近仿宪政统计之成规”，以期“各属互相比较，互相竞争，务使全省实业界日趋进步，立致富强”。该书详细记录了清末江西为振兴农、工、商、矿所制定的方针、政策，以及各地在执行过程中所采取的办法措施，全面反映了江西各府州县实业兴办状况，为研究近代江西经济史提供了重要史料。

本次点校以江西省图书馆古籍部所藏光绪三十四年（1908）石印本为底本。该书保存较好，除第六册饶州府一册校勘记误定于第三册赣州府之后，仅饶州府余干县农务部分有一页破损，今据国家图书馆古籍部藏本补。

江西省当时下辖13府2州3厅75县，原书无目录，依行政区划按农务、工务、商务、矿务四类分别记录各地实业兴办情形，分六册，竖排，采用繁体字且多异体字，均长篇不分段。为方便读者阅读，本次整理将六册汇集一本，按行政区划编排目录，全书采用横排、简体，原则上按年、月分段，人名中的异体字则加以保留。另，为表示尊崇，原书每逢提及上级官员均另起段，叙述涉及上级官府部门则空一格，本次均直接予以接排。

原书每册之后附有校勘记，本次整理均径改不出校。原书中一些明显的版刻错字，如“己、巳、已”常常不分，“刺”原作“刺”，等等，均径改。另古籍中经常混用的“祇、祇”“祕（秘）、祕”等字，也依文意径改不出校。

本书语言较通俗易懂，本次整理主要对少数人名、地名、术语、特殊用字及冷僻字词等予以简注。

由于本人水平所限，不足之处在所难免，敬请读者批评指正。

江西农工商矿纪略

厥初洪荒，生民浑噩，穴处巢居，茹毛饮血。经几许时代而部落以蕃，经若干岁月而种族以判。资生迫促，群起骇愕，畋渔不足，转为游牧；游牧不足，转为耕稼。畎亩易而后炉冶张，金木攻而后舟车运。民欲愈奢，民业愈宏。由是社会之形著，国家之制立矣。生齿递密，物力有限，畜牧垦辟，制造贩运，仅仅规矩高曾，决不足自图生活，竞存于世。于是以化学改良种植，分析土质，而地利靡遗；以机械精求制作，减省人力，而技艺日新。有铁道航业以便转运，有公律专章以资提倡，而贸易浸盛。生计既裕，治制益进，此天演自然之序也。顾民生之存亡，恒视生计舒蹙为比例，始而个人竞争，继而团体竞争。迨海陆交通，列国并峙，则有异族竞争。生活复杂，其种以优胜，以强霸；生活单简，其种以劣败，以澌灭。由前之说，若英、美列强是已；由后之说，若印度、波兰是已。

嗟夫！二十世纪之时代，实生计竞争最剧烈之时代也。迩者欧风墨雨，相逼东来，亚洲市场，竞先捷足，而中国适为其盘涡点。顾物力之内积，睹利权之外溢，其前途危险为何如耶？然民智未开，端资启导，实业不振，首在提倡。欧美列邦，职业判分，功能各著，学术以造就之，名利以激劝之，其民业之盛固已。即中国往古，教稼明农，制器尚象，司市卝人①，列为专官，其鼓舞董劝②之法，何尝不委曲繁缜，日即文明。

① 卝人：即古代掌管矿产的官吏。《说文·石部》："卝，古文矿。"

② 董劝：督导劝勉。

自秦汉后，政事崇尚空言，儒者耻言实业。二千年来，陇乏才氓，巷鲜才侩，暗陋困乏，以迄于今。此其故可思已。

朝廷廑念民生，提倡实业。自京师设立农工商部，各行省之专局分所，联翩兴起，责成既专，收效自易。江西物产丰饶，民质勤苦，水陆交通，运输便利；只以腹处内地，风气犹未甚开，而民生困苦，已日甚一日。自奏设农工商矿局后，累任大府暨本省名公巨卿，凡于实业攸关，靡不竭诚尽智，力为提倡，而春官亦适承乏其间。其于农务，则有试验场、农业学堂、农报、农会之设，而垦荒造林，亦皆蝉联兴办;其于工商，则凡所设立之工艺局、樟脑局及轮船、铁路、磁器、砖瓦、碾米、电灯各公司，或拨费以助其成立，或奖劝以期其发达；其于矿务，则萍乡之煤、赣州之铜、抚州之硝磺，均已设有专局，后先开办。本局之提倡赣省实业界，其办理已有成迹，及接续创办者，略具于斯。然又虑外属之囿于风气，不能周知遍及也。于是就各属逐月政事表内，详加核度，代为规画。复不时派员考察，或奖励以劝其余，或督责以勉不及，风声所树，影响斯宏。盖本局具统核劝导之责。而凡属利民用厚民生者，条目正为繁赜，全在各牧吏及就地士民闻风兴感，次第举行。多垦一荒地，即地方少一旷土；多设一艺所，即地方少无数游民。营业愈繁，生计愈富，得尺得寸，递推递广。此则本局与各属官绅，共为勖勉，以期无忝厥职者也。爰就各属报告之成迹，分门别类，钩稽贯串，汇集《农工商矿纪略》一书，远师货殖考工之遗意，近仿宪政统计之成规，盖一赣省实业界进化之实录也。抑尤有进者，天演进化，瞬息千里，如斤斤循故步，守成法，决不能免生存之淘汰。兹编之设，原以期各属互相比较，互相竞争，务使全省实业界日趋进步，立致富强，则谓以是编为嚆矢可也。

光绪戊申秋九月江宁傅春官识

【目录】

【南昌府】

农务

光绪二十八年四月，前抚宪李以江省实业未兴，生财无术，奏设农工商务总局。以粮道刘观察[①]心源督办局务，详定简明章程。通饬各属设立分局，派绅经理。

二十九年秋间，前护抚宪柯以节经费、省文书，奏明归并派办政事处，改为农工商务所，奏留绅士华侍御煇会办农务。另设农务公所，以为绅士会议之地。

三十年三月，前署抚宪夏以振兴实业，必须官绅一气，乃能有成，奏设农工商矿总局。以派办处农工商务、矿务两所，划出归并本局经理，而农务公所亦迁移于局内，是为本局设立之始。

窃思振兴实业，首在劝农，而蚕桑实为农家大利。江省土性温腴，最为合宜。惟民间风气未开，莫知其法，故向不饲蚕，亦无种桑者。其劝兴蚕桑时，在本局尚未设立之先。光绪二十二年三月，前藩司翁方伯[②]曾湘于省城设立蚕桑局，并买城外荒地，栽种桑秧，委南昌府经理其事。二十九年六月改隶本局，派委专员办理。育蚕缫丝，织成縐绉，仅较湖丝略逊一筹。乡民领取桑秧者，日益众多。各属闻风兴起，亦多种桑养蚕者。

三十年复设立农事试验场。其该场尚未设立以前，闻沪

---

① 观察：唐代于不设节度使的区域设观察使，省称“观察”，为州以上的长官。宋代观察使实为虚衔。清代作为对道员的尊称。

② 方伯：殷周时代一方诸侯之长。后泛称地方长官。汉以来之刺史，唐之采访使、观察使，明清之布政使，均称方伯。

上刊有《农学丛书》及《农学报》，随经函购，分发各属。督同局绅，一体阅看；摘录要语，刊刷演讲，俾士夫农人，咸知观感。四月，即在进贤门外租赁民地百四十亩，设立试验场。六月，考选学生傅尔斌等十二名，咨送东洋学习实业。九月，延派素讲农学兼谙化验之龙绅锺泖，驻场经理农事，赴沪购置化学仪器，觅致东洋及外省佳种，招募农工，讲求播种培壅之法。并附设畜牧厂，孳养牛马鸡羊，生息颇蕃。

三十一年七月，于试验场内，添设实业学堂。自十二月兴工，至次年季冬工竣。先后招考学生百人，分为甲、乙两班，先教以农学专科。厘定章程，增添教习。并聘日本林学士斋藤丰喜，教授农学、算学、理化、博物诸科。

三十二年，添租民地，创办森林，以实业学堂教习斋藤丰喜兼充森林长。秋间秦军门[①]炳直、陈臬来江，择地创建习艺所，拟就蚕桑局房屋经营改造；议定，会文具详。遂将蚕桑事宜，归并试验场经理；而蚕桑局内桑园之桑，亦移置于该场内矣。十二月，据龙绅将开办以后试验各事，著书三种：曰《土壤定量分晰术》、曰《乙巳农事试验记》、曰《农艺分科实验报告书》。业经转呈前抚宪吴察核。并移送司道，暨发各属，会绅讨论，晓谕农民，量地仿办，逐渐推广。

三十三年正月，川藩许方伯涵度，以川省奏设农务总局，移请抄录场内规则、学堂章程，并泐[②]专函，细询办法。业经抄录备文移复矣。

---

① 军门：明代有称总督、巡抚为军门者，清代则为提督或总兵加提督衔者的尊称。

② 泐（lè）：书写。

三月，学部视学官[1]罗署正振玉、张进士煜全来江查学，诣场考验。据其意见书，谓试验场管理精密，惟牧地苦湿，亦太狭，宜用排水法令干燥；并稍扩充，兼植牧草，以便畜牧，则尤为完善。实业学堂管理得人，办理认真，校舍、学科均尚合宜。当经本局敦嘱经理试验场之龙绅，于种植则力求进步，于畜牧则力求改良。惟实业学堂办理仅及两年，嗣因本局经费无着，改归提学司管理。盖财力困难，无如何也。

四月，本局以试验场仅设省垣，其所得新理新法，莫由尽人告知，遍及穷乡，惟有按月编辑《农报》，刊刷布告。但非于本省土宜、气候、出产、耕稼诸事先行调查，奚能酌示办法？拟于该场附设农业研究总会，并于各属创设支会。详请咨部立案。旋奉批示，颇蒙奖许。现已按期出报矣。

工务

江省官办工艺局厂，权舆于光绪二十七年，前臬司柯侍郎逢时改自新所为工艺院，是为官办工艺局厂之始。而城外工艺厂，乃相继设立。二十九年四月，赣南道江观察毓昌守南昌时，于进贤门城外，创设工艺厂，仿制西式木器，织造各种洋布。嗣因经费不足，由本局资助三千金，以维持之。三十年秋间，本局构建陈列所，通饬各属，将土产货物，解送陈列，以资考验而示改良。三十一年九月，选择各属制造各品，委张倅宝鑑解赴京师，呈送商部陈列所。三十二年秋间，前臬司秦廉访炳直莅任，遵照部章，拟设罪犯习艺所，而以工艺院基地太

① 视学官：清末巡视各地学务之官。光绪三十二年（1906）设。属学部者十二人，正五品，专任巡视京外学务。

狭，议迁于蚕桑局内，修葺房屋，广辟工厂。商之本局，会文具详，而习艺所乃以成立。该所工艺，亦制西式木器，并织各色布、柳条布、毛巾等类，与工艺厂足相颉颃云。三十二年十二月，农工商部以工艺厂制造洋式布匹，尚有可观，赏给工用相得匾额一方；当经发给工艺厂悬挂，以示鼓励。三十三年二月，本局拟遵端、戴两大臣①奏案，将百花洲房屋就势修理布置，建造公园，并将陈列所移置于公园之内，以便观览。详奉抚宪瑞②批准照办。旋即派员监修，一俟工程完竣，即将陈列所货物，先行迁移。此官办工艺之大略也。

其民办工艺，则以工艺局为最先。光绪二十六年，分部主事曾绅秉钰独出万金，于城外设工艺局，专织各种洋布，广收艺徒。各属多有派人赴该局学习者，创开风气，成效可观。三十二年春间，绅士熊葆丞独出资本，开设全体适制造厂，专制洋式木器，与习艺所、工艺厂所制者相埒，获利甚厚。三十三年四月，商务总会以曾绅所办工艺局颇著成绩，申请农工商部批准立案。旋准移知到局，已饬属照章保护矣。又有湖北工业学堂毕业生王廷桢、王嘉宾等，禀设工业学堂，并附设制造试验厂。批饬择定校舍，妥议章程。惟其经费支绌，未知能否成立。此则民办工艺之大略也。

---

① 端：即端方（1861—1911），清末大臣，官至直隶总督、北洋大臣。戴：即戴鸿慈（1853—1910），字少怀，广东南海人。身历咸丰、同治、光绪、宣统四朝，官至礼部尚书、法部尚书、军机大臣、协办大学士，正一品官阶，是清末一品重臣。

② 瑞：即瑞澂（1863—1915），清末大臣。1907年先后任江西按察使、江苏布政使、江苏巡抚。抚宪即下属对巡抚的尊称。

商务

江省虽为水陆交通之区，因向不行驶小轮，行旅往来不便，是以昔年商务未甚发达。自省城以至九江，必须经过鄱阳湖，民船载运，时有风浪之险。光绪二十一年，始由福康公司创办，初用浅水小轮，拖带民船，行旅便之，利益日拓。现有安济、飞渡、利济、稳渡、康济五艘。而官商合办之商轮公局，遂于二十八年相继设立。嗣因修理需费，由本局先后借给六千金，以助其成。现有鸿庆、西清、西泰、西昌、西平、宜大、西大七艘，可期逐渐获利。又祥昌公司于三十年开驶，现有祥云、祥吉、振鹭三艘。见义公司亦于三十年开驶，现有如云、华安、鸿安、华寿四艘。太古公司于三十一年开驶，有沙市、吉安二艘；现因沙市赴沪修理，吉安行驶长江，遂至停班。鸿泰公司于三十二年开驶，现有飞云一艘。道生公司于三十二年开驶，有敦仁、敦信、敦智、敦庆四艘。江省航业，日见发达。以上各公司，惟太古系英商开设，客货并载，颇碍民船生理。其余各公司，均止载客而不载货，于民船生理无碍，是以相安无事云。又临川县民人胡受正自制机器，用民船改造浅水无火轮船。于三十三年，禀经本局派员试验，机器虽然笨重，较之民船，驾驶尚为灵便。已准其立案，并谕令力求改良矣。

光绪二十八年，前护抚宪柯以江省现银缺乏，周转不灵，议行官票，准民间完纳丁漕厘税[①]，与现钱无异。奏设官银钱总号于省垣，本局所收各属灯捐银钱，悉存放于官号，以资流

① 丁漕：按人口交纳的漕粮。厘税：晚清起实行的一种商业税。分坐厘、行厘两种，前者征货物交易税，后者征货物通过税。因税率按货值抽若干厘，故名“厘税”。又叫“厘捐”“厘金”。

通。嗣于九江、汉口、上海各设分号。三十二年，又于景德镇、义宁州，设分号二处。三十三年，又于吉安、赣州、抚州、河口、上高，各设分号；并于饶州、樟树镇，各设兑解所。现在官票通行，人多宝重之，而商家通用之票，遂日见减少云。江省设立铜元厂，亦始于二十八年。前护抚宪柯以江省制钱不足，虽行用官票，仍不敷周转，奏设斯厂于德胜门外，建造房屋，购买机器，铸造铜元。所需铜筋，先以赣州铜矿所出自然铜，解运鼓铸，不足则购自上海；嗣后专购铜饼，日出数十万元。并于厂内附设子弹厂，旋因添买机器，将子弹厂裁撤。三十二年，由部议定划一币政，赣省无须设厂；三十三年春间，业已停铸。惟数年以来，官票通行，铜元充斥，而现银并不见多，价乃异常昂贵，昔时每钱一千，可购现银九钱，近日仅易银六钱上下。百物价值，较前倍昂，此则官票、铜元之影响也。

创办铁路之举，由绅倡其议，实由官助其成。三十年十月，在籍山东候补道梅绅启熙等，以江西全省铁路统归本省绅商自行承办，公举在籍绅士前江宁藩司李绅有棻为督办。禀奉前署抚宪夏批准。并照会李绅，会办本局事宜，以期官绅联为一气；会同各绅，速筹铁路办法。旋奉行准商部电开，已由部奏请派为总办。奉旨著照所请钦此。行局照会李绅，钦遵查照办理。十一月，李绅以铁路局开办伊始，所有置备器物，以及发给薪水、工食等项，在在需款支应，移商本局，挪借银五千两；三十一年二月，又以工程师不日来江，请再挪借银一万五千两，一俟招股齐全，即行如数移还。均经本局先后移送，协力维持。嗣由铁路局绅董会议，以全省地段绵长，先从南浔第一段办起。其筹款之法，除招股外，并于出口大宗货物，如米谷、竹木、茶叶、瓷器、夏布、靛青等项，酌量抽捐，填给股票，以维路政而图公益。现已购地开工，填土安轨。惟本局前借之二万两，犹以股未招齐，尚未移还云。

江省街市，自设立警察局以后，始有路灯，行人称便；然所用皆洋油灯，明暗未能一律。三十一年冬间，永新县举人贺赞元等禀设电灯公司，现正招集股本，将来可望开办。

江省素为产米之区，舂米向用石碓，施以人力，工资极贵，米价仍然不能平减。三十二年夏间，庐陵县职商萧庚良等禀报集资十万两，创办厚生机器碾米公司。三十三年，续据禀报，于进贤门外建设机器厂屋，并于广润门外设立总公司，于城内外多设分店，所购机器，不日可到。当经本局批准立案，一俟开办有期，即行报部注册。

商务之振兴，须有人提倡，尤须有人调查。三十二年秋间，由商部札委春官充商务议员。复因省城设立商务总会，由会董公举候选道刘景熙为总理，候选道朱葆成为协理。奉部核准札委，以期联络商情。商务发达，拭目可俟。

江省修造房屋，需用砖瓦，向由人力制造。三十二年冬间，候补知县徐象藩等，于德胜门外鸡笼山，设立吉祥机器砖瓦公司。由商会禀报农工商部批准注册，于三十三年四月初一日开工，较人力制造者，颇为坚实。

樟脑为用甚广，江省产樟最多。近年以来，民间始知熬脑之法，其禀准设立公司者，先后共有南昌生利、新建兴利、赣州益华、万安务本、南安同益、庐陵裕华、清江志成、龙泉开源、安福章华、吉水福利十起。二十九年，议归官办，因无款中止。三十二年冬，复议设立樟脑官局，由藩司拨款三千两，以为开办经费，委洪倅嘉荫经理其事。三十三年春间，于德胜门外，建设局厂，一俟竣工，即可设灶熬脑矣。

矿务

江省矿产富饶，而尤以煤为多，皆由本地民人，自行开采，资本不足，作辍无常。三十一年十一月，商部札委刘绅景熙为矿物议员，设法提倡。惟萍乡煤矿，系由湖北汉阳铁厂拨款，用机器开采。

至赣县铜矿，先由刘绅景熙集资，并领款万金，前往开办，出铜极佳。三十三年春间，经督宪端、抚宪瑞会同奏归官办，由宁、赣两省，各筹二十万金，委派矿师池倅贞铨为专办。其刘绅房屋、器具、款项，悉归并赣局接收。现已挖出矿质数万吨，拟运至省城铜元厂内，设炉化炼。

南昌县

农务

该县于光绪二十九年，开垦中洲、南岸洲、三贤洲三处荒芜洲地，一百九十余亩。已纪前略。查中洲系举人余謇等承垦，三贤洲系举人黄云冕等承垦，南岸洲系监生熊应辉等承垦。原议十年升科，以三十年为始，按亩纳租，中洲每亩纳租钱三百文，南岸、三贤两洲每亩纳租四百文。迨至完租之时，迭据举人黄云冕等，以“被水未种，又空出坟地二十余亩，及收成减色，得不偿失，恳将三十年、三十一年欠完租钱，一律免追。赏准照旱地十年升科，减轻租税，以纾民力”等词，叠次来局具禀。当经饬据江令召棠，于三十一年十月，详称该业户承领荒洲，并未一律垦种；其开垦试种之处，又难偿本。恳将应完光绪三十、三十一两年租钱，免予完纳。并将原定租钱，每亩酌减钱一百文，自光绪三十二年起，秋后为期，照数完纳，不准拖欠。仍俟十年限满，照例升科。等情到局。即经本局会同藩司粮道，详奉前抚宪胡批准照办。札饬该县遵照办理在案。

三十三年三月，据三贤洲举人黄云冕等禀称：上年春季，洪水为灾，春收全无。秋季又受旱灾。本年春收，概没洪涛，仍乞免纳租钱。当经本局查案批驳。惟三十二年、三十三年租钱，至今仍未完纳。

三十年七月，江令召棠表称：县属田多山少，兴修圩堤，为水利要政。除富有、大有、义成、下乐有等圩，均经修筑完固外，前报东广丰圩被郑姓私挖一小口，亦经催令修复，加高培厚。

九月表称：富有圩内牛尾玲最关紧要，近复坍塌淤塞。现饬圩绅按亩书捐，兴工修浚。

十月表称：西河大堤利用圩夏家穴等处堤工，已由绅董派费兴修。十五都民人徐世旺前报开垦田亩，被姜秋生等阻止图占，传讯两造[①]，均无管业凭据。随经请委勘明，该处有小港一道，此田冲塞多年，原在姜姓村旁，惟由徐姓开垦。仍饬徐姓照旧垦种，所有水港取鱼，仍令分界网取。

十一月表称：连丰、义成、丰乐、罗沙等圩，现已修补收功。

三十一年正月，据该府沈升守曾植禀复委查垦荒种植情形折开。据该县江令折称：南乡之中洲及太平圩南岸洲、西乡三贤洲三处荒地，均由县发给印照，归余、熊、龚、黄、胡、宗等姓承垦。其已垦者，均种杂粮、菜蔬、甘蔗、苎麻、靛青等类，未垦者现已催令逐渐垦种。又南乡绅士曾秉钰，在进贤门外，自垦荒地，试种甘蔗、靛草、苎麻，已著成效。又进贤门外保甲局左边，插柳三百九十八株，已活数十株；右边插柳八百七十五株，已活百余株。惠民门外壕外空地，插柳三百二十五株，已活一百余株。又城内东湖湖岸，插柳三百五十五株，已活数十株。现因浚湖工竣，补插千余株。出示勒碑，严禁攀折，并责成地保防护。

三月表称：各乡圩堤，去冬均已培修。惟长丰圩内，尚有十八丈，系邓姓承修，未据告竣；已移请委员诣勘，催令修

① 两造：指诉讼的双方。

筑完工。又劝据刘绅振铎等，在南乡将自置田地二十余亩，试种苎麻、甘蔗、靛青等物。并集款购机，令妇女学习织布。业经给示晓谕，劝民互相仿办。

四月表称：富有圩内石堤，崩塌数丈，当即购买杉木、篾箦[①]，给令赶紧堵筑。并捐钱谕绅，速买红石，补修完固。又大包圩内，被水冲塌六十三弓，亦经捐钱饬令修筑。又据职员张安镛等，将所管南乡废田，雇工垦种靛青、苎麻等物，并购种柏、桐、香樟各树。

五月表称：大包圩内堤工，现已一律修竣。劝据江苏知县梅长元等，招股创办永昌树艺畜牧公司，酌拟章程，栽种树木，开垦荒田。

九月表称：据六十五都陈、刘等姓，以完课税之地，前因各姓争执，荒废已久，现在公同议明，分段垦种。即经出示严禁扰害。

十月表称：富有圩内石堤，业经诣勘，饬令归入岁修案内，按亩加派钱二十文，以为修费；尚有不敷钱四百余串，即经设法筹足。惟该圩青山闸闸门，年久损坏，禀奉批准由藩库[②]拨给钱四百串，赶紧修补完固。

三十二年，据该府徐守嘉禾造送三十一年总表报称：该县上年连丰、义成、丰乐、罗沙、富有、大有等圩，间有被水冲塌，即经江令请绅随时修筑完固。现在虽发春汛，并无损坏之处。所有荒山田地，亦经谕令绅民，栽插杨柳，种植靛青、苎麻、柏、桐、香樟等物，刻下均有成效。

① 箦（zhì）：一种粗竹席。

② 藩库：省库。清代布政司所属储钱谷的仓库。

四月，孟令庆云表称：县属圩堤，前因雨多水涨，西乡之张牙沥圩、下萝卜圩、彭婆圩、夏家穴等地，均有冲塌之处。即经派人前往查勘，谕饬各圩长业户，派费集夫，一律修筑。又富有圩自去冬修理，尚有未曾完工之处，亦经移请监修委员，前往查勘，督同圩绅，赶紧修筑完竣。

十月，胡令惟贤表称：迭经谕催各绅，迅将以前请垦荒地成熟若干、栽种树木成活若干，禀候勘验申报。

十二月表称：据绅禀复，荒地荒山，所在多有，惟开垦殊难，经费尤困；从前试办各处，收效尚属无期等语。拟俟来春，请友分赴各乡调查，再行会绅筹款，切实提倡。

三十三年二月表称：调查县属土宜物质，稻麦蔬果而外，滨河之地，宜柳宜桑；傍山之地，宜桐、柏、茶、榆等物。现已筹款采购秧种，分发各乡，及时插种。其滨河之处，刻正修筑圩堤，商同监修工程委员，拟令土堤之上，分行植柳；傍堤隙地，分行种桑。既可卫堤，又可兴利，实为两益之举。

三月，高令彤表称：各乡种植，以稻麦蔬果为最，桑、柘、榆、柳、茶、柏各种次之。现在饬绅提倡，其已种者加意培植，未种者随时垦复，总期逐渐推行，驯收大利。

四月表称：乡民于种稻麦蔬果而外，不复他求。每遇因公下乡，所见大片荒地，实亦无多。间有隙地，宜种桑、柳、梓、柏之属，当谕就地绅耆，劝民择宜栽种，人多乐从。仍当随时查验，期收实效。

工务

光绪二十九年五月，倪令廷庆在县署前设立工艺院。

三十年八月，江令召棠表称：自接任后，切实经营，规模备具。并延候补典史杨金选，驻局督率教习二人，教以牵纱织布，兼织毛巾各物。

十二月表称：所出毛巾、花布，销场日见畅旺。

三十一年九月表称：工艺院经费，系由县捐给，尚须设法筹款，扩充办理。现仍照常工作。

商务

光绪二十九年七月，据职商梁基禀称，拟在瑞、袁、临、吉、南、赣六府，设灶熬脑，开设生利公司。当以跨占数府批斥未准。三十一年五月，又据禀称，拟往义宁州设厂。又经本局以与新建兴利公司所指同地，亦未批允。三十二年五月，又禀请推广吉安府属，亦未允准。

三十三年三月，据南昌县胡令惟贤申解该公司呈缴红利报效规元[①]银一百一十二两。并声叙该公司派人在吉安府属之泰和、龙泉两县，及在新建县吴城以下与星子县连界之处，购买樟树，拟在该处设灶开熬，请给护照等情。当查泰和、龙泉两县，有人禀办在先，未便再令前往，致启争端。惟该公司去年续行开办，得沾红利，自应逐渐扩充。该公司既在南昌设灶，南昌一县，自应准其买树熬脑。再加给星子一县，以为推广地步。将来如所指县分樟树购尽，应准其再指一县，次第推广。其二五报效，即照庐陵裕华公司成案，照股本一半二五计算，预缴一季，方准开办。批饬传谕遵照。

四月又据该公司禀称，南昌县属，樟树购尽，无脑可熬，

① 报效：指以财物奉献官府。规元：也称豆规银、九八规元。规元只作记账之用，以上海银炉所铸二七宝银折算使用。

炉灶虚设，拟迁移泰和县，就树多处安设，庶可持久等情。经本局查得以南昌易泰和，与前批“将来所指县分樟树购尽，准其再指一县”，尚属相符，应准照办。批饬南昌县转饬知照。嗣据南昌县高令彤申复，该公司续集股本一万两，先在星子、泰和两县，设灶熬脑，只合用银四千两，其余六千两，现又派人驰往宜春、分宜两县，采购樟树等语。本局以樟脑官局业已开办，未便准其多占数县；惟念股本所余尚多，姑再加给宜春一县，以事推广。批饬转谕遵照在案。

新建县

农务

该县七郎庙洲地，四围栽种柳、柏各树。又下乡一带荒田，请拨给公款开垦，批饬就地筹款集股各节，已志前略。

光绪三十年八月，黄令锡光表称：前经谕饬绅民，广种靛青。并派人分赴乐平、余干、彭泽等处，购买靛青子种，现已回县。试种倘能如法，即当推广种植。

十月表称：县属山地居多，本有种竹处所，不如因势而利导之。已将新译日本《竹谱》各法，择其简便易行者，摘录多条，谕令乡民仿行。

十二月，据该县黄令锡光，会委余令永濬，勘报七郎庙官荒洲地，在章江西岸，东西长一千一百十弓，南北广二百五弓，积九百四十八亩零。附近刘、万、胡等姓农民，垦种二百一十三亩零。其余荒洲，只宜栽种柳、柏。经杜令璘光，照会胡绅铎，试种柳、柏，因费无所出，尚未举办。

三十一年正月，据该府沈守曾植禀复委查垦荒种植情形。折开该县仪凤乡、大塘、极乐寺、巷口园等处，各种桑三百株；枫林坪种桑二百余株；曹门支、冷溪渡、湖坊八房等三处，各种桑四五十株；其余白马滩、新培岭、官造坪等处，分栽芦苇。去冬查勘，或土性不宜，或栽不如法，多未成活。现已谕绅再加讲求，如法补种。

四月，马令庆龙表称：前县杜令璘光禀报，在七郎庙洲地，四围栽种柳、柏各树。兹闻附近居民，常有纵放牲畜践害情事，已经出示严禁。至所报下乡一带荒田多处，宜于树艺，只因工本难筹，且易被水淹，因循未办，难议开垦。

七月表称：七郎庙洲地，所种柳、柏，现据职员胡铎禀报，该处地势低洼，原种各物均被水淹，现已补种，成活桑树二百余株、柳树一千余株、柏树二百余株，尚未成林。余俟来春，再行补种。

是年，据该府徐守嘉禾造送政事总表报称：吴城、樵舍、大塘、极乐寺等处，经黄令会绅设局，于白马滩、新培岭、枫坪、官坪近水洲地，劝令栽芦。其极乐寺、巷口园、曹门、八坊等处，由绅自行集股，试种桑麻。七郎庙地势低洼，时虞水患，饬据胡绅铎禀报，仅成活柳树一千余株，桑、柏各二百余株。

三十二年三月，赵令峻表称：县属土堤百数十处，虑被春汛冲塌，谕令各圩长，于堤畔多植柳株，以固堤根。

是年，又经委勘，禀报七郎庙洲地，胡绅添植柳、柏数百株，均已成活。其下乡一带荒田，因集费维艰，迄未兴办。

三十三年二月，高令彤表称：七郎庙洲地，前由胡绅栽种柳、柏，仍饬加意培植，随时补种桑、麻等类。

四月，陈令夔表称：现经分派妥友，前赴鸡笼山、樵舍一带，逐一查勘，如有可以种植之地，各就土宜，议定规条，认真兴办。

工务

光绪三十年八月，黄令锡光表称：署衙西首，曾经捐廉[①]盖屋数间，延请教习一人。如遇窃贼犯案，即责令学习一艺，或织辫打带等项，将来释放外出，庶不致再作窃贼。

十一月，邵令作宾表称：前县黄令于衙署西首设立自新工艺厂。现查阅该教习呈验新织毛巾、洋纱各带，均尚可用，惟销路甚滞，已饬督令精制而期畅行。

三十一年三月，马令庆龙表称：民间工艺，以制履、制袜者为最夥。前有美商胜家机器，来江销售，能以机器缝制衣服、袜履等件。又用土机织造毛巾者，城内已有多处。惟销路均尚不广。

三十二年四月，赵令峻表称：自新工艺厂，自饬令教习熊子廷勤加教训，力为考究，行销渐无留滞。惟规模太狭，经费太微，现拟会绅筹款扩充。

商务

光绪二十九年，客职薛维贞等合伙设立兴利公司，在新建西山地方，设灶试熬樟脑。禀奉前护抚宪柯批行核议，准给南、瑞、临三府护照，前往采办。

三十二年六月，该公司又禀添设分厂，请发给南、瑞、袁、临四府护照各一张。当经本局以前领护照未据缴销，今私将袁州一府添入，碍难照准。且前次开办时，曾经禀明，以余利十成之二五报效公家，迄今并无报效，批饬明白禀复在案。

---

① 捐廉：指官吏捐献除正俸之外的养廉银。清制，官吏于常俸之外，规定按职务等级每年另给银钱，曰“养廉银”。

嗣于三十三年二月，据高令彤详称：据该公司禀复，自开办至今，亏耗资本四千余金，现已纠集原伙，加筹资本，拟就南、瑞、临各属有树之地，设灶开熬。所有从前亏折，一时无力报效，乞转详邀免，并请换给护照，据情转详乞示前来。又经本局以未将前领护照缴销，勿须再换护照，姑念亏折属实，仍准照旧续办。饬即转谕该公司呈缴报效，勿稍观望。嗣后未据禀复。

该县辖境吴城镇，为商贩往来之区，素称繁盛。三十二年十二月，各帮商董议设商务分会，公举光禄寺署正衔朱锡龄为总理，由商务总会禀报农工商部立案。三十三年二月，奉批核准，加札委用，缮发图记式样。该分会于四月初五日刊就开用，禀报本局备案查核。

矿务

该县石麟冈煤矿，系试用通判陶钧鑅，于二十九年九月领照开采。徐塘煤矿，系道员朱家骏，于三十年二月领照开采。已志前略。

三十年八月，黄令锡光表称：徐塘煤矿，开办已逾两月，而招股尚未足数，用费竭蹶，故出煤不广。若能加增股本，出煤自日加多，销路亦无虑不广。

九月表称：石麟冈煤矿，系陶倅领照开采。后因出煤无多，时常停歇。究竟能否开采，已移请陶倅查复。

十一月，邵令作宾表称：兹准陶倅移复，石麟冈出煤甚少，质又不佳，业与股东商妥缴照停歇。又据道员朱家骏，遣丁禀称，开采徐塘煤矿，资本不敷，深恐中弃。将来能否久远开采，此时尚难豫[①]计。

三十一年四月，马令庆龙表称：冈背地方石麟冈煤矿，系陶倅钧鑅与隗巡检[②]开运合办，前因亏本停工。现据隗巡检禀称，由伊自行集股开办。

六月表称：隗巡检自二月起，接办冈背煤矿，查明用有工人二十余人，共出煤三百余斛。

三十二年三月，赵令峻表称：朱道家骏因资本不敷，已赴金陵招股。

三十三年二月，高令彤表称：朱道金陵招股，迭经函催速回。现据报称，已兴工开采，出煤二百余吨；仍俟集股有成，大举开采。又据申请发给运照，赴省售销。当经批饬应候本局详定运单格式，再行刊发转给领用。

① 豫：同“预”。预先；事先。

② 巡检：官署名巡检司，官名巡检使，省称巡检。明清时，凡镇市、关隘要害处俱设巡检司，归县令管辖。

丰城县

农务

光绪三十年九月，左令秉钧表称：马家园及漕仓背石堤，倒塌应修。业经禀奉藩司札委杨令乐修到县，会同勘估，核造估册呈送，尚未奉准拨款。惟堤工最关紧要，前已垫款购回石块，一俟核准领款，即趁冬晴修筑。县属晚稻，被风被旱，收成仅有七分。

十月表称：民人彭庆七等，及滕、廖、吴各姓农民，禀报垦复己分荒田二百余亩，应俟数月无人争控，再行给谕承垦。又生员黄贞元等，在灌坑、大山等十二处，约计田地三百余亩，栽种松秧数千担。查其成活无多，谕令明春择宜补种。当经批饬将彭庆七等所禀之地，调查契据粮册；其黄贞元等所垦，查明是否官荒、抑系民业，刻日诣勘，绘图禀报。

十一月表称：县属应修土堤一百六十余处，前奉委员会勘，已发过岁修银九百余两。马家园、漕仓背石堤，业奉核准领款，先于十月初三日，筑水柜，清堤脚，挖土钉桩，认真修筑。现在会同杨令督修，期于春前工竣。

三十一年正月表称：黄贞元及彭庆七等，所垦田地，查悉均系民荒，集资开垦，颇著成效。马家园、漕仓背石堤，已于本月初十日工竣，工坚料实，足御春涨。

三月表称：岁修土堤，一律工竣。惟螺蛳街土堤单薄，被水冲坏，密排桩木，复用篾篓装盛碎石，设法防护，需捐廉七八百串。又合掌街土堤，亦被水冲，现仍捐廉修筑培补。

五月表称：螺蛳街、合掌街土堤，前已捐廉修补，兹已竣工。

又据该令禀称：据教职周化南等禀称，西关外河洲一带，民荒约百余亩，积沙数尺，五谷不熟，惟与种柏相宜。定议招股试种乌柏，陆续由业主承认报明者，略得十分之七，其余无人过问。禀请出示立限，招集业主承认；傥逾限不至，作为公地，庶免日后混争。并据呈送章程前来。业经出示定限，各业主于本年五月初十日以前，一律检据承认。并饬俟报认齐全，将土名、丈尺及业主姓名，开报备案。理合抄录章程，呈乞核示。当经本局批示，该处既系有粮之业，应照原额完粮，章程内所请试办五年完纳税课之处，碍难照准。饬即诣勘，出具并无捏熟为荒印甘各结。并将股票式样，入股姓名、银数，以及逾限不报归公地亩，已报业户姓名，应完银米各数，造册通禀立案。并据禀奉前抚宪胡批示：该县集绅讲求种植，深属可嘉。惟章程是否妥协，饬局核明饬遵，并通饬各属酌量仿办。奉经转行该县遵办，通饬各属，察看情形，酌量仿办在案。

六月表称：西关外洲地，雇工逐渐垦复，先种瓜子以试肥瘠。前报垦复民荒田地，现已查明五坊彭姓垦熟一十五亩四分，九坊滕姓垦熟一百五十九亩四分。吴、熊等姓所垦荒田，尚未报勘。至仙坛脑石堤，裂开四十余丈，业已捐廉修补，可救目前之急。

七月表称：现在查明前次报垦荒地，九坊吴姓垦熟田八亩四分，熊姓垦熟田二亩三分，廖姓垦熟田九亩六分，连前报滕姓、彭姓垦熟田，共一百九十五亩有零。

八月表称：岁修土堤，昨奉札委赴县验收，惟杨树湾、鸡婆畲等处，土堤稍有坍塌，业经捐廉雇工，督饬赶紧修补。

十月表称：仙坛脑石堤裂开，业经禀请委员到县，会估造册。俟奉核准拨款，即行领款兴修。又枫树垱改筑石堤，前经南昌县勘估，禀奉批准拨款，委员监修，现经领款购料兴工。又前修合掌街、螺蛳街两处土堤，实须工料银三千数百两。因该处居民贫苦，拟由县筹借三千两，归在任收漕之员，俟教案赔款摊竣，分作三年，接续认摊。其余银数百两，即由该令捐给。造册禀请立案。又新市街土堤倒塌，捐廉一百串以为之倡。已由该处绅耆，筹集二千余金，购料兴工，并选派司事，督饬修筑。

三十二年正月，马令庆龙表称：仙坛脑、合掌街、螺蛳街、漕仓背各堤工，均关紧要，业于去腊兴工，择要修筑。禀奉批准兴办。惟本月无日不雨，现已督饬工匠，遇雨住时，即奋力修筑。

二月表称：鸡婆畲、角公嘴两堤，月前因雨冲塌数丈，已筹款先行起修，并禀请拨款还垫。现在工程将竣，可保无虞。

四月表称：上月雨水过多，其冲倒最甚者，为小港口石闸及护闸土堤，暨漕仓背、龙王庙各堤。当将漕仓背堤，抢修救住。其余各堤，亦先后发给木桩、石篓，并给费赶紧培修。

闰四月表称：各乡树木，常有偷盗砍伐情事。现已邀集各绅，劝令各订禁约，凡盗伐者，公议惩罚；其栽种至若干株，即优加奖励。各绅均允议章办理。

五月表称：各乡种瓜甚多，时有偷窃践害。现经举人丁梦松禀请示禁，业经出示禁止。至龙王庙下首，接连黎家湾土堤，被水漫决一百四十丈；因工程紧要，修理稍迟，则晚禾断难补种；未及禀奉批示，曲从绅民之请，于五月二十一日，兴工修筑。

七月表称：龙王庙下首土堤，已于本月十四日，一律工竣。附近各处晚禾，可望丰收。是月，本局以“该前县左令，禀报教职周化南等，在西关外沙洲，所设种植公司，呈送章程”一案，批饬取结造册，通禀立案。迄今年余，未据禀复，札饬遵照前批指饬事理，查明通禀立案。并将已垦若干亩、种树成活若干株及未垦尚有若干亩，逐一详细册报，勿再泄延。

八月表称：昨奉札饬查报种植公司垦荒种树一案，已催该公司详细具复。

九月表称：小港口石闸，除请款并由南昌、进贤二邑协捐外，县属应捐银两，已谕饬与该闸有关系之都图，匀派认捐。

十一月表称：小港口石闸，业已兴工。并禀奉藩司札委张倅宝鑑，赴县驻工监修。

三十三年正月表称：仙坛脑堤工，计自上年冬间兴工以来，工程业已过半，近因春雨停工。应俟天气晴霁，即将该堤与小港口闸工，分别赶修，以期早日完竣。

三月表称：仙坛脑、雷公脑、合掌街等堤，已于本月二十八日一律完竣。惟小港口石闸，被水浸及，无从施力，只有就已成之拦水土堤，竭力保护，以资抵御。

工务

光绪三十一年五月，左令秉钧表称：前经劝民种棉，织布改用棉纱，各乡多已遵办。惟劝制麦草扇帽及织夏布等事，虽已陆续兴办，而制出扇帽，工料太粗，行销尚少，已饬改良，以广销路。并拟筹垫款项，购料建屋，创办劝工所一区，收养游民，学习工艺。

七月表称：劝工所刻已垫款，建成房屋七间，工师亦已雇定，俟开办后再行禀报。

九月表称：劝工所经费，拟筹垫银一千两，自三十二年为始，由在任收漕之员，按年捐银二百两。已具禀请示办理。

十二月，马令庆龙表称：劝工所虽经左令动款修造，惟规模狭隘，现拟另行度地改建。购买织布、纺纱机器，聘工教以制造。

三十二年五月表称：左令任内创修劝工所，业经会同禀请委员勘估。现已勘明，禀候批示。

八月表称：现将自新所内贼犯，及续获赌犯，收入劝工所内，令其学习搓绳、织履、缝衣等事。

九月表称：劝工所内人犯，尚知勤奋，均捐廉给发火食，以示体恤。

十月表称：劝工所照常工作，现届冬令，已购棉衣，分给各犯，以御严寒。

三十三年正月表称：时值新年，劝工所内人犯，均分别赏赉，劝其改过自新，再候察释，各贼犯均知感奋。

二月表称：劝工所所出麻绳、草履等件，尚能销售。仍不时莅所察看，各犯操作弥勤。

三月表称：劝工所各犯，虽照常工作，然为经费所限，未能制售新奇之货，现拟设法改良。当经批饬宽筹经费，大加扩充，将未有货物，如法仿造，以期工艺振兴。

商务

光绪三十年八月，左令秉钧表称：县属商务，以行销土布为大宗，岁出十六万二千余匹，行销本地及吉安之龙泉、赣州之会昌、宁都州之瑞金等县。名为土布，实用洋纱织成，因棉花价贵而又费工，用洋纱则工省。织户只赚工资，商贩亦获利无多，实为民间利益之一大漏卮。已劝谕各乡，多种棉花，以平其价，使织户改用棉纱，借以抵制洋纱，或可为挽回利权之一助。

九月表称：现在湖北客商贩运棉花到境销售。询之行户，据称今年商贩较多，售价亦稍轻减。若能各属多种棉花，则洋纱之销路，自可日见衰微。

矿务

光绪三十年十月，左令秉钧表称：据邑绅周莲等，禀请开采卿塘地方煤矿，业经饬令遵照新章办理。

十一月表称：前据周莲、龚万泰等，禀请复开如茅山等十一处煤矿，因未能遵章请照，杰路村熊姓青山一处，已将原业退还。其余十处矿山，广袤若干、有无契据、能否照章办理，未据切实禀复。

三十一年二月表称：前据邑绅周莲等，沥陈碍难遵章请照情形，业经据情禀奉批准暂行试办。俟有成效，再遵新章办理。现在录批传谕遵照。

八月表称：各处煤矿，均因井中有水，尚未开挖。昨奉两江矿政调查局，札委向令传桂，带同洋矿师到县，勘得下泽里即下汶，煤质甚佳，卿塘煤质不美。洪水冈即滚龙冈、神仙岭即南神山，各处窿口虽多，刻经水满。据矿师云，“矿脉绵远，非测量数月，不能知其正穴及矿脉之浅深”。

三十二年二月，马令庆龙表称：卿塘周姓，洪水冈李、熊等姓，各煤矿，因水满均已停挖。神仙岭山主傅姓，去岁曾经开挖，煤质不佳，旋即亏歇。猪婆冈煤矿，现由龚、陈、张等姓开挖，出炭无多。至唐锡璋所控“谢姓私将鸦鹊山煤矿，租与徐景富等开挖”一案，前经左令查明饬钉界石，准其开挖。

三月表称：徐景富承租谢姓鸦鹊山煤矿，前月据谢姓来县禀称，徐景富租山挖煤，议定租价三百串，立约开办，前月忽不辞而去；当与其司事议明，租价仅只收过百串，其余二百串票据未兑，应即照约作废，不再兑价，山场仍归原主管理。具禀立案，业经批准，现在无人承租。

五月，据职员徐景富，以所挖谢姓鸦鹊山，又名官帽山，与唐姓鸦鹊坑，共抵乌石为界，相隔唐姓庄屋，约有五里之遥，毫无干涉，突被唐锡璋挟制混阻，请委勘办等情。当经批府札委魏令业镛，会县诣勘。

七月，据该县马令会委禀复：勘明徐景富所租谢姓鸦鹊山，距唐姓鸦鹊坑，中隔官山二百三十一弓。查徐景富借界侵占，曾经前县左令诣勘，在谢姓山边开圳钉界，饬令离界五尺开挖。今竟以谢姓鸦鹊山界内，南向系以乌石为界，指称系以唐姓鸦鹊坑山顶乌石为界，朦混复占。况官山封禁有案，唐姓鸦鹊坑，坟墓林立，不能任人开挖。且徐景富当时并未付清租价，经山主凭中议明停挖，照约作废，该山付还谢姓管业。已谕徐景富，不得逞刁，希冀复开。绘图贴说，禀复察核前来。

九月，据该府徐守嘉禾禀复：该印委查勘徐景富前次承租谢姓鸦鹊山挖煤，实欲侵占唐姓鸦鹊坑山场。现经该印委谕饬不得影射侵占复开，亦息事宁人之意，尚属实情，禀请批示饬遵。当经本局批准如禀办理，饬即转饬该县及该委员知照。

十月，据试用县丞赵树勋、试用巡检隗开运禀称：集股六千元，租定该县陈坊村康背山，开矿挖煤。请先立案，发给执照，以便兴工。并饬县出示晓谕，借资弹压。当经批县查明是否无妨田园庐墓，履勘确实，照章保护。并饬该员抄呈租约，及拟订章程，并股友姓名，详细禀呈，以凭立案给照。

十一月，据赵县丞树勋，禀呈简明章程，及股友姓名，并租约、股票，分造册折，请给执照。

十二月，又据该县马令禀复，赵县丞所租康背山煤矿，附近并无田园庐墓，亦无窒碍情形。当经本局填发执照，并饬该县遵章保护。是月，又据表称：上月二十日，奉两江矿政调查局委员，带同矿师来县，查勘南神山、下泽里等矿，业经另文具报。

进贤县

农务

该县陈令庆绶于光绪二十九年禀报：在城内万石厫及学宫背一带，约地四十余亩，试种桐子三千余颗、茶子七百余颗。已志前略。

三十年十一月，据该府沈升府曾植委勘折报：所种桐子，成活二千余株。惟茶子曝晒过燥，概未萌芽。又生员魏贤才报垦之芭茅园，计地七亩；举人陶秉震报垦之寺场山地八亩，所种桐、椿，均已成活。其下五坂荒田甚多，因地处低洼，堤防久废，春汛即成泽国，惟宜遍种芦苇。城内义仓左侧，盖有厂屋一所，名曰吉羊达牧厂。内畜羊一百二十余头，豢养尚属肥壮，可期繁息。

是月，据陈令庆绶表称：万石厫、学宫背荒地，除垦种桐树外，并种苎麻，数虽无多，足敷分种。本年试种赣州糖蔗二百余株，汁多皮坚，与土性相宜，极为茂盛。现已收割齐全，共计二千一百余株，悉藏诸土窖，以作明年分栽之种。并再购茶子数斗，拟照土法布种，春前以水浸透，用刀划开一线，然后种入土内，以试有无成效。再高乡公共荫塘七十二处，前经拨款给令一律挑浚，均已陆续动工。又各处圩堤，除下五坂等处，为工费与地势所限，无法修复外，其二十八、九两都舒、陶、涂各姓公共之东北圩，堤面应加土方，劝令生员舒镕等筹款办理。兹据禀报，一律加高，业已竣工。本月十三日，该县亲诣勘明，工程尚称坚固。惟堤外尚有荒田，询系樊、熊各姓之业，其地势与东北圩等，若接连该堤添筑一圩，均可开垦成田。劝据该处生员樊荣祖等，邀集各姓，通力合作，在于东北圩相连之处，修筑一堤，名曰东湖圩。禀经给示晓谕，来年可期工竣。

十二月表称：二十七都有三塘废圩，前经顺道查勘，尚可修复。现在查明该圩系吕、樊、熊、罗、舒等姓之业，亦经谕令生员吕璜等，设法兴筑。已据禀请给示兴工，来岁亦可告成。

三十一年正月表称：吉羊达畜牧公司，所豢羊只，孳生本旺，乃因大雪奇寒，倒毙接踵。查悉城守把总范朝凤办事勤能，商请就近帮同经理，以期逐渐起色。

二月，唐令文鼎表称：挑浚荫塘，惟十二都、十五都尚未完竣，已谕该处绅耆，督催蒇事。并分催二十七都、二十八都绅首，将三塘圩、东湖圩修筑完固，禀报验收。

三月表称：万石厫、学宫背及举人陶秉震等报垦之寺场山等处，所种桐、茶、苎麻、乌桕，查悉颇甚葱茏，足观成效。高阜各处荫塘，均已培厚浚深，附近田亩，无虞干旱。其三塘、东湖两圩，业据禀报修筑完固，足资保障。原藏赣蔗，分给各乡试种。惟乡民仍多未知种茶子法，因于署内后园，创首栽种，以导先路。

五月表称：署内试种茶子，日久尚未萌芽，实因土性不宜之故。

六月表称：前由绅民修筑之东湖圩，因雨多水涨，忽被冲塌七八十丈，当经亲往抢护，田禾虽淹，人口无碍，仍饬原办绅董，设法修复。据报业已兴工。

八月表称：七月下旬，风雨连朝，湖水倒灌，下五坂等处复被淹没。本月中旬，雨势更大，低处概被水淹，又经亲诣抢护圩堤。晚禾杂粮，大有妨碍。惟高阜各乡，尚称中稔，不致缺食。

九月表称：据三十四都二图吴心尧等具报，有“被水荒田四百八十余亩，十年无收者计二百余亩，五年可收者约百余亩，三四年可收者约数十亩。设遇雨少，可种杂粮；大雨数日，仍成荒废”等语。该县便道履勘，缘该处地势最低，形如磨盘，故俗名磨盘洲。比经谕饬集费筑圩，借资保障。

十一月表称：寺场山荒地，系举人陶秉震私业，原种桐、茶、乌桕等树五六百株。昨奉批饬亲诣点验，履勘该处，与新积市并南昌辖境壤地相连，居民越界牧放牛羊，以致成活桐树仅百余株，乌桕等树亦未能长大。即经谕令明春添购广种，一面出示严禁践害，以重树艺。

三十二年四月表称：各都水乡低田，自入夏以来，河湖并涨，以致所种早禾均被淹浸。业经驰往查看，督率农民设法疏消。

闰四月，文令炳堃表称：各乡低田，早禾被淹，兹已次第补种。民间略种苎麻，仅共本地绩绳之用。示谕农民广为栽种，以备试织夏布之需。

六月表称：万石厫、学宫背所种桐树，尚觉生气勃发。其寺场山仅成活桐树百余株，近日查悉补种乌桕等树，生机不畅，已饬勤加灌溉，以冀成林。

九月表称：下五坂等处，前被水淹，现在积水虽退，而节候已迟，补种无及。据绅民禀经履勘属实，业已通禀各宪，请办缓征，容俟奉批，再行造册详办。

十月表称：下五坂等处，被水坍塌堤垱，已谕饬该处农民，富者出资，贫者出力，各照旧章，赶紧修筑完固。

十一月表称：万石厫、学宫背所种桐树，均已成林。前经捐资雇工，购买肥料，现已一律培壅，来春可期畅茂。并示谕农业人等，各将荒地开垦，以备来春种植。

十二月表称：下五坂等处堤垱，本月中旬，因公顺道查勘，业经通力合作，一律修筑完固，春汛庶可无虞。

三十三年正月表称：高阜之区，秋时最虞旱干，亦饬开挖井塘，以备灌溉。

三月，罗令传珍表称：现在节候已迟，各种树秧均难插莳，惟苎麻一项，四五月间尚可栽种，销用广而见利尤速。访悉城内妇女，多能绩麻，常须购自邻境，亟宜设法广栽。现拟择近城隙地，略加垦辟，由县购种试植，以为之倡。一面劝民广种，以收成效。

四月表称：前经劝民广种苎麻，兹查城乡一带，已多有栽种者。若能逐渐推广，足敷本地绩纴之用，可免利权外溢。并查勘万寿宫侧，有官荒隙地一区，已筹款将该地四围，缭以短墙，雇工垦辟，以为种植试验场。即令经管劝工所绅首，就近料理，惟节候已迟，只可垦种苎麻。其万石厫、学宫背所种桐树，略有结实，亦归该绅兼管，以节糜费。容俟办有端倪，再行禀报。

工务

光绪三十年八月，陈令庆绶表称：本地竹木工匠，制造粗笨，并无技巧过人行销他处之件。

三十一年四月，唐令文鼎表称：上月由局绅购到残旧精致桌椅各件，饬令木工仿造，技艺不精，仍形粗笨，亟当讲求艺术，以图改良。

五月表称：县属向不讲求工艺。该县于宾兴局诸绅会议之时，商诸各绅，议速设工艺厂，借以启发匠心，各绅佥谓费无从筹。拟先饬由各匠集款延请高手，购置雕琢利器，令其教授仿作，徐图进步。至工艺厂、习艺所，容再筹款禀办。

六月表称：改良制造一事，现据各绅面称，各匠咸以争胜可获厚利，已允邀集同行，筹资举办。

三十二年闰四月，文令炳堃表称：夏布一项，县属向不产此，每于接见绅耆时，嘱令劝导各乡，试织夏布。兹查城乡内外，已有购机纺织者。

六月表称：夏布系苎麻织成，县属素鲜产麻，前已谕绅劝民广种，并将培植诸法，摘录多条，饬令认真讲求，以供织造夏布之需。若能逐渐推广，亦兴利之一端。

十一月表称：屡议设工艺厂，实因费巨难筹。现已劝谕绅民，选择聪颖子弟，赴省学习各艺，以资传习而便仿效。

三十三年四月，罗令传珍表称：每年五月城隍诞辰，街市及书役人等向须演戏酬报，经该县多方劝谕，咸愿将戏停演，以戏价拨充工艺经费。惟所集仅百余千，不敷尚巨。查城内万寿宫，屋宇尚觉宽厂[①]，拟于该处设立劝工所一区，择精于工艺之绅，经理其事，先购织夏布机及一切器具。一面劝捐集资，俟有成数，即行购麻试织。

商务

光绪三十年八月，陈令庆绶表称：该县滨湖而居，水道

① 宽厂：宽阔空敞。

淤浅，只三、四、五、六等月，可通船只，外路客商足迹罕至，本地又无土产货物运销出境，以故城市荒凉，商务刻难振兴。

三十一年正月，据该县陈令禀报，设立阅报所，以开风气。抄录章程送局。当即由本局批示，办法尚善，严饬经理之人遵章办理，使阅报者有开智之益、无一文之费。并据禀奉前护抚宪周，批准照办。督绅认真讲求，以开风气而扩见闻。行局转饬遵办。嗣于三月准派办政事处移奉前护抚宪周批，该县陈令禀设作民讲舍一处，选订讲生，专司宣讲演说，以开民智，录章请示等因。批处会同本局，转饬定期开办，剀切宣讲，务使知识日开，四民咸知进步。由局转行饬遵，并饬该县将讲过书目底稿，按月录报查阅。嗣据逐月呈送底稿，随时批饬该县，督同讲生，选择与农工商矿有关之事，以及改良诸法，认真宣讲，期收实效。

三十三年三月，罗令传珍表称：罗溪地方，原有义渡，船只破烂，且乏经费。文令集绅筹议，发给印簿募捐，尚无端倪。查该处为南、抚、建、广、饶五府通衢，现在夏汛将至，行人往来病涉，商务受其影响。统计开办及常年经费，约在千元以外。即经捐洋百元，以为之倡，并多发捐簿，分投劝捐。一面雇匠仿照省垣义渡船式，赶造渡船二号，期于四月开驶。

矿务

光绪三十年八月，陈令庆绶表称：县属蛇岭塔、杀牛窝、张家背山三处，所挖之炭，难供炊爨，已据禀报歇业。此外如乌土坑、袁家濠、万家山、蓝家山、张家山、黄家山等处，山场宽广若干，所出炭质如何，俟查复到日，再行转报。

九月表称：乌土坑、袁家濠两处，现据民人朱义明等禀报，被石阻拦，亏本停挖。

十月表称：前次检到铁炉山石块，呈经验明确系铁苗，现拟集股用土法试炼。

十一月表称：昨邀范教谕炳南，雇工往铁炉山勘验，地内并无铁苗。其浮面间有可采之石，数亦无多，系从前挖余之物。该山以铁炉为名，盖由于此，应请作为罢论。

三十一年七月，唐令文鼎表称：杀牛窝等五处煤矿，前已禀报歇业。现据吴世勲等，将原领执照，禀请缴销。并称万家山、蓝家山、张家山、黄家山四处，因农忙停挖，俟秋后查看能否开采，再行禀办。

九月表称：万家山四处，查悉出炭无多，仅供炊爨之用。

七月[①]表称：万家山等四处，炭质尚佳。前经饬令该处绅士来城面询，佥称不知矿学，莫辨矿苗是否衰旺；地方富户无多，集股亦殊不易。当经本局以两江查矿矿师行将莅县，即可指引前往查勘。如果苗旺质佳，亟宜速为开采。批饬知照在案。

三十三年二月表称：民间未讲矿学，开矿迄无成效。月初两江查矿员师到县，查勘张家山等处，亦谓矿苗均不甚旺。现拟会绅集资，先就矿苗稍旺之区，次第兴办。

三月，罗令传珍表称：各处煤矿，前由两江委员查勘，均不见旺，拟仍听附近居民，自行采挖售卖。

① 据上下文意，此处七月疑指“三十二年七月”。

奉新县

农务

光绪三十年九月，据沈令善谦表称：查有在籍候选知府徐绅锺祜，讲求实业，于农务尤所究心。现于县城登瀛集内，设立农工商务局，照会该绅为总理。另于每乡选派一二人，考察土宜水利，责令详细具报。已于二十九日开局。

十月表称：东门外仓前洲荒地二十九亩零，经前县蒋令家骏，督饬陈、黄两姓，垦种桐、柏、松、杉等树。南门外桥南洲荒地三十二亩零，并南乡水埠村小路口等处，均经徐绅锺祜栽种果木、桐、柏等树。

十一月表称：现值农隙之时，即经摘录《农学丛书》内种树各法，出示劝谕垦种。并派绅分赴各乡考察，查悉境内本年新种桐、柏、松、竹等树，约计四万余株，仍督同局绅认真劝导。

三十一年二月，萧令渭表称：南门外桥南洲，现据徐绅禀称，上年种树无成，现另筹备桐秧，招工试种。

三月表称：徐绅禀种桐秧，现已一律栽齐。

五月表称：本年所出毛竹，约与上年相仿。徐绅所垦桥南洲地，五月盛涨已过，无虞水浸，可期成林。

七月表称：同安乡生员万继先在于本村开垦荒地，围以荆棘，栽种山椒、棉花等物。

八月表称：徐绅在桥南洲所种桐秧，高尺余，栽插均匀，成林之后，获利必厚。并饬陆续另觅荒地，认垦具报。

三十二年正月，应令衷表称：日前因公下乡，查勘各前令报垦等处，所种桐、柏、松、竹等树，均尚茂密。惟徐绅锺祜报垦桥南洲，栽种果木，最为得法，颇著成效。前奉发草本桐子，已交局绅如法试种。

二月表称：南乡水埠头及感古殿等处，先经徐绅报种桐树等类，闻有偷窃种秧之事，即经出示严禁。在种植者咸知利益，颇有推广之象。

三月表称：徐绅报垦桥南洲荒地，查系官荒，内有十亩，已筑围墙，种植桃、榴等果二千余株。其果秧系徐绅由川带回，较诸本产，尤属佳美。今春花发均甚畅茂。余地皆种桐秧，现亦成活。前种草本桐子，因雨过多，萌芽腐烂，仅存一株。

四月表称：据绅士熊希存等禀称，建康乡荒地不少，兹拟招股开垦，将来种有成效，再议酌提余息，充作该乡公立高等小学堂经费。折开章程，请为立案。该县业已批准。惟官荒、民荒各若干亩，禀未声叙，容再查明续报。当经本局以集股开垦，办理甚是，惟未将章程录送，无从查核。饬即转谕该绅，详晰报县勘明，分别官荒、民荒，绘图贴说，造册禀报。

是月，又据该县候选训导宋澍德分省知县徐锺禔禀称：该县北乡乾河地方，有官荒洲地一区，约七八里，拟将此洲悉行开垦，招集股本二千元，创办求新垦牧公司，分别种植、树艺、畜牧三端。请饬县查明界限，拨给公司，以为开垦之所。如蒙允准，即当拟章呈核，详咨立案。并据禀奉前抚宪胡批示：该职等讲求农务，其志可嘉。惟该处是否确系官荒洲地，与水道、庐墓、农田有无关碍，向来有无承耕之户，现在已集有股本若干，均应考察详明，再行酌核。行局核明，转饬该县查勘明确，绘图贴说，禀候核夺。当经转行该县遵照办理在案。

闰四月表称：徐绅报垦桥南洲官荒，栽种果木，前奉批饬应完地租。饬据徐绅复称，所种各秧，尚无收息，请转恳从缓等情。当经本局批予照准，以示体恤。

八月，马令振仪表称：县属垦种桐、柏、果木各处，周历查勘，成活者多。惟建康乡果木，多系花而不实，殆事属初创，法未尽善。现经查考《农学丛书》，告以滋培之法，或者来年必可改观。并饬将所垦地段，官民各若干亩，查明呈核。

三十三年正月表称：各乡已垦之地，种植各树，已见成效。此外童山[①]荒麓，每于接见绅耆时，谕令查明堪资垦种之处，分别官、民荒地，先行禀县立案，以资督劝，免弃地利。

二月表称：在籍贵州知府涂绅条陈种植兴利各则，拟于同安乡先行试办，公地公种，私地私种；并仿云贵耕种之法，于田畦塍畔，间种豆麦园蔬。该县察其言皆有见，当即敦嘱实行，以期地无遗利。

三月表称：同安县涂绅报垦公私地土，现已次第栽插。其各乡成活果木，均觉蔚然成林。迭经严禁偷窃践害，以资保护。

四月，候令青照表称：县属已垦官荒三处，一仓前洲、一小洲、一桥南洲。又民荒四处，一为新安乡之龙溪洲；余在北乡之玉成围，曰三禾场、曰庵下垄、曰湖南塘。均于二十八年以后，逐渐垦种桐、柏、松、竹以及桃、李果木等树。桥南洲所种果木，本年甫经结实，出产尚不见多。其余各处，尚未收效。

---

① 童山：草木不生的山。

工务

光绪三十年十月，沈令善谦表称：县署头门内，旧有管班公所，业经筹款修葺，改为工艺院，将羁押人犯，押令学习工艺。雇倩工师，分别教导。所制竹篾器具，尚属精致，销售亦速，容再设法扩充。

三十一年四月，萧令渭表称：工艺院仍照常工作。并经略筹资本，购备各种土机，纺织洋纱辫带，暨教以卷爆竹筒、搓棕绳等项。

七月表称：现又购买草纸、苎麻，令在押诸轻犯，搓卷纸捻及麻线。

八月表称：上富地方，山多田少，人烟稠密，多以造纸为业，工人往往恃众滋事。前经饬将每厂工人若干名，填注门牌；并饬罗坊巡检，就近稽查。现在造纸各工，均能相安无事。

九月表称：罗坊一带，造纸之户，每届水涸之时，沿河筑坝，以便取水；上下船只，必俟天雨开坝，始能行驶，往往因此滋事。现谕各乡绅耆，只准就河滨用沙围水，不准筑坝拦入河中，有碍船行。现在一律遵办，商民俱为称便。

十月表称：工艺院经费无出，难期推广。现用土机略改旧式，织造毛巾。

三十二年四月，应令衷表称：工艺院所出毛巾，邻县高安有来贩卖者。其余所出各货，亦无滞销之患。

八月，马令振仪表称：工艺院所织毛巾，质地不佳，拟募一善业此者，为之教导。并添制竹木器具，俾将来释出，借资小贸。

十一月表称：工艺院办不得法，亟须整顿。前拟购买省垣新出精巧物件，饬该院仿造，因无款未及举办。现饬在院各犯，于旧式竹木器物，略行变通，以试其智。其不能业此者，令其编草履、搓麻绳，俾不至于坐食。

三十三年二月表称：工艺院经费支绌，仅能暂就竹器、毛巾两项，督饬工师，精益求精。

三月表称：工师教导尚勤，所制竹木、毛巾，较前稍有进步。

商务

光绪三十年九月，沈令善谦表称：县属出产，以干古纸[①]及烟叶为大宗。其地零星土货，只在本邑销售，绝少出境。现在设立农工商务局，派绅经理，一切维持市面保护商民之事，容随时会商办理。

三十一年五月，萧令渭表称：前因雨泽愆期，刁商高抬米谷价值。现在四境沾足，出示谕令平粜，以免滋事而便贫民。

十月表称：奉化乡上达瑞郡，向有石桥，年久失修，被水冲塌，前经捐廉百金，会商各乡绅士兴修，均各乐从。现已告竣，商旅称快。

① 干古纸：据傅春官《工艺品说明书·化学制造部》记载："干古纸，用稻草造成。考稻草性质，与竹类同，故能造纸。但干古纸为纸品中最粗种族……"

靖安县

农务

光绪三十年九月，据该县汪令鸿禀报，设立农工商局，以举人舒宽慧、廪贡项书谚、附贡张家昭为坐办[①]，每团设分办二人，调查通县实业情形。缮具章程，呈乞立案。并据禀奉前抚宪夏批示：所拟章程，尚属周密，行局核明立案。饬即切实考求，设法改良，务收实效。由局转饬遵办在案。

又据表称：县属不产小麦，各铺户咸往瑞州购买。现经捐廉派人赴瑞州购回小麦种子，发给各乡领种。民间尚知其利，明年即可推广布种。城外沿河堤岸，历年被水冲刷，急应修复。昨业亲诣履勘，倒塌实有七十余丈之谱，约计工价千金。现经先行捐助百缗，一面令绅筹捐济用，务期速竣。

十一月，据汪令禀报：县属洪屏山，封禁年久，莫稽其由。自光绪二十年，由前县李令用曾，禀奉前督宪刘批准开禁，未及举行。嗣经郑令由熙，议章十三条，缮具照式，详准立案。旋据廪贡项书谚首先报领，张国新等继之。该令于二十八年到任，查勘开而未成者，尚有十之六七，请以保甲委员刘巡检寿萱兼督垦务。两年以来，开垦荒田七百二十亩，并新开水圳一道。余地劝令种树，招佃二十八家，注定册籍，换给执照，造

① 坐办：清制，非常设机构中负责日常事务的称为坐办，略次于总办和会办。

册送局备查。垦将刘委员及项绅给予奖励。并据禀奉前护抚宪周，批行藩司会同粮道及本局核明议详，由司行府，札委邻县印官，就近复勘，取造册结呈送，再行核明详办。

十二月表称：修复城外堤岸，除捐廉百缗外，所集不上三百缗。若概由民筹集，地瘠力实未逮，已请截留赈捐银四百两，拨给兴修，工竣造册报销，以昭核实。

三十一年二月表称：西北沿河堤岸，现已修复一段，饬令栽插柳树，以固堤根。

四月表称：署后园内隙地，种植苎麻。

七月表称：西北沿河堤岸，自捐廉并截留赈捐银两，以为修费，谕饬举人舒宽慧等督理工程，职员舒恭蔚等经理银钱，于上年十二月兴工。兹据禀报，于本月二十四日工竣。亲诣验收，委系工坚料实，足御盛涨。

是月，又据汪令禀报：局绅项书谚等报告，在已业园中，栽种枳壳三百余株；又荒地一片，种竹四百余株；又在南石马地方李姓荒山，邀同该业主，集股种竹一百余株。又据舒绅恭湲禀称，在已业荒山，土名回溪堡中坑地方，栽种松树五千余株、杉树二千株、竹一千八百余株、茶树五千丛；又在曹仙洞种茶、桐、杂树六千株；又在西城清湖桥，栽湖桑三百余株；西城王家园，栽李树一百余株、橘树八十余株。

九月禀报：生员熊德佳等呈报，在于石下上堡、石下下堡山场二十四处，栽种松树一万八千余株，并栽杉、樟、竹、柏八十余株。均经该县批准示禁戕害。

十月，曾令森湝表称：民间于树艺一事，尚能讲求，如桐、茶、竹木，与夫花生、板栗、橙、柚等类，随处皆有。惟乡间尚有隙地，现已会绅劝令趁此农隙，及时布种。

十二月表称：县属山田居多，旧有塘堰，均不深广，最虞旱干。谕绅分劝乡民，或修浚，或添开，统限正月工竣。

三十二年三月表称：城北河背双林寺前，有荒地一块，横直约计二三里，系寺中私业。因无力垦种，现经劝令寺僧，召人承租开垦，栽种桐、梓、茶、柏等树，以收地利。

闰四月表称：西北沿河堤岸，冲塌二十余丈，现正会绅筹款兴工修复。

六月表称：双林寺前荒地，现据寺僧禀称，已栽种桐、茶、杂树一千余株，该县查勘属实。

七月表称：据潜绅梦麟报告，于自己园内，种竹一百余株。当经本局以此乃栽种花木，勿以此遂谓能尽种植之责，批示在案。

八月表称：据职员项书谚禀报，于南门外大井头荒地一块，栽种枳壳三百株、麦冬四百颗；又于南石马口狐尾岭，集股栽松四万八千余株；又于南石马东坑地方，集股种竹三百株；又于南石马彭家边地方，集股种茶子树二千余株；又于南石马木坑地方，集股栽松四万余株；又于南石马罗汉树下地方，集股栽松五万余株；又于义字上团大梓口地方，集股种竹四百株；又于义字下团詹坊地方，集股栽种棉花。业经出示晓谕保护，严禁人畜践害。

三十三年二月，郑令应墀表称：县属山地，宜种桐、茶、松、杉等树，因于接见绅耆时，谕令劝导农民，及时栽种。又于农学书报内，摘其简要各条，钞录分发，俾资仿效。

工务

光绪三十年九月，汪令鸿表称：县属工艺制造，无甚精妙之品，仅有铜匠所造之茶炊，与木工所造之折叠椅，尚堪寓目，现已督工赶造。嗣据造竣呈送，即发交陈列所。

十一月表称：前据局绅报告，拟购织机，自织棉布。现在议章，呈经核明，集股兴办。

三十一年二月表称：购机织布一事，筹款稍有眉目，已令局绅度地设局，雇工试办。

四月表称：前已筹款百千，试办工艺，惟区区之数，只能小试其端。署内架房后面，尚有空房一栋，现已动工修葺，拟先提轻罪人犯，入内试习。俟经费筹足，再行度地建屋。

十月，曾令森湝表称：汪令拟筹建习艺所，尚无头绪。该县劝绅筹款，据称无款可拨。现经商议，拟招股一千串，以五十串为一股，一俟集有成数，即行开办。

三十二年二月表称：现经会绅议定，借东门外万寿宫两廊，以为工艺院。已派绅舒宽慧、项书谚、潜运懋，饬令总理其事。惟入股者尚属寥寥。又经移请训导把总，会绅劝集。当经本局批示：万寿宫与未入祀典之祠不同，两廊工人嘈杂，不足以昭诚敬；且远在城外，如将罪犯拨入，亦恐防闲难周，应再会绅妥议，另行择地开办。至集股须劝殷实之家认缴，毋任苛派抑勒。

九月表称：前拟创织棉布，股本尚未招齐。现又谕催绅董，赶紧劝集开办。

三十三年二月，郑令应墀表称：曾令前拟招股购机织布，尚无成议。现经查悉县属出产古尖纸张，向来装赴吴城售卖。已分饬各纸槽，选料加工，以期纸质精良，售价增涨，较之布匹，获利必厚。

三月表称：劝令纸槽购机制造，佥称资本微末，刻难议及。已谕嗣后务须精益求精，以期扩充斯业。

四月表称：各纸槽自经劝谕以后，出货日渐精良，销售得价，获利较厚。又查得木器一项，每年出货颇多。现拟选择紧要用物，仿照洋式造作，形式既新，销场自广。当经本局以木器仿造洋式，非可以意为之，饬就县城所有洋式木器，择要仿照制造，以期货物日精，利源日辟。批示知照在案。

商务

光绪三十年八月，汪令鸿表称：该县地居腹内，商务向不兴盛，因附近邻县俱有市集，而新建之吴城镇尤为出入必由之路，四面买卖分散，不能团聚一处，地势限之，非人力所能转移。出产惟有草纸、杉木两项，为数无多。良由商人安于故步，难期骤言扩充。

九月表称：商业之兴，须先调查。现于城内设农工商务局，并附设讲习调查所，派绅驻局坐办。各团亦设分办二人，调查本地出产货物，或宜扩充，或宜改良，详细报告，以凭次第兴办。

武宁县

农务

光绪三十年八月，据该县王令濬道禀称：种植之利，蚕桑为最，县民素昧讲求，遂至坐失其利。该令抵任，会绅筹商，将城乡公局作为考验蚕桑公所，捐廉以为之倡，饬绅集股开办。迄今数月，已有端倪。惟桑秧以何处为首？蚕种以何处为佳？现由邑绅内阁中书叶泰椿等，函致杭州蚕学馆，详加考询。俟接回函，即选绅赴浙购办。此外，生发较速者，莫如苎麻一项。前经查有昇仁乡二都荒地，横三十六丈五尺，长七十五丈有奇，土质宜麻，饬民种麻约数千株；上南乡荒山一障，纵横九十余丈，土质宜茶，亦经饬民种茶，约计三百余株。当因未著成效，不敢遽报；现均成活，理合补报。

九月表称：询据蚕学馆函称，桑秧以石门俞家涧之种为最，每株十五六文；蚕种由该馆改良多年，每种一圈，售钱十文。现议于李敬之捐款内，拨银一百两，以资采买，大约可购桑秧五千余株。

十月表称：县属堤岸塘堰，一律修浚完固。

十一月表称：赴浙购办桑秧之举，已于二十七日，倩友领款前往。

是月，据该府沈升守曾植委勘折报：该县下南乡四十三都董家坪官荒地，纵五丈八尺，横八丈二尺；毛家源官荒，纵五丈二尺，横九丈二尺。又查得旧荒官田册，一号荒田，纵七丈，横一丈五尺；三号荒田[1]，纵五十四丈二尺，横九丈六尺；又三号荒田，纵三十六丈七尺，横十二丈四尺。该县王令拟仿照靖安洪屏山垦荒章程，给照领种。又有邑绅叶茂春，在昇仁乡二十都八里沟、茅柴山及梓陂地等处，自垦荒山，栽种茶、桐、棕木；又邑绅李梅，在北乡二十三都棠盘地方，自垦荒地，栽种桑树。均称繁盛。又查得该县杉木，坚细较胜于南赣，木商盛称其佳，似宜广种。

三十一年二月，李令相表称：前县王令于去冬倩友赴浙购办桑秧，现于二十九日运回二千余株，拟即分发各乡栽种。

五月表称：前次购到桑秧，因在途日久，节候稍迟，当即分发各乡，并开垦东门外官荒地栽种。现值天气干燥，仅止成活数成。

七月表称：东门外栽种桑秧，因砂土坚硬，仅活五百余株。其各乡领种者，各就屋傍隙地栽种，地土厚润，成活较多。前县王令于上南、昇仁等乡查出民荒，招万、李二姓，垦种茶树、苎麻。现经诣勘，树株均未成活。询据万、李二姓原佃禀称，该处一名董家坪、一名毛家源，土性砂硬，地势低洼，所种茶、麻，均被水淹，收成毫无，不堪垦复。

十月表称：东门外官荒，兹已勘丈，纵一百九十五丈，横一百二十三丈，种活桑秧五百余株，时受牲畜践踏，现经出示严禁，并责令地保看守，无人承佃垦种。

三十二年，据本局委员查勘折报：该县自二十七年，洪水为灾，低田被水冲废。虽经各前任谕令挑垦，因沙多费工，

① 此处疑作“二号荒田”。下文有“又三号荒田”。

未能垦复。各乡领种桑秧，均在屋傍隙地，并无成林之处。土性宜种茶、麻、木梓，各乡随处布种，听其自生自长，以致获利较薄。应由地方官加意劝诫，力挽病源，庶几成效昭然，不患农业不兴。

十月，王令濬道表称：东门外官荒，前因所种桑秧成活无几，当拟招佃承领，试种菜麦。嗣经传询农民，佥以土质坚硬，不宜种菜麦，以致无人领垦。

三十三年正月表称：县属产茶丰富，向为出产大宗，无如山户不加培植，以致色味日低。且采摘愆期，茶片粗老，甚或搀和湿梗，一经到庄，色味霉变。现经择访采茶新法八条，示谕山户参酌仿行，以期振兴茶务，挽回利权。

二月表称：焙茶需用柴炭甚夥。近年茶商获利虽微，但因柴炭价贱,故尚乐此不疲。惟各项树木有限,何堪旦旦而伐?每于因公赴乡时，召集父老，告以振兴茶业，首宜广种松、杉，均能信从。数年之后，森林当可日有起色。

三月表称：县属所产茶叶，昔时客商来县收买。只以山户培植烘焙未能如法，外商亏折，因而裹足，近年仅由本地商人采办。自该县刊发采茶新法八条，山户欣然乐从。连日接晤各茶商，咸以本年采摘及时，烘焙合度，色香味三者俱胜于前，运销汉口，当有起色。并将示稿抄送查阅。

四月表称:县属种茶之外，以苎麻为大宗，近年出产渐少，自应极力推行。每于因公赴乡及接见绅耆时，劝令辟地广种。刻下栽种渐广，培植亦尚得法。

工务

光绪三十年八月，王令濬道禀称：县属素产土绢，惟粗劣不足供服用，夏布亦织而未精。现与绅士议定，设立工艺厂一所，购机纺织，力求改良。已择定八乡公局之右地址一处，估工创造。经费则由各乡绅士量力劝筹。俟经费齐集，再行议章禀报。

九月表称：工艺厂议定购机十六张，募工匠十六人，专织布匹、夏布等件。事务归绅士张联奎经理。经费则于李敬之捐出正谊书院山场价值四百两内，酌拨二三百两，以资开办。

十月表称：工艺厂现已开办，力求改良，以资提倡。

三十一年三月，李令相表称：工艺厂仿织夏布、洋布、土绢，出货仍不见佳，尚须改良，以广销路。

五月表称：张绅经理之工艺厂，出货既劣，工匠又复居奇，销售甚难，暂行停办。容再督饬该绅，另募妥工，购机选料，认真改制。

三十二年十月，王令濬道表称：原设之工艺厂，距县署甚远，欲附罪犯习艺，诸多不便。拟于署傍相近之地，另建工艺院，俾便罪犯习艺，且可收养贫乏子弟。现经会绅招股开办。

三十三年正月表称：另建工艺院一事，兹据张绅定增等禀称，县署头门内左侧，有廪局公宇一重，堪以改建。即经诣勘，墙垣巩固，房舍完整，工作相宜，照料亦便，自应如禀改办。并将工艺厂所存织布机架等物，酌拨济用；一面招致工匠，议章筹款，先行试办。

二月表称：县署头门左侧公宇一重，现已修理完工，拟即改为罪犯习艺所。一俟招定工匠，即将轻罪人犯移入，教以织布、打带等事。其张绅经理之工艺厂，一面谕催招股，俾早续行开办。

三月表称：习艺所常年经费，尚未筹集。现经筹垫银两，饬丁赴浔购买洋纱、漂粉、颜料，以及应用各物。一俟回县，即行定期开办。至本邑亦织夏布，不及万载、宜黄之佳。前奉札饬鄂省机器织布，出货甚速，饬即集股购机试办。昨有张绅配苏来县，因其略知种麻、织布之法，家亦小康，劝令赴鄂查验，已允前往。俟其考验回县，再行集股试办。

四月表称：习艺所于初一日开办，将禁押人犯点验入所，分别学习织布、打带各艺。另雇织布工匠一人，教织布匹、土绢。其不能织布、打带者，令其舂米，以习劳力。所出各货，销售甚速。惟经费并无常款，现与城绅商议，多招股本，以垂久远。

商务

光绪三十年八月，王令濬道表称：县地偏僻，商务绝少。惟茶业一项，尚为本地出产大宗，茶商均外省人，早已竣事收庄。

九月表称：现值茶油上市之时，每百斤售钱十一千。民间向用花生、菜油搀和，以致滞销。谕令无得作伪，以期挽回商务。

矿务

光绪三十年八月，王令濬道表称：天烛山产有煤矿，该县遣人赴袁州延请矿师，于十六日抵县，查勘该矿。据云系属绿火，且煤层甚浅，仍饬民间用土法照旧开采。

三十一年四月，李令相表称：奉饬查明前县彭令所报铅、铁矿各一处，煤矿三处，及李县丞凤高禀陈天尊山煤矿一处。查得天尊、林家、富山等处，出有煤、铁各矿，均经乡民开采，苗质甚劣，亏折工本，旋即中止。此外并无佳矿。

义宁州[1]

农务

光绪三十年八月，尹牧葆衷表称：劝民添开塘堰，附郭均已遵办。昨复邀集八乡绅耆，谕令认真开导，私业则独出资本，公业则通力合作，严禁阻扰霸占，以期裨益农田。县属向产苎麻，惟绩出麻线，色黄粗硬。已经前州翟牧凤仪，刊发《种麻法略》，散给城乡各绅及收买丝麻各店，令其如法种制。复经该州谕绅，先行倡办，可期一律仿行。

九月表称：民间之艰于树艺者，半因界限不清，半因践踏难禁。分清界限之法，应以契据为凭。其严禁践踏，先由各乡妥立禁约，违者禀官惩办。

十月表称：旧有良塘地方陈姓，因讼致荒田三十余亩；又小斗岭王姓荒山一嶂，业主丁单人稀，现均招佃垦复。

十一月表称：旧有吴受益捐助岁科试卷资田租，查有张仙桥田三十亩、蛇下源田四亩，均因二十七年被水冲废，系属官荒。现已筹款谕饬原佃垦复。

十二月表称：筹款垦复张仙桥、蛇下源荒田三十四亩，兹已一律工竣。州属并无堤岸，挑浚塘堰，共四十八处。各乡

① 义宁州：清代区划单位，范围大致相当于今天的修水县、铜鼓县，隶属于南昌府。

所种茶树，不知培植之法，已谕山户披削小条旁枝，留其正干，转瞬逢春，庶易滋长。

是年，据该府沈升府曾植委勘折报：该州地广人稠，山多田少，谷食不足，代以山薯。山麓之间，亦开阡陌，未垦之土，实不多见。惟层峦叠嶂，未曾树艺者，随处皆有，尤以铜鼓营一带为多。黄冈山亘数十里，苟能芟芜伐木，火种刀耕，获利无穷，而倡办不易。至树艺则樟树满山，而不知煎脑；种竹仅造火纸，而不知改良，为可惜也！

三十一年正月表称：查有崇乡五十一、二都黄溪、东津等处，沿河一带，被水冲废粮地，久成泽国，界限不清，若令各姓各自垦种，反滋事端。谕饬生员陈逢甲等，联集合村各姓，公同丈量，约可开成熟土一百三十余亩，召佃垦复。

四月表称：据生员陈逢甲等报称，黄溪、东津荒地，联集各姓丈量，各姓均无阻挠。召佃承领，已垦三分之二。俟垦竣后，再照户名原额纳粮。

五月表称：陈逢甲领垦之地，农忙暂行停工。俟诣勘丈量，出具并无捏熟为荒印甘各结，妥议禀办。

九月，金牧沛田表称：本年雨水过多，稻谷颗粒甚小，统计收成，约有七分。各乡种植，茶叶之外，以茶油为大宗，茶子实多，可冀丰收。

十月表称：州属晚禾不丰，薯芋减收，幸茶子结实甚多，榨油出售，足补不足。惟摘茶子之时，常有越界之争，谕由各族房长约束弹压，尚属安静。

三十二年二月表称：州属出产，茶为大宗。近来印度茶出，州茶疲滞异常。现将焙制之法，摘出示谕，并令绅士演说，以求改良而挽利权。

三月表称：习艺所旁，尚有荒地，现经一律垦出，栽种蔬菜瓜豆，作为种植试验场，使民知地利之兴由于人力，借开风气。

四月表称：谷雨前后，阴雨兼旬，所制头茶，较往岁仅十之六。内山稍胜，价值尚好。各庄焙制认真，商本可冀无亏。试验场系新垦之地，而蔬菜瓜豆，长发青葱；所种早稻，异常畅茂。乡民来观者，嘱令司事演说指点，启其心思。

闰四月表称：入夏旸雨应时，各乡早稻畅茂。茶旁隙地，劝种黄豆、薯芋，一律生发。试验场所种菜蔬瓜豆，可供习艺所内之用。

五月表称:各处茶客,收庄结账,工散归农。正值早稻收割,收成尚属丰稔。

六月表称：各乡种植树木，尚无荒废之山。其往岁被水冲成洲地，已谕农民随时垦复，补种杂粮瓜菜，以收地利。

八月表称：今年茶子，实稀且小，较往岁大为减色。惟花生收成尚丰，尚可榨油出售，不无小补。试验场所种禾稻，炭气过重，养气不足，以致华而不实；所种瓜豆，结实繁多，虽系新垦，无异熟土。

九月表称:现在采摘茶子，油少而其价昂。各乡新垦荒山，添种茶子、桐树，地土不润，不见畅茂，劝谕多壅肥料，来春定能滋长。

十月表称:冬晴日久，劝民趁时挖塘修堰，以资蓄水灌荫。

十一月表称：杂粮、茶子，收获齐全。山薯既属丰收，菜麦亦尚畅茂。劝民垦辟荒山，以备来春布种。

三十三年二月表称：州属向少西瓜，今在省城谋得佳种，于试验场栽种，如能生发结实，亦农产之大利。

三月表称：今年茶叶不旺，因去秋采摘受亏之故。试验场所种西瓜、豆菜，萌芽长发，仍令习犯随时灌荫，听民观看。

工务

光绪三十年九月，尹牧葆衷表称：州属征村地方，产丝自织薄绢，为土货大宗。惟质不柔软，色不洁白。现已传谕乡人，若能购日本机器，改良织造，准其禀请立案，专利若干年，以示鼓励。

十月表称：土产原有茶叶、黄白绢、麻线三宗，均已谕令商民，讲求焙制漂炼诸法，力图改良。

十一月表称：各乡出产茶子、桐子甚多，而榨油厂仅只三四处，乡民常将茶子、桐子运往邻县售卖。业已谕令商民，在八都分设榨厂，尽归本地榨油运销。

十二月表称：乡间种竹甚广，制器所用无多，余皆运售邻县。谕绅劝民分设纸槽，作纸行销，以拓利源。

三十一年正月表称：竹笋刻正发生，民间仅知劚[①]笋，获利无几，徒耗物质。前谕分设纸槽，各乡均已照办，已据报开五处。出示严禁挖笋，冀充造纸原料。

三月表称：目下将近产丝之时，已谕乡民将所出之丝，漂白提净，然后织绢，自必质软色鲜，人争购买。

五月表称：今春天寒，蚕多死伤，其余亦食叶较少。所出之丝，颜色晦暗；织出之绢，性尤粗硬。货低价昂，尚须力求良法。

---

① 劚（zhǔ）：砍；斫。

六月表称：找桥地方，制造粗瓷，俗呼为麻兜，货少而利薄，实缘选料不精，釉画不全。现谕绅富集资，仿照景德镇办法，建窑设厂，雇匠改良制造。

七月表称：据城绅胡元炳等禀称，张绅朝勳由督办生利总公司札饬来州招股，就地熬脑；共议合成百股，在于征村地方，设厂采樟熬脑。现已出示晓谕，不准借端阻扰。当经本局以二十九年十月，据职商梁基禀请以周道鸾掖为督办，由局详院批准，并无"总公司"字样。本年五月，又据该职商禀，派人赴州设厂熬脑。查其所指之处，与薛维贞禀办之兴利公司同地，恐开争购之门，未予照准。该州表列前情，核与原案不符，批示知照在案。

十月，金牧沛田表称：设立罪犯习艺所。已先捐资，将署侧爱莲池闲屋修葺，现已完竣。惟依式造屋，经费难筹，会商绅董筹集股本，所有应用器具，酌量购备。米碓已设二架，责令罚作苦工之人舂米。其习有手艺者，只须发给物料；其素无手艺者，必须教成一艺。前已禀请本府，转饬省城工艺院委员，代购织毛巾、东洋布机各一具，并派工匠二名，尚未到州。

十一月，据金牧禀报：习艺所于上月二十日开办，提到在押人犯，分艺工作。一月以来，均尚安谧。其开办经费，由该牧筹拨二百串。拟议条规十纲，并分细目，禀请立案。当经本局以章程尚属周妥，批准立案开办。

十二月表称：所内舂出之米，人争购买。雕刻匠镌出竹木，花纹极细，择有资质相近者，令其学习。竹匠所制竹器，尚易销售。所雇织布、织毛巾教习，均已到州。

三十二年正月表称：习艺所内织机，于初九日运到，旋即购买洋纱兴织。

二月表称：所织洋布、毛巾，销场颇旺。惟罪犯只能打卷纱筒，尚未上机动织。

三月表称:洋布、毛巾，专赖教习织售，每日仅出布丈余、毛巾六七条。其舂米及竹木各匠，照常工作。

四月表称：习艺所仿制机器数架，将近告成。惟罪犯能学织者，不过一二人，现在仍令缫丝。其常年经费，需数百金，皆由该州筹措。劝绅筹集股本，以期经费充裕。

闰四月表称：天气渐热，各犯盥浴，皆需巾布，即令习艺之犯，组织散给。

五月表称：所内限于经费，未能添建房屋。虽劝据绅商捐助，为数甚微，自当勉力维持，期收实效。

六月表称：毛巾及东洋布，本地销场畅旺。毛巾工徒，学成一人，出货尚稀。现嘱司事招徒，来所学织。其土机所出之布，本重不易行销。粗蠢之犯，照常舂米销售。

八月表称:有一习犯能织毛巾，已开机器三架，织出之布，亦能行销。拟照奉发图说，添建房屋，经费一时难集，未敢遽兴工作。

九月表称：习艺所制出货物，成本重而获利微。现在设法添制器具，俟筹有的款，再行添建房屋，扩充兴办。

十月表称:添制毛巾机器数架，现有学徒四人，可以上机。每月售货不敷用费，尚须筹垫数十千，仍由该州设法支持。

十二月表称:习艺所房屋太少，且不完固，实为经费所限。年终综核,添置机器,一切费用,共垫用数百金。货物行销畅旺，存积无多。教习工徒，酌给年假十日；并分别勤惰赏罚，以示鼓励。

三十三年正月表称：习艺所于初六日开工，仍提轻罪人犯工作。毛巾教习，回家度岁，尚未到工。

三月表称：织东洋布教习，去岁成布既少，又未指点学徒，懒怠异常，辞退另雇，刻尚未到。毛巾教习于本月初二日回州，仍令教习学徒，照常工作。其未能上机者，令其习织土布，免致失业。

四月表称：习艺所内，每月约出毛巾五百余条、土布八匹有余，竹木工有粗细，物有大小不等，舂米约计七十余石。

商务

光绪三十年九月，尹牧葆衷表称：州属出产，以茶叶为大宗，大半行销俄国。州人并不自设行栈，专恃外来客商贩运，任其抑勒，亏折不少。行销既滞，山户自益疲敝。兹拟劝谕各乡绅富，或在浔、汉口岸设立行栈，随时发运售销，不使利权旁落，非惟茶务日有起色，而山户亦可推广种植。

三十一年十一月，金牧沛田表称：州属所产稻谷，丰年仅敷民食；茶市时人加数万，皆赖外贩米谷接济。本年收成不丰，棍徒私禁米谷出乡，以致城内米价大涨。业经出示严禁。并劝绅商速往吉、临、抚、建各府，贩运销售，由州发给护票，照章完纳统税，以免留难阻滞，而作未雨绸缪。各商无不乐从，现正集资贩运。

三十二年正月表称：茶务衰败，历十余年。今岁茶号增设多家，但得雨旸时若，茶出必旺。出示严禁先送样箱，以除积弊而保利权。

三月表称：去冬劝谕绅富，筹资购运米谷。兹据各商禀称，所购邻县米谷，彼处棍徒借词封河，阻运出境等情。当经移知各县，请饬放行。并禀藩宪及吉、临、抚、建各府，札饬各县查照在案。现在米船运到无多，人心惶惶，随时妥为开导。一面谕饬各商，设法催运，当可无匮乏之虞。

四月表称：各处采办之米，虽经陆续运到，惟茶庄粗工较往岁加多，本月中旬，几难接济。当经分设米厂，清查户口，每人准买二升，按名发粜。示谕绅富筹本贩运，连日到米二三千石，人心稍定。

五月表称：州属武乡与新昌天宝乡，壤地相接，武乡所食米谷，仰给于彼；天宝乡所需食盐，取给于此。本月初间，武乡双溪村民前赴天宝乡之赵遥市乞粜，忽被杀毙多人。业经据报通禀，并移知新昌县确查办理。一面责成绅士，抚慰尸亲，静候查办，不致暴动。

八月表称：州属制钱缺乏，各铺户向代以百文小票，今春设立官银钱兑换分号，渐以铜元兼用。向来茶市之时，常有因兑票倒闭牵动全局者，市面有碍，铜元滞销。现已传知各店，不准再出小票；已用之票，收回即销。俟将收竣时，再行出示禁止。

矿务

光绪三十年十月，尹牧葆衷表称：乡民自集股本，开有菜园里、细石窝、大石窝三处煤矿，并未挖深，尚无成效。

三十一年七月表称：昨据职举杨春华等面禀，以泰乡四都石垄管地方，煤矿苗质甚旺；前经余姓开采，资本不足，办无成效；现拟多集股本，暂用土法开办。俟有端倪，另禀立案。

九月，金牧沛田表称：泰乡四都煤矿，因无矿师辨认矿苗，集股匪易。

十二月表称：杨绅春华开采泰乡四都煤矿，仍以土法挖取，工费甚巨，仅足敷用。

三十二年三月表称：泰乡四都煤矿，现因井内水满，业已停工。劝令杨绅戽去积水，延请矿师，认真开采。

八月表称：泰乡煤矿，秋晴水干，谕知杨绅，赶紧集工开采，可以收养穷民，免致流为盗贼。

十一月表称：矿工价昂食贵，出煤不能敷用，挖未及旬，又复停工。据该绅面称，煤苗不旺，实难获利。

十二月表称：该矿仍用土法挖取，每日出煤仅十余担，就近销售，勉敷工食。

三十三年正月表称：泰乡煤矿，井内有水，现复停挖，迄未开采。

【抚州府】

农务

光绪三十一年十一月，据王守乃征禀称：农务局经费，每年由该属六县筹助四百缗，于郡城隙地五区种植桐、桑，兼于府署后园种苎麻、芝麻、黄豆、番薯各杂粮等。而公局之费，较之平民，不啻十倍，殊于实事求是之义，觉有不符，因于客冬[①]，将已种桐、桑各种植物，归并临川县属农桑局经理，以省縻费[②]。

工务

光绪三十一年十二月，据王守乃征禀报：就原设农务局，改兴工艺局，订立章程，招选学徒，就地方原质，讲求制造。该处向产紫竹，其光如漆，经用日久，愈见莹彻，并无虫蛀之患，最为佳品。今春以来，专造紫竹藤器，招选高手竹匠，授以意法，以紫竹和藤，制为方圆棹[③]、凳、凭几、茶几等器，概皆别出新式，制造坚实。查东洋圆竹凳，价自一元以上，人争购取。现亦照样仿制，毫无殊异，而价则大廉。并将所制各件，送呈本局陈列所内查阅，尚属清雅，当经批示嘉奖。并据禀呈前抚宪胡批示，转饬督率工匠，认真考求，以期进步而广行销。嗣于三十二年四月，据禀上年创造紫竹藤器，本境售销无几，拟运省垣寄售，并寄九江分售，由府给以护照，请移税务总局，饬卡查明护照

---

① 客冬：去年冬天。

② 縻费：耗费；浪费。縻，通“靡”。

③ 棹（zhuō）：同“桌”。

数目相符，免税放行。即经据情移会税务总局，嗣准移复。业已札饬经过各税局口，查验照货数目相符，即行免税，盖戳放行，毋稍留难阻滞等因，札饬遵照各在案。

商务

光绪三十年七月，据戚令扬表称：抚郡为上通建昌，下达省垣，远至闽省之大路。春夏水涨，舟楫便利，货物易于转运；秋冬水涸，阻滞不堪。附郭贸易之区，东门外过文昌桥，较为繁盛，城以内甚寥落也。北乡距城六十里之李家渡，南乡距城二十里之上顿渡，两处市集，颇有可观。货物以米谷、烟土、夏布三者为大宗，棉布、棉花次之，灯草、油糖又次之，橘饼、蜜枣又次之。烟土来自四川，销售本地，不过二三成，余均转运闽省。棉花本地所产者，尚不敷用，其来自湖北武穴者，岁约二十余万金。此外则皆本地出产，而灯草尤为南乡独有之利云。

三十二年八月，据该府王守乃征详称：本年三月间，据临川县粮食商人黄复裕行等，禀请于郡城先设粮食商会，并将许湾一镇附入，其余各业随时可以入会。公举聂希璜为总理。缮录章程十七条，由府核明转详前来，当经本局移请商务总会核议。嗣准移复，即经本局以独业立会能否照准，详请示遵。旋奉前抚宪吴批示：独业立会，上海书业、金业分会均经商部批准有案，该商人等所请似可照准。若改为各业商务分会，自应再询各商，听从其便。转饬该府换缮章程，送局详咨。旋据详称，据分会总理职商聂希璜等禀称，遵集各业商人会议，现据钱、土、杂货以及煤炭各业商人，均称愿入商会。并邀集诸商，推举各业会董，酌改章程。并请刊发图记，转给钤用。据情请予详咨前来。本局于本年五月，具详请咨。六月，奉抚宪瑞行准部咨，所拟章程，尚属周妥；员外郎衔聂希璜，既据声明堪胜总理之任，自应加札派充。并发图记式样一纸，转给具领。兹据该府申称，据分会总理聂希璜，呈报奉发图记，照示刊就，择于八月初一日设局开用。

矿务

光绪三十二年七月，据该府王守乃征详称：转据临川县李令克鑠禀，监生丁学孙等设立利济硝磺公司，请札派委员，督商办理。发给护照印花，持赴九江、临江、瑞州、吉安四府属产地，平价收买，运回抚州府属，分销各县花爆铺店，每年可销十万斤之谱，照值百抽十章程纳税，按照时值，折价批解，以济公用。当经本局批示，硝磺系属禁品，不能设立公司，应候委员督办，设立官局。札委候补知县罗令毓椿，于十月间前往，在于临川县属上顿渡地方设局。会同临川县，督率商人，转运分销，照章抽税。旋据罗令禀请推广建昌一府，以利行销而增税课，又经批准照办。

三十三年二月，罗令另有差委，由本局札委署抚州通判李倅宗洛，兼办官局事务。自设立官局以后，拿获私贩数起，官货可逐渐畅销，即税课可日有起色矣。

临川县

农务

光绪三十年七月，据戚令扬表称：振兴农务切要之图，约有三端。其一为楚山等处五十余里，浚港筑堤，应按田派工。现由各村公举首士，派工七千有奇，照前示谕章程，将堤加高三尺、加阔二尺，港则加宽五尺、加深四尺，统限晚禾收割后兴工。其二为临东接壤之河，由绅督率首士，将沿河竹木伐净，以便挑土兴工。万年桥乱石，雇匠拆去，俟桥石变价充公，概作为义渡经费。其三为李家渡以下荒洲，各姓均无契据，自应作为官洲，归李家渡小学堂经理，招佃种柏艺麻，俟获利后，以七成归佃户，以三成提作学堂经费。又查得北乡五十二都，有古沥一条，长约四里，阔六七尺，年久淤塞，沥北尤甚泛溢，低田禾苗受害。现饬廪生周营洛等，派工疏浚，并伐两岸竹木，使水通流。其南、北两口，则各修石闸一座，以资启闭，庶该处田亩无虞旱潦云。该县向只种稻，素不种麻。而李家渡市场，以夏布为大宗，织户不下六七千人，价值不下三十万金，其麻贩自湖北，岁须十余万金。自去岁三次赴袁州购买麻种，又托绅士劝谕自种，免至利权外溢。有李绅松鹿等为之提倡，延湖北麻师教之。李绅中鼎又撰《种麻八法》，刊布数千张。迄今种麻者已有八十余家，每亩可刈麻一百余斤，可收二十千钱之利，较之种稻，利赢数倍。将来风气渐开，当以麻为最，桑次之。

八月表称：现届农忙之际，筑堤浚港各工程，均须停止。惟下中洲一带，辛姓地方，适当河水顶冲，前经各村公议辛姓筑一新堤，约二十余丈，辛姓未允。现因违禁演戏，致受诘责，自愿赶筑新堤，十月上旬竣工。并捐洋圆百数十元，购石块五十船，于堤外添置石坝，以杀水势。又查北乡三十六都有漫山洲者，洲久已成沃土，约有二十余亩。已饬生员帅道机等，作为十甲公产，招人承垦，取其租息，归入黄昏渡义渡经费。

九月表称：自去年迄今，开垦千金坡外，杨中洲、毛源洲、牧羊洲、对塘洲、豹虎洲、渡口洲、回龙洲、桥头洲、鲤鱼洲、面前洲、饶坊洲、饶坊桥洲、云路庵洲、龙步湾洲、畲头洲、五里洲、漫山洲，共垦荒洲十七处，约九百余亩；又垦祝家冈荒山、石井荒山，各纵横一里多，种桐、茶、桑、麻，兼种瓜豆。其由农工商务局发给各种，计桑成活一万九千余株，麻活四万二千余株，桐子活一万九千余株，茶子活六千余株。瑶湖开港五十余里。楚山堤有港三条，长四十余里，现正重加疏浚。白家陂万年桥地方，关系临、东两邑水利，现在挑掘沙淤，每日三百余人。

十月表称：楚山堤浚港一事，半月可以竣工。万年桥挑掘之夫，增至千余人。

十一月表称：万年桥桥石拆除净尽，夫役增至二千余人，局绅饶士勤、邓培心、汤大绶等，监工督率，亦将次第告竣。惟原议桥石变卖拨充义渡经费，奈桥石半多腐烂，变卖所值无几，义渡尚须劝捐，方可垂久。至北乡廪生周营洛等，开古沥一条，长二里许，因下游梗阻，断令仍照旧约办理，已竣工矣。

又于附说内禀称：何家口地方，关系三百余村数十万之农田，急宜堵塞，而陈、黄两大姓力拒之，以为水势合流，恐冲决其堤也。前任俱徇其请，而三百余村之害不除。现经本府督同诣勘，大河虽极宽荡，而陈、黄各姓之堤，高于四公洲七八尺。今议堵塞何家口，仅筑矮垱，与四公洲之土相平，水小时涨在四公洲以下，与陈、黄之堤固无干涉；水大时涨至四公洲以上，听其滚入矮垱，仍留陈、黄各姓分泄河水地步。缘何家口年年被水，有此矮垱，可保小水无患，为利已多。已出示照办矣。

三十一年正月表称：瑶湖开港五十余里，业已竣工。楚山堤港三条，长四十余里，于十二月蒇事。万年桥白家陂工程亦已告竣。

又于附说内禀报堵塞何家口情形。该处应斜筑一堤，长七百余丈，适值雨雪经旬，河水盛涨，必须于水底立定堤脚。各村相约数千人，人持一篓，装满碎石，堆积河干。选壮丁数百，赤体入水，深没胸腹，叠石篓于水底，又凿沉破船数只以实之，惧其篓之漂流也；入水之人，两面夹持之，由是畚筑齐施，五六日而堤脚乃定。现在工程过半，而堤脚犹岌岌可危，日间抢护及工作者，计数千人；夜间亦数百人，轮流防守。其不惮坚苦如此，可知陈、黄两大姓无端梗阻，是非昭然。

二月表称：去年十二月，函托浙东定购蚕纸，顷寄到一百二十八张，计值洋圆二百余元。除本局留用外，仍照上年之例，酌减半价，售给四乡，购者甚为踊跃。

三月，据黄令锡光报称，蚕桑局所种桑秧，分给四乡领种。

四月表称：现饬农工商务局，购买建昌府早稻子种试种，如将来收成较好，再行广为播种。

五月表称：蚕桑局出丝一千三百余两，城乡出丝七千余两，较上年所出，约多数百两。

六月表称：戚令任内开垦荒洲荒山，现经查勘，与原报稍有未符。东路千金坡民荒洲地，已集股开垦，名为协力公司，原种桐树三千余株，嗣因土地不宜，大半枯槁，现在成活者仅六百余株；其领栽桑秧一千余株，亦复成活无几。毛源洲民荒，横约三十弓，直约一百七十弓，现种杂粮，收成未定。外杨坊中洲民荒，横十八弓，直五十弓，已于三十年招杨聚福承佃，原种桐树、杂粮，均被水浸牛践无存，现饬补种乌桕。西乡牧牛洲民荒，计一百五亩，于二十九年集股开垦，名为谯国公司，原报桐树成活二千余株，今止五成；乌桕成活二百余株。查其土地不甚硗瘠，谕饬该公司试种各项杂粮以及甘蔗等物，并出示禁止纵放牲畜践害。

七月表称：戚令原报之豹虎洲官荒，系于三十年招曾、辛二姓承佃，每年议交租洋八元，拨充西津、漳溪两义渡经费；今查勘已垦三大段，栽种洗子瓜，收成未定。桥头洲官荒，尚未开垦，已谕饬邹、李各绅，招股垦种。鲤鱼洲官荒，于三十年招罗锦裳承佃，每年议交租洋十元，以充农务局经费；前已领种桑秧、桐子、乌桕、黄栀子等树，多未成活，现饬赶紧补种。中溪对塘洲民荒，约计六十余亩，原报垦种杂粮，均被水浸无收，现饬补种。西津渡口荒洲，约六七亩，尚未垦种，现拟种植乌桕、桐树。

八月表称：戚令原报之北乡龙步湾洲，计官荒一百一十六亩，系招姜、何各姓承佃，前种洗子瓜，因无收成，饬令改种棉花，本年收成约有五六分，应交租资，即拨充该处义学之用。又畲塘洲官荒，原招邱、饶、丁、潘等姓承佃，因其土地硗瘠，垦而未种，即饬改作牧场，蓄养牛只。又五里洲计二十余亩，初种杂粮，因地势低洼，屡被水浸，现在另招佃户，试种桐、桕。

九月表称：戚令原报南乡回龙洲，于二十九年集股开垦，名为博溪树艺公司，原报栽活桑树一千余株、桐子五百余株，现勘得桑活七百余株、桐活三百余株；饬令兼种杂粮，并将章程未妥之处，更正改订。其大湾洲、饶坊洲、饶坊桥洲三处，均领种桐子数百余株，今无一株成活，饬令择宜布种，以兴地利。

又于附说内报称，查有西乡展坪墟之詹坊堨，有一水港，自状元岭龙会山发脉，直达而下，灌田数千余亩。向来沿途开圳作堰，引水灌溉，自此港淤塞以后，时有水旱之虞。现经饬据生员黄绍裘等，议定章程，按亩派工，即日开浚；并将原有石堰，加高培厚；再开新圳注水，以备旱潦。谕饬农务局绅，督同认真举办。示谕该处农民，通力合作，以期速成其事。

十月表称：詹坊堨水港，现已禀报开工。尚有东路瑶湖，已于上年开浚。惟其下游之东横洲，自璜塘村以下，至龚溪桥止，计一千三百余丈，地势低洼，必兼筑堤，方免水患。即经谕饬绅耆集议，仍照上年章程，按田派工，将堤加高培厚，并于堤面种植杨柳、乌桕。已据公举绅士李元生经理其事，并经出示派差，协同催筑，以期迅速。

十一月表称：前奉本府札发桐子种一包，发交农务局绅，择地试种，并谕乡绅劝民购种。其南乡未垦之桥头洲官荒，西乡未垦之渡口荒洲，亦谕令购买桐子试种。何家口堤垱，现正按田出工兴筑。又豹虎洲一带圩堤，计七百余丈，今夏被水冲刷，间有倒塌。金石坪小港，亦为沙泥壅塞，即饬该处绅首，趁此农隙，速照向章，按田派工，赶紧修浚。已据禀报举办矣。

十二月表称：北乡李家渡地方，全赖圩堤卫护，前于盛涨之时，堤垱多被冲塌。现经谕饬公举正绅，派工修复，以御春涨。至前奉发桕种，于水地甚为相宜，因不敷布种，已托人觅购矣。

三十二年正月表称：前购桐种，现已寄到，遇有乡民完粮来县，酌量散给，领回布种，并授以培壅之法，冀收种植之利。

二月表称：各处浚港筑堤，陆续禀报竣工。惟何家口新填洲地，与夫修筑石坝堤垱，突因春雨过多，山水暴发，遽被浸溃。已经另文禀报。

三月表称：去冬托友在浙定购盐种蚕纸一百张，每张价一元两角，减半价卖，四乡来购者争先恐后，全数售尽。并将局存蚕种，免价发给，以兴蚕业。

四月表称：头蚕正当出茧，适值雨多天寒，较之上年稍形减色。

五月，据李令克鏻表称：自戚令购买袁州之麻、浙江之桑，分发各乡栽种，而北乡李家渡一带，成效尤著，苎麻一宗，获利甚厚。饲蚕种桑各法，亦渐知考求，大有进步。此外，各乡虽经戚令查出荒地多处，种植则不如李家渡之认真，已谕令各处绅董，加意培护，添购各项种子，分给种植。

六月表称：南乡桥头洲、大湾洲、饶坊洲各处荒地，前经黄令购买桐子，给令布种，现在成活约居十成之七。

七月表称：东路毛源洲、千金坡一带，种植均尚认真，所种树木，以黄栀、乌柏两种成活最多。何家口堤垱，今春被水冲决，谕令绅董赶紧修筑完固，以卫田庐。

八月表称：修筑何家口堤垱一事，业已兴工，仍照向章，富者捐资，贫户出工，以昭平允。又南乡陈坊村向有小港一道，雨多即致泛溢，晴久水即竭流。同治年间，陈姓按亩派捐，砌结陂堰，借以堵蓄，各村田亩，赖以灌荫。近时有人在港挖石取鱼，以致陂堰倒败，现经出示严禁，并谕绅董赶紧修筑，以资灌溉。

九月表称：西南乡一带田亩，向赖展坪墟港水灌荫。近年堤岸坍塌，田亩多被淹浸。去冬黄令筹款浚筑，后因费绌停工。上月谕令绅董，公同议定，富者按亩出资，贫者派工折抵，现已兴工。

十一月表称：各乡塘堰，均已浚筑完固。惟何家口工程浩大，尚未工竣。

三十三年正月表称：何家口地势低洼，外滨大河，每遇盛涨，数百村皆成泽国。自去秋筹款筑堤数百余丈，正初完工，尚称坚固。询诸父老，佥称较之往年，可多收谷十余万石。

工务

光绪三十年六月，据戚令扬表称：自去年以来，惟剥麻及煎白糖之法，此间稍有进步。北乡惯织布而不善剥麻，遂亦不复艺麻。廪生桂汝章等，雇湖北麻师教之，渐知剥麻之法。各乡种蔗，向煎黄糖，独竹溪港喻姓学煎白糖，获利较厚，颇有仿效之者。

七月表称：民人陈玉书所制屏对字画，以竹嵌之，漆光可鉴，颇为精巧，独擅专门之利。黄绅维翰集股于城内租屋，设教织所，试织毛巾、洋布，花纹匀细，亦甚中度；但系属创办，销场不广，获利有限。上年创办劝工所，织出夏布、棉布，较为精致。又作烛芯一项，尚利行销。

三十二年三月，据黄令锡光表称：罪犯习艺所，业经前县于城内飞云阁下，封有积惯窝娼房屋一所，共计二十余间，重加修葺，置备器物，名曰劝工所，学习织布、作灯芯等类。遇有地痞窃贼，仍旧发入劝工所习艺，勿庸改名。至于军流以上人犯，则拟遵照新章，于府城设一总所。

八月，据李令克鏶表称：该县除织造棉、夏两布之外，以洋漆竹镶屏联最为精致，刻拟招工仿造。

九月表称：陈姓镌刻竹镶屏联，矜秘不传。近惟楚北人李友梅得其窍要，与订明春来县，赴所教习。

三十三年三月表称：现已仿造，行销颇畅。

四月，据胡令惟贤表称：劝工所经费，由县给发，每月织成夏布一百二十四、棉布一百四十四、烛芯二万三千余枝、竹镶联对八件、草鞋二百余双、竹篦八百余柄。逐月考核，有增无减。

矿务

光绪三十年七月，据戚令扬表称：章姓牛岭煤矿，现据举人章义钧面禀，已招集三十余人兴工，惟煤层仅厚尺许，煤质不佳，只供本地炊爨之用。又有距章姓数里之官田，胡姓亦于祖遗山上，以土法挖煤，每日仅出一二十石。乡民以此为农隙之事，作辍无定，惟有徐徐诱导而已。

八月表称：胡姓之矿，因农忙停采。牛岭之矿，凿石一层，煤厚二尺许，质亦较佳，仍照旧开采。

金溪县

农务

光绪三十年正月，据郭令立朝申报，在于城内三陆祠，设立农工商务局一所。嗣于八月间，据禀报生员郑培等，禀称劝捐稻谷二百石，设立保甲农务分局，拟定条规，呈乞立案等情。并据禀奉前署抚宪夏，批局会同按察司核饬遵照办理。

九月表称：查得南乡荒地一片，长约百余弓，宽约三四十弓，系李姓产业，由李姓出具自愿垦种切结[①]，并饬多挖塘井，以防旱灾。北乡绅士全文炳种植桐、麻，讲求得法。

三十一年五月，王令济中表称：农工商务局绅报称，东乡种蔗，约一万数千枝，均已成活。又购麻种六千五百兜，发东、南、北三乡分种，约活十成之七。又购洋种花生三石，发西、南、北三乡分种，现已成活八分。又东乡蓝靛，种植颇盛。又各乡苎麻，成活七八分。惟所种田地，皆系民间私产垦复。

六月表称：西乡沿河一带，隙地十余里，栽种柿、李树甚多，由局绅教以培养之法，味较从前甘美。南乡种烟叶、莲子甚繁，尚称丰稔。

七月表称：三十二都礼庄村绅耆周梦乔等报称，伊村四姓山场，向未栽种树木，现在集费垦栽松、桐、杉、柏等树数

① 切结：表示切实负责的保证书。

万株。查勘成活者，约有万余株。

八月表称：城内仰山书院前，有大小荒地二十片，由局租赁，垦种苎麻。南乡马子冈，种树一千余株，成活八分。该县田亩，每年只种禾稻一次，现饬地保鸣锣，示谕乡民，务须于收稻后，接种菜麦杂粮，以尽地利。

十月表称：各乡新种苎麻，收成约七八分，获利甚厚。现由袁州购麻种一万余兜，分拨四乡栽种八千余株；书院前新租垦地，种二千兜。

十一月表称：据局绅报称，自奉示谕以后，鸣山林泉渡长兴各村，于收稻后种豆甚多；东西各乡，均种莱菔①、油菜。又据禀报，拟将征收地丁内给二分一厘，由户书开销署中丁役饭食；每年约计银五百七八十两，拨充学堂及农工局经费。并据禀奉前抚宪胡，批由学务处移局核明立案，札饬照办。

十二月表称：石门洲、杨家渡二处，开垦荒地，布种桐秧、苡米。礼庄周梦乔等四姓山场约廿余里，栽种松、杉、桐、柏，难悉其数。其余各乡，种树亦极繁盛。

三十二年二月表称：上年购种苎麻一万颗，今已生发七千八百余颗。北乡双塘墟购到糖蔗种二万五千枝，东乡霞坊、植元等村购到蔗种一万四千枝，均已栽种。

闰四月，据王令易表称：六都全村，有荒山一处，添种桐、桑一千六百余株。又十八都黄坊村，添种桐、桑三千余株。

七月表称：近年种甘蔗者甚多，现当成熟之时，调查双塘等处，种植颇为得法，干肥质脆，汁厚味甘。

三十三年二月表称：甘蔗一项，去年收成甚佳，饬令仍

① 莱菔：萝卜。

在霞坊、植元、双塘、翁塘、水南等处，辟地多种。其余各乡，旧种桑、麻、桐、柏等树，谕饬农工商局各绅，督率农民，加意培护，仍购秧种，及时添栽。

三月表称：各乡栽种松、杉、桐、柏等树，并添种桑秧三百余株。

工务

光绪二十八年，杜令璘光在典史衙署头门内设立工艺所，议定章程，置备器具。三十年九月，郭令立朝考选织工、缝工、制棕扇、雕木器工人各一名，送入所中为师。另选幼童十人，以为学徒。所有教师工资，概系捐廉核给。

三十一年三月，郭令表称：据局绅艾朝鼎禀，集资置买糖榨，设厂开办，提升白糖。

十一月，王令济中表称：该县许湾开设染纸作坊，消售[1]甚广。现往苏州雇请蜡笺工师，试作笺纸，以广销路。

十二月表称：艾绅等所设糖榨，今年获利颇丰。

三十二年六月，王令易表称：工艺所屋宇倾倒。现已捐有三百余元，拟就裁缺之训导衙署改造。

九月表称：艾绅朝鼎等，在双塘墟等处所设糖榨，现值甘蔗成熟之时，即可开榨熬糖。

三十三年三月表称：会绅筹款，在城湖村、合市街、植元村三处，各设糖榨一所。

四月禀报：会绅劝捐，就裁缺训导衙署，鸠工庀材，酌加修葺，设立工艺院一所。购织花布、毛巾机三架，雇募工师

① 消售：销售，卖出（货物）。

二人，招良家子弟四名。工师教授各种技艺，先从织花布及织毛巾入手，于三月二十一日开院兴工。开录章程，呈请立案。禀奉抚宪瑞批局立案。转饬会督绅耆，劝捐的款，妥存生息，以充常年经费。并经本局札饬该县，广筹经费，多收艺徒，以期工业日臻发达。旋据该县呈送花布二匹、毛巾二方，均属精致可观，发交陈列所陈列，仍饬如法织造。并据表称，每月可出花布棉布一百余匹、毛巾一二百条。

商务

光绪三十三年四月，据该县王令易禀称：据铺商附生王坚等禀称，兵燹以后，市廛凋敝，城内向无墟场，以致交易不便。拟仿邻邑东乡县之式，于城内开办墟场，以一、四、七为期。择定县署前及城隍庙侧两处为墟场，搭盖棚厂，以便商贩贸易休息。公举数人在墟经理。公议章程，每米一石，买卖二主各出经费钱二十文；每谷一石，各出钱十二文；杂粮均照谷、米之式。所收经费，以一成归照料墟场之人薪工杂用，其余二成作为警察局、工艺院两处经费等情。该县查核所议，均尚妥协。试办匝月，商民称便。禀乞立案，俾垂久远。禀奉抚宪瑞批准照办，并饬经收捐钱，务在得人，以免侵渔之弊。批局核饬遵照。并经本局批饬选派正绅，经收此款，勿令侵渔，致贻口实。惟既称众议佥同，谅无抑勒情事，准其立案，共谋公益。该县商务，从兹可期日见发达矣。

矿务

光绪三十年十月，郭令立朝表称：车坊村狮子岭煤矿，矿苗虽旺，因集股不易，是以未及举办。

崇仁县

农务

光绪三十年七月，罗令焕垣表称：生员华扬祖在五十五都、黄兆麟在三十三都，各集股栽种甘蔗，设厂煎糖。

十月表称：劝据二十五都谭天保，新修堤堰，开成良田八百余亩。又新陂冈黄姓荒山，种茶、桐三万余株。上乡新开水塘三处。询据蔗厂购蔗一千斤，约可取糖六七十斤，无利可图。农工商局集股于相山书院基地，栽种湖桑一百余株、粤桑七百余株，袁州麻种约地二亩零。会同胡县丞廷鏻，买有南城荒地，约广五亩，栽植粤桑一千五百株。局董刘廷栋，自买茶、桐各五百斤，湖粤桑葚，借南城刘姓空基种植。

三十一年正月表称：黄州桥上首堤堰三大座，坍卸已久，业将第一座修竣。

三月表称：由袁购到麻秧，多募熟手，分栽于衙署后园广地；并分给粮厅暨附城一带绅民，分别栽种。又购到盐纸蚕种，分给绅民，一律饲养。

七月表称：三十三都新坡岗茶种成活二千一百余株、桐种四百余株，毛泥冈茶种四百余株，鸡公冈七百余株，绅士黄兆麟经管。老相山书院所种桑树，成活三百余株，局绅经管。民城水陆仓桑树成活五千余株，粮厅公署成活桑树三百余株，老粮署种桑三千余株，县丞胡廷鏻经管。三月间，查勘凤冈墟地方，有樟一颗[①]，当费三十元购定。商由胡县丞，带同工师，前往试熬。现在胡县丞病故，已暂停办。

三十二年正月表称：劝据四十四都王凤庭、王维城等，在于邱坊村侧白鹭渡、刘家渡等处，垦山新种桐、松、茶、桑各秧。

三月表称：前派局绅张谟杰，赴袁州购买麻种，现已运回，分散城乡，广为栽种。

七月，谢令起源表称：该县向产夏布，已饬乡民多种苎麻，以免出外购麻，利权外溢。

十二月表称：据十八都职员陈维新禀报，遵垦附近荒地，广种苎麻、桐、桑。又据十都教职黄澜等禀，遵将下车湾东南官洲，长阔二里许，分区出租垦种。

三十三年四月表称：种植场所，计十二处，栽种湖粤桑、松、杉、茶、桐、樟、柏等树，及蔗、莲、苎麻各物。

工务

光绪三十年八月，据罗令焕垣表称：该县倡捐廉洋一百元，并劝据竹木行每年捐洋四百元，以为常年经费；在城隍庙侧空地，添造房屋，设立工艺院。收养无业游民及轻罪人犯，定额二十名。置备土机，雇募工师两人。

十一月表称：现在仅收流痞四人，教织棉布。

十二月表称：续收六人，自朝至暮，织布数尺，多或丈余。

三十一年二月，又雇人教织夏布。

七月表称：所出棉布，亏本不多。夏布则稍有盈余，惜

① 颗：此处同“棵”。

因人少，出货有限，利息无多。现将夏布设法改良，织成罗布，以广销场。

三十二年正月表称：工艺院虽额定二十名，间有多至二十八九人者。屡次奉文，各属应设罪犯习艺所，因经费难筹，将工艺院改为习艺所，遇有无业游民及不法小窃，照原章收养。其有遣军流徒，亦即查照新章，一并收入，以节糜费。

五月，谢令起源表称：工艺院所织棉布、夏布、罗布等项，银贵钱贱，不免受亏。访得太平墟所产一种蒲草，织作草帽、扇、席之属，深为合用。

七月表称：现已雇工试织，惟尚不利行销。

三十三年四月表称：每月可出棉布四十余匹、夏布二十余匹。当经批饬多派数人，学织棉布，以速其成。

矿务

光绪三十二年十二月，谢令起源表称：南都各都矿产，煤炭不能炼焦。山路崎岖，取运不便，居民挖取为爨，无甚利益。现奉金陵查矿委员，带同矿师到县，查得谙源、仓源两处，煤矿不佳。惟义路口一处，煤质可以炼焦，惜乎距河较远，运道艰难。

宜黄县

农务

光绪二十八年十二月，据夏令翊宸申报：奉饬设立农工商务局。照会绅士李文蔚等，已于本月初二日开局，会同筹办地方一切兴利之事。又据禀报，县署侧废仓基地一片，已辟为试验场。其常平仓前进，有余屋三楹，设为劝农局，照会职员李家膺等，会办试验场事务。并集股设立瑞应公司，承垦高家渡、令旗堺、老鸦薮三处官荒。开具章程，禀经本局通饬各属仿照办理。

二十九年，垦荒种植情形，已纪前略。

三十年九月，李令克鏶表称：桑、麻为民生衣被大源，次则为黄栀子，拟派人赴袁州购麻种数车，赴湖州购桑秧二万株。

十月表称：垦复旧荒张家山一处，官山一十一亩零；高家渡等四处，官地二百二十一亩零；石坑等二处，民山六十七亩零;合港一处，民地一百亩零。均已栽种杂粮、薯蓣、桐、竹、桑、栀等物。

三十一年三月，王令鸿寿表称：北门外演武厅官荒地基，纵长九十六丈，横阔九丈四尺。由增生熊浩等酌领经费，垦种桐树一千一百余株，每株占地八尺有余。外余隙地十余丈，仍播种蓝靛、苎麻、花生、薯、豆等项。

五月表称：距演武厅五里之潘家排，有荒基一块，酌筹经费，发给增生程忠谟，购麻种四石、桐树二千株，分栽两处，业均生发。

六月，据吕令用宾表称：该县向产夏布，而苎麻须购自袁州。已劝谕乡民，考求种法。当经本局将滁州黄厚裕所著《苎麻法略》，发县刊散。

七月表称：据原办各绅，复于县境宝塔下、龟山背等处荒地，设法垦种桐树八百株，渐次成活。奉发《苎麻法略》，已刊刷数百本，分送城乡绅民矣。

三十二年正月表称：筹拨公款，遣派绅董，赴袁州府宜春县一带地方，采购麻种数万株。

二月表称：麻种现已运到六车之多。饬城乡绅董李道生等，分领布种，如法培植。并于署右原开试验场内、城外跑马厂，择地布种，期尽地利。

闰四月表称：试验场及跑马厂，所种苎麻，翦剥发售，机户咸称合用。批饬劝督农人，广为布种，以充原料而拓利源。

九月，据胡令会昌表称：土人[1]不谙刮麻之法。现经邀集绅商，谕择子弟聪颖者，往产麻处所，研究刮法，以俟回籍传习。

三十三年三月，胡令表称：试验场于三十一年垦种，先后种麻二千余株。城外演武厅、跑马厂，于三十年垦种，原种桐子八百余株，嗣又补种苎麻二百余株。合港口，于二十九、三十等年，垦种黄栀二百余株、桑三百余株。通济桥西岸，于二十九、三十一等年垦种，原种桐子无效，改种杉树，尚未成林。

① 土人：世代居住本地的人。北魏郦道元《水经注·汶水》："出谷有平丘，面山傍水，土人悉以种麦。"

龟山背、塔下，于三十一年，由县捐廉垦种桐子八百余株。石坑，于二十九、三十等年垦种，先后共种棕、桐三百余株，毛竹二百余株，楂树三百余株，细茶二百余株。高家渡，于二十九年，垦种芝麻、黄栀。张家山，于三十、三十一等年，垦种杉八十余株、楂子一百余株、桐子六十余株。跑马洲，于二十九年，垦种桑秧一千七百余株、毛竹三四十株。当经批示，此外是否已无隙地，饬即查明具报。

工务

光绪三十一年七月，吕令用宾表称：该县夏布，原有机上白一种，织工极为精细，已饬机户加意推广，并讲求印花制法。

九月表称：夏布印花，棠阴市各染坊，均已花样翻新。

三十二年五月，吕令表称：罪犯习艺所，现已勘定署侧监狱附近地基，堪以营造。俟筹有的款，再行兴办。

三十三年三月，胡令会昌表称：谕绅筹款，拟开办工艺厂。并查得该县出产夏布，每年约十三四万匹；草纸每年约六七十万块。因其尚利行销，仍劝谕富商，选派聪颖子弟，往外学习改良之法，以期益臻发达。

矿务

光绪三十二年正月，吕令用宾表称：十六都新丰一带，山内铁沙流露，似类矿产。并奉两江矿政总局宪，派委带同矿学毕业生，前往该处，查勘山内苗脉如何。已由该员师自行呈报。

乐安县

农务

光绪三十年八月，钱令志铭表称：各乡所种蓝靛、茶子，较上年为丰熟。

十二月，胡令惟贤表称：该县素产夏布，劝民多种苎麻，颇乐从事。

三十一年二月表称：土人向不纺织绵布，节经劝谕，渐知纺织之法。并谕富户购买织机一二架，以开风气。

八月表称：该县考取中西成法，撰为《论说》，自六月起，朔望在考棚演讲，以开民智。

十月，汪令都良表称：在县城关帝庙内设农工商矿局，谕饬邑绅游步程等充当首士，议章开办。

十一月表称：南郊曾姓祠前，有空地一区，约数十亩，系曾姓己业，因乏人工，未经开垦。该令商诸绅耆，辟为试验场，由官试种，悬匾一方，名曰农学试验场。并捐廉交绅，购己邑所鲜见者各种播植，以辨土性而广种植。

三十二年正月表称：前倩举人杨树芳，于永丰、峡江购买薄荷种子，兹已寄到一包，发交局绅，于清明节后栽种。

二月表称：劝民广种萆麻子。于署后隙地及试验场试种，以为民倡。

三月表称：署旁隙地，栽种椿、桐、桃、李等树五百余株。

试验场新种树竹，多已成活。并分畦播种信丰红瓜子，广丰花豆，永丰薄荷、苧麻子等类，因雨水调匀，均发荣滋长。

四月表称：县城南门外，贴近试验场严陂桥洲地一片，长二十八丈，宽五丈余，荒芜已久，示谕招垦，日久无人承认。现经勘明尽属官荒，谕令经理试验场绅曾煇煌等，督率佣工，前往该洲，照依界址，一并开垦，岁收花息，即作试验场工本肥料。

六月表称：苧麻、薄荷两种，土性尚属相宜。

八月表称：红瓜子及花豆，均不及信丰、广丰所产者佳。橘逾淮而为枳，地性使之然也。

九月表称：薄荷、苧麻种子，分给乡民于明春种植。

十一月表称：在高等官小学堂门首，栽插桃、柳数十株。

十二月表称：二十二都有荒山一障，自绝顶至山麓，延袤约五里，宽广倍之。山有一潭，水涓涓恒不竭，故土人以龙潭名其山。山麓之东南，田、袁、黄、管等姓居之，朱、罗、陈等姓居稍远；而炊爨柴薪，悉赴该山砍取，无分彼此。田、袁等姓拓地广种，朱、罗等姓梗阻，致涉讼端。调查两造，均无管业确据，断作官荒，准两造划地试种，纳租充公。一俟成熟，再行丈量，限年升科。其田、袁等姓，先在该山种有树木杂粮，应缴租谷五石，以助小学堂经费，俟升科后停止。谋公益，即所以杜私衅，各具遵结完案。

五月表称：严陂桥之官荒一区，自拨归试验场后，即经曾绅煇煌等，督工开垦，遍种芝麻。

三十三年正月表称：该县署旁四围隙地，所种竹木，因遭冰雪，现经督饬园丁补种，并添植柏树四十余株。

工务

光绪三十二年三月，汪令都良表称：该县倡捐洋三十元，并借给官本，饬生员元乐勳，买樟熬脑。现借考署闲屋，开设熬脑厂，门首悬挂工艺院匾额。

闰四月表称：据监生游锺秀等，禀有华合兴，熬脑得法，至崇仁县城外，设厂熬脑。又在三十八都乌江地方，买就谢姓樟树，即在彼租屋试熬。

三十三年正月表称：生员元乐勳、监生游雁高等，在水南谢家、冯家等村，买樟熬脑。

三月表称：嗣有临川县民马洪兴等，亦在该处设厂。并有福建汀州人邱大烈等，寄住厂内，称系收贩樟脑，忽因砍树轇轕[①]，致涉讼端。现经该处绅民丁文炳，联名禀恳，嗣后凡有买树熬脑者，须先禀县保护，及凭伢估价，庶以弭衅端而昭公益。该县环境皆山，产木极多，乡民烧炼成炭，每年不下二三万担，惟惜运费太贵，获利甚微。

四月，据叶令在鋆表称：种竹造纸者，四乡皆有，每年约出毛边纸五六千担、表芯纸三四千块。已谕逐渐推广，以兴地利。

商务

光绪三十年八月，钱令志铭表称：该县出产夏布，每年约四五万匹，多系外商前来，运至镇江、芜湖销售。所产纸张，以毛边为最佳，每年出货四五千担。其表芯纸一项，仅供本地

① **轇轕**：纠葛。

之用。

矿务

光绪三十一年十二月，汪令都良表称:二十二都有山产煤，居民向用柴薪，弃而不取。当经批饬招商集股开采，以浚利源。

三十二年四月表称：该县螺背岭等处，所产白土，曾经邑绅杨怀芳携带景德镇，烧成数磁。并以磁窑料土，来自他处，本非浮梁所产，厥有三品，以膏粱土为第一。凡作磁，必合三品之土而成一坯，外皮内肉，中为骨，即膏粱土是也。其质细，其性坚。而此间白土，可抵膏粱土。取呈两块，送局考察。并封送浮梁县发厂舂制。

东乡县[1]

农务

光绪二十八年三月，据张令督禀报：拔贡饶正音等集股筹款，创立农会。在该县南乡及西门外凤塘冈等处，开荒种植，山种桐、茶，田种甘蔗，以兴榨油熬糖之利。入股者以四元为一股，其同族无力者，借给资本，劝其种植。开具章程，禀奉前抚宪李批准立案。由本局通饬各属遵办。

嗣于十月间，据孙令家璠禀称：拔贡饶正音创办农会，讲求树艺。现已开山二十余亩，栽种桐子，成活二千余株。并开挖塘港五六亩，秋旱甚获其益。各乡闻风兴起，已有成效可观。请转详给奖，以资鼓励。并据禀奉前护抚宪柯批准，奖给饶正音五品顶戴功牌一张。

十二月，据周令绘藻禀报，于昭忠祠内，设立农务总局及垦种分局，劝修水利，兴办垦种。并据折开：西门外凤塘冈，荒山一百一十余亩，局绅与业主分种茶、桐等树。西路寺前村荒地，约计十亩，由业主黄姓自认垦种。北路大富冈荒地，由局绅查明，垦种甘蔗、桐、茶。南路英山庙背荒地，约十余亩，系庙内私产，拟由公会试种糖蔗。又长林荒地荒山，系乐姓公共之业，由局绅廪生乐继曾等，邀合同族分种，地种

① 东乡县：今江西省抚州市东乡区。

甘蔗，山种桐、茶。

二十九年正月申称：庾岭水源甚大，昔原有陂截水，灌入城濠，不知毁于何年。现倡捐洋五十元，于上游建陂一座，已于十二月十五日兴工。东门外桐树陂，亦筹款兴工修复。并分派绅士，于西路将军岭、赛阳关两处，各设水利垦种分局；于南路江上积，设立新乐农会。又垦种西门外汝东书院旁荒地十二亩。并捐洋五十元，买桐茶子一百桶，散给各乡栽种。西路绅士陈朝熙等，劝据寺前村黄姓垦出荒田十亩、陈姓挖深旧塘七处。南路绅士乐锺岱等，查出窑前荒山十余亩、江下荒山八九亩、桂家岗荒地四五亩，拟集股开垦；并挖旧塘四处。又杨家塘久经淤塞，廪生揭向寅等于杨家塘下新开一塘，可灌田六百余亩。西路虎溪积，有吴塘陂一座，倒塌多年，生员夏云开等合力修复，附近千余亩良田，资其灌荫。又查出后龙山荒地二十余亩，段坊枫林冈荒山数亩。

六月，据详修复庾岭桐树陂，于中途建坝堵截，旁护石堤，陂上加用木闸，以便启闭；以及挑浚城濠，一律工竣。请将在事最为出力之贡生李宜龄、附贡易炳章，详给五品顶戴；并将城守外委苏继武，注册存记候升。详奉前护抚宪柯批准，如禀给奖，以示鼓励。

三十年正月，据何令敬钊禀报：于校士馆内设立农田水利总局，四乡设分局六所。并于东门外演武厅旧基，筑墙悬额，名曰试验场，择绅经理。绘图议章，禀请立案。

二月，据该令拟具农田水利禁约十条、办法五条，刊刷考验土产，查勘水利山地各表，禀奉前抚宪夏，批示转行遵办。

四月表称：开浚河道，现就福家桥、万年桥两处，先行择要从事，余俟秋后派工开办。其试验场内，移植桑、桐，均已成活。

六月表称:试验场所种木棉，其种子购自九江，现已结铃，视本地所产为壮实。

七月表称:查勘北港水道田西村地方，附近有田四百余亩，半系傅姓之业。下游旧筑石陂，障水灌田，自二十五年春，被水冲塌，水利既失，田多荒芜，迄未修复。近有职员傅澄，由津贸易回家，愿任斯事，邀集族众，设法修筑。

九月表称：前县王令会同，于二十三、四年间，购到湖桑数十万株，散给各乡栽种，乡民不知培壅修翦之法，目下仅有存者。县署后园，有桑十余株，因于春间，向省垣蚕桑局，购到蚕种，得丝五十余两，寄至省局考验。据委员陈典史祖善函称，虽逊湖丝匀滑，以视南昌所产，已胜数倍。现已谕绅劝导乡民，以冀风气日开。

十月表称：坪棠铺农田水利分局新辟隙地，种桑成活一千余株。

十一月表称：本年修筑城外湖王陂一座，系先筹垫工费，一面劝捐归款。又南乡十八都，五月间，被水冲倒堤垱七丈余，饬绅筹修,并捐廉以为之倡。又六都田西村地方,蓄水石陂一座，现据经办绅董禀报工竣。近年各乡绅民集资开垦荒地,分种桑、桐等树。惟十九都水南村农会，所种油桐，逐年增多，数已逾万，确有成效。

十二月表称：县属水道，以南、北二港为大支。南港自白城寺以下，北港自石山桥以下，河沙壅塞，农田受害。而下游白家陂，淤沙尤高。去陂里余，则又有万年桥，桥久废圮，石梗中流。均为临川县辖境。河长四十余里，界连两邑，沿河田亩，均遭漫溢。已会同临川县戚令扬，办理此项工程，业经告竣。

三十一年三月表称：十八都冲倒堤垱，亦经修复。

四月表称：近来劝导绅民，就地集资开垦，种植桐、茶、桑、松等树，日见增多。现查各乡树木，统计原种成活桐树二万余株，本年补种三千余株；原种成活茶子一千余株，本年补种二千余株；原种桑秧三百余株，本年新种一千余株；又新种松秧三万余株。

四月表称：今年署内，仍复养蚕。城内绅民，多仿法者。试验场之桑，明春可以饲蚕。拟择一公地，制备蚕具，设一教蚕馆，以为传习所。

十二月表称：现已筹款购地，起造养蚕室四间，名曰蚕桑学社，业已落成。

三十二年六月表称：该县西乡，与临川毗连。而二十六都塘低坪地方，紧傍北港，尤为洼下，向苦歉收；自前岁将北港积沙挑浚后，田亩始堪耕种；本年收成丰熟，为十余年所未有。又六都田西村，自上年将废陂修复后，灌溉便利，已垦出荒田六七百亩；逃亡之户，相率归耕，年岁亦称丰稔。

十二月，据陈令元焯表称：该县原种桐、茶等树，迭经详加调查，惟南路一带，地较膏腴，生植甚蕃；其余各乡，大都桐生十之五六、茶生十之二三。其不能种桐、茶之处，即饬多种松、竹两种。

三十三年三月，曾令亮章表称：蚕桑学社于三十一年开办，内有官桑园一区。惟经费有限，养蚕出丝，均尚无多，专为开通风气。城内绅民亦有种桑育蚕者。试验场由县捐廉建设，栽种桑、桐、禾、麦、蔗、豆、生姜、薯芋等类，讲求种植培养各法，随时试验改良，乡民群知仿效。

工务

光绪三十年九月，据何令敬钊表称：今岁种蔗较往年为多，各乡已分设榨糖厂。红糖皆乡民自煎，白糖向雇贵溪人为糖师，色味不佳。本年，农会特由宁都州雇来糖师，以期改良。

三十一年十二月，据何令禀报：捐钱二百千文，劝捐洋边二百余元，租东门外柴姓房屋一重，开办罪犯习艺所。酌提轻罪案犯十名，入所学习织土布、作爆竹两项。议章禀请立案。业经批饬督同董事，认真经理。

三十二年正月表称：所制爆竹，街市颇多购用。

十二月，据陈令元焯表称：习艺所自本年二月开办起，至十二月止，共织布五百三十七匹，制爆竹三百八万一千个，货色尚佳，销售亦易。

三十三年正月表称：罪犯技艺，尚有进境。现将罪轻艺成者，提释六名，捐廉酌给资本，令其在外营生。其余仍留所学习。当经批饬筹款扩充，勿仅限于织布、爆竹两项，以期发达工业。

矿务

光绪三十年十月，据何令敬钊表称：徐兰俚报称，伊族有田在河岭之西、七宝岭之东，土色甚黑，当于田内试挖出煤。

三十一年十月表称：河岭煤矿，现有二洞，系严、何二姓集股。因陆路运载甚艰，均多不便，故积煤极多。

三十三年二月，据曾令亮章表称：该县原报煤矿五处，详细查询，河岭、邹家窠岭二处，煤质不佳，且无河道可运，故难集股开采。

【建昌府】

南城县

农务

该县地足于水，壤尽膏腴。民间颇知讲求水利，即舂谷皆用水机，不借人力。土性所宜，为米谷、豆、麦、松、茶、桑、柳、桐、柏、山薯、栗、莲、枣、橘、花生、甘蔗、竹、樟。为利尤大者，在烟叶、苎麻；最多者为山药、萝卜。

其垦荒一事，自经该前县设立农工商务局以后，派绅切实劝办，逐年尚有进步。其四十五、六都潜溪渡旧荒洲一片，又上蓝堡司泉旧荒洲二片，由廪生黄汝麟报垦；又城内外旧荒地十处，系廪生吴可衡等集洋四百元垦种；又三十四都周家堡荒洲一片，系生员廖恒等报垦；又南关元妙观县学侧金斗窠旧荒地三处，系生员章玉森集股开垦；又北关外土桥园旧荒地四片，系前湖北知县黄佑麟报垦；又上塘墟大桥头旧荒地四块，系廪生吴可衡报垦；又四十六都冷水岭旧荒地一片，系廪生黄汝麟报垦。均经该府委勘，禀报种植情形。已纪前略。嗣后又有童生陈彬，报垦十二都旧荒地一片，栽种瓜薯、苎麻、杂粮。农民彭三发报垦四都彭家园堡旧荒地五片，种植杂粮。邑绅谢佩贤报垦北关外万年桥一带荒地，开作试验场，种植桐、柏、柳树。

光绪三十年七月，据倪令廷庆表称：所垦荒地，现饬确查有无缺水之处，挖塘凿井以防旱干。又乡间妨农之事，莫甚于践害偷窃。现据吴可衡禀呈章程，拟请设立农长，保护农业。已经批准照办，并谕各都长一体遵照办理。各处树艺，或种杂粮、豆麦、瓜薯、苎麻，或栽乌桕、杨柳、芦苇。其中利益，惟苎麻较厚，因可一岁三获也。现有在籍绅士翰林院编修饶芝祥，邀同廪生林芬等，集股百分，每股洋二十元，共成洋二千元，创设厚生公司，开垦西北关外一带荒地，试种苎麻、乌桕。

八月报称：东乡三都增生张帆等，集股五十分，每股洋四元，共成二百元，开设广生堂，就附近荒地，垦种苎麻、杂粮、桕、桐等类。

九月表称：民人万春俚报垦十六都伊田旁旧荒地一片，栽种杂粮。

十月表称：所垦荒地，惟苎麻一项，工省而利厚。桐、桕利亦不薄，但须数年以后，始能结子榨油。绅民深知种植之利，布种尚属得法。现有邑绅邱梦旦等，集股洋二百元，开垦龙溪里旧荒地四片，均栽苎麻、豆薯。廖恒等前于周家堡，垦种桕、桐、枣树，活者十之七八。黄佑麟前于土桥园垦种桑树，今岁添种多株。其余各处，所种豆麦、瓜薯、杂粮，均已全活。

十一月报称：谢绅佩贤，试验场所种桐、桕、柳树，活者十之六七。饶绅芝祥开垦西北关外荒地，增生张帆开垦东乡三都荒地，均种苎麻、桐、桕。现在甫经开办，目下已届冬令，种苎麻者应加沟泥，种树木杂粮者须加肥料。已会同局绅，督饬各乡都长，劝民及时培壅。

三十一年正月表称：城乡所垦荒地，共计二十六处，多系绅民集股开办。已谕令如有种植未齐之处，即及时补种，以免旷废。

二月表称：廪生吴可衡于北门外设立实业试验场，讲求种籽、肥料等项，以期开通风气。

六月表称：农田之事，水利为急。江省农民，向不讲求水利，入夏十日不雨，则有涸辙之虞。查东洋有凿井法，费省利大。凿井机器，沪上可购，现有士绅拟集股赴沪，购此机器。果能办成，庶每岁可庆丰亨。

九月，据倪令申称：奉批饬查垦种树木若干。饬据农工商务局绅谢佩贤等呈称，万年桥西岸荒洲一片，作为试验场，略有土处，长六十余丈，横二三丈不等，已种乌柏一千七百株；近东河沿，插柳一千株；至土桥园荒地四片，内一片长十八丈、横十四丈，又一片长九丈、横三丈，又一片长七丈五尺、横四丈五尺，又一片长十三丈五尺、横八丈五尺，共种桑树二百株。又厚生公司绅士饶芝祥等呈称，附城一带，承租八姓屋基，自北门至东门，接连西门，共地大小七片，内积一千一百二十九方，除平基种麻外，已种桐、柏各二千七百株；尚有余地，拟俟明春补种。随即分往查验，均与所禀相符，申报查核。

十月表称：兴办种植一事，谢绅佩贤、饶绅芝祥首先提倡。廪生吴可衡于北门外设立试验场，辨土宜，择种籽，制肥料，确有见地，非同纸上空谈。查植物惟苎麻之利较厚，其地虽有碎石，亦可栽种，只须加培沟泥浮土，且一岁可以三刈。所种乌柏等树甚多，一时尚难收效，“十年树木”，古语非虚。

三十二年三月，又据倪令申称：奉批饬查试验场垦种地亩、种植收成。遵查廪生吴可衡，于上年在北门外，租屋一所，作农学馆；租地四片，作试验场，计地十九亩七分八厘，试种陆稻、棉花、苎麻、蔗、靛、烟叶、萝卜、蚕豆，均有七八分收成。惟洋萝卜初种始活，尚未茂发。又洋蔬菜数种，甫经试栽，尚难计其利息。绘图贴说，申复查核。当经批饬接任颜令，督饬该生，将所种各物，讲求肥壅之法，秋后察看何项收成最旺，即行示谕乡民仿种。

闰四月，颜令邦政表称：职员姚泰勳等开垦三十二都下港堡两岸荒洲二里许，栽种乌柏树秧四百余株。职员李廷献报垦北乡五都石溪祖山一嶂，栽植各种树木。

七月表称：职员陶鹏程等集资开垦四十都松木岭官柴山数嶂，栽种松、杉、竹、柏。

工务

该县民间工艺，勤于织布织带，更以毛竹造连七火纸。绅士设有厚生、广利二公司，振兴一切事业。其利以苎麻为最大，樟脑次之，桐、柏又次之。惟多生货，无熟货。

光绪三十年六月，据倪令廷庆禀报：在县署西边旷地，建造房屋五大间，名曰工艺厂，议定简明章程。厂中收养游民及轻罪人犯，雇教习四人，教织毛巾、东洋布。

八月表称：已于初八日竣工，十六日开办。

九月表称：厂内自八月开办起，至九月止，织就东洋布五十八匹、二号毛巾三百条、三号毛巾二百五十条，均发本地各店销售。

十一月表称：县属妇女，向织棉布、棉带，近年改用洋纱织造。烟店用本地烟叶制成皮丝烟，槽户用本地毛竹造成连七火纸，工减料粗，均饬改良。

十二月表称：厂内添购织洋毯机器，明春可以兴办。乡间因厂中织造东洋花布，亦渐有仿办者，虽比厂织花纹稍粗，日久亦可改良。

三十一年二月表称：工艺厂内罪犯，学成织毛巾及东洋布者，已有数人。又有增生李式祖，造就碾磨小式机器，来县请示，招股试办。现已出示劝办。

三月表称：厂内所织毛巾、东洋布及毛毯，本地销售不多，移请邻县，示谕店商，来厂领销，以免壅滞。

十月，据颜令邦政详称：前县倪令所设工艺厂，规模窄狭。爰与邑绅会商筹款，捐集洋一千余元，择于县署东偏捕衙左侧，有废地一大片，建造罪犯习艺所。六月兴工，八月落成。业经购备机器，延雇工师，分拨罪犯，收禁流民，入所教养，于九月初一日开办。惟常年经费，尚须筹足三千元。除首先认捐为倡外，并刊发股票，由各殷富量力分销，每股十元，不事抑勒。所内以织线毯、毛巾、东洋布、棉夏各布、打线、结网、缝衣、造履等类为细工，以编草帽、织蒲鞋、麦扇、做竹筐、搓麻绳等类为粗工，分设两厂。拟议章程十五条，开具清折，绘具屋图，检呈股票式样，详请立案。当经本局以所拟章程大致妥协，饬即认真办理，劝集股本，不得抑勒，致滋弊端。

十一月表称：轻罪人犯已发入习艺所，视其性之所近，令工匠善为教授。其各项粗、细工作，亦皆次第兴造。

三十三年四月表称：上年会匪案内人犯五名，禀奉批准发所习艺，于三月二十八日收入，学习纺织各种花辫、毛巾、棉线、带子各物。

商务

该县商货进口，以药材、米油、洋货为大宗。药材运自外省，每年至五六万金；米由金溪运来；油由广昌、宜黄运来。至洋纱、煤油、火柴、洋铁之用，虽穷乡僻壤，无不遍及。境内商业，除府城外，当推硝石。新丰、都京、曾潭、范坊、红门等处，麻姑山泉，可以酿酒，惟作伪者多。县属山多红石，民皆琢此为业，每年价值数万缗，此亦天地自然之利也。

光绪三十年九月，倪令廷庆表称：商务向以药材为大宗，烟叶及火纸次之，米谷、杂粮、棉布、带子更次之。现谕各行店会议，设立商会，以通商情而免利权外溢。

三十一年三月表称：县境民穷财匮，商务不克振兴。近来人心不古，遂日趋于险诈。入春以来，钱店倒闭，同伙卷骗之案，层见迭出，惟有随时惩儆，以挽浇风[①]。

三十二年五月，颜令邦政表称：前于青黄不接之时，米价日逐陡涨，一由于奸商贩运出境，一由于富户遏粜居奇。迭据邑绅禀请，禁止米谷出境。当经厘定米价，肩牌鸣锣，谕饬囤户，不准抬价居奇。

七月表称：早稻缺水，稍形减色；中、晚各稻，均称丰稔。粮价亦平，人心始定。

矿务

光绪三十年七月，倪令廷庆表称：县属向未查有矿产。自奉文查办后，始有福建监生张国桢，禀报三十七都陈福兴等有煤山一嶂，邀股立据开办，先请出示。当经前县按照新章批饬，迄未禀复，现在谕查。此外未闻另有矿苗处所。

① 浇风：浮薄的社会风气。

新城县[1]

农务

该县农工商矿局设于旧崇正书院内。其各乡土性，宜种禾豆、菜蔬、桑、桕、苎麻、竹木、烟叶、花生等物。

光绪三十年八月，据向令冠群表称：城内环胜山一带及县署侧荒地，业经前县傅令维新、夏令翊宸报垦，所种包粟、烟叶、豆芋等类，均已收割。

十月表称：十一都农公庙及北门外东岳庙、东门外演武厅、便民漕仓、城内把总衙署、续备营围墙内、小学堂外七处官荒基地，与县署及粮捕厅署围墙内荒地，均经先后开垦，栽种乌桕树秧三千三百株。

十一月表称：城内环胜山荒地一片，宽阔约五百亩，据职员邓梦占，禀报筹资开垦。又县署左侧，开垦荒地四十余丘。财神殿侧荒地约计五亩，文笔峰荒地四亩，据职员郭登善禀报，筹费开垦。港背荒地约三亩，南山亭荒地约八亩，沈家坑荒地纵横共二十丈，据职员郭菊人禀报，出资开垦。均经栽种苎麻、包粟等类，业已收割，获利较厚。

三十一年四月表称：前次各处所栽种乌桕树秧，兹查得农公庙成活三百六十九株，东岳庙成活二十一株，演武厅成活

① 新城县：今江西省黎川县。

一百八十九株，漕仓成活一百十三株，把总署成活十五株，续备营围墙内成活二十一株，县署及粮捕厅署成活四十三株，小学堂外成活一百零八株。

九月，据傅令维新表称：二十九年曾在十九都中田孔理公祠内，设一农工局，兼司保甲，派监生陈善熙等为首士。当时栽种苎麻、烟叶、靛花，现经往查，较前愈多，各种树木，亦极茂盛。仍饬该首士等妥为经理，始终勿懈。

十月表称：职员邓梦占等自行筹费，在城内环胜山等处，垦种苎麻、烟叶、桑秧各物。先后查勘，尚为得法，获利甚厚。现饬设法扩充，以辟地利。

三十二年正月表称：自十九都设农工局以后，陈善熙种植得法，附近农民仿效，每年增利不下万金。兹又据陈善熙禀报，前月架造农业试验场一所，名曰茂生，坐落十九都锺贤千坵洲杉山脚下，前有官洲荒田及隔河荒田，约有千数百亩之多，如有主之田，即向承租，禀请出示晓谕。业经如禀示谕，并批示奖励矣。

三月表称：附生江瑾光，于城西对河通极殿侧，择有荒地六十余亩，垦种苎麻；又涂传诰于住屋后荒地，兴工垦种。先后禀经出示保护。

七月表称：十九都锺贤千坵洲荒地，据陈善熙禀报开垦。兹查得该处有主荒田一百二十余亩，均种禾稻、烟叶等物。另有官荒两片，直长七十七丈，上片横阔六丈，下片横阔六丈。已开垦一片，栽种乌桕、桑树、枣子等类。

三十三年二月表称：永兴桥中村等处种活桑树千余株，横村等处种活桑树数千株；均已采叶养蚕。南坊窑下及北关等处荒地，均经居民开垦，种植烟叶、苎麻等物。

三月表称：六都栋上茅店枫坑，并十三都竹畲等处荒山，已据邑绅郭登寿购就，禀报开垦，试验种植。东乡白竹坑、王社坑、杨济坑、樟树坑、石窠、荷树坪等处，据邑绅危士谦禀报，新种松、竹、杉、柏、花果等树十余万株，即经出示严止戕害。

工务

光绪三十年九月，向令冠群表称：设立罪犯习艺所一事，业经前代县夏令，将购到织布机二架、毛巾机二架，并所雇教习，一并移送该郡首县，汇办经营，由县筹款解济。

十一月表称：蔡绅英谟、张绅友典，各开设樟脑厂一处，每月均可出脑二三斤不等。在本处售卖，每斤只售银六七钱，除成本外，获利无几；运赴上海，每斤可售银一两五钱上下，获利较厚。业经批饬查照益华公司成案办理。

三十一年十月，据傅令维新禀报，在该县南门设立工艺厂。

十一月表称：购回织毛巾、缝袜机器各一具，雇到工匠二人，教授本地游民。又奉文设立习艺所。现亦购买织布土机两架，并各项器具，雇就织匠、缝工，教令待质罪犯，学习织布、织带及缝衣各事。即愚蠢者，亦教以搓麻绳、织草履。

十二月表称：据绅士刘昌洪等禀报，集股一千六百元，聘粤人黄子乾为教习，公立工艺厂，制造改良谷车、轿车及农器、米碓等件。

三十二年六月表称：公立工艺厂，创造木轮浅水船只，刻下兼工制造。

八月表称：公立工艺厂所造木轮，行驶不甚灵便，业饬设法改良。其各项农器，尚堪利用。

十一月表称：公立工艺厂现因亏本停歇。

三十三年三月表称：附贡邓星祥在十三都陶狮边、监生陈善熙在八都墟上、增生李锡晋在四十四都隘上，各设樟脑厂一处。惟厂所迁徙无定，树尽则移，尚获微利。

商务

该县商业繁盛之区，以南门外为最；其次当推中天等处，及往福建一路。山河水浅时，惟用竹排。地近福建，进口货以海菜、鱼皮、闽笋为大宗。闽笋则运至省城发卖。该县制造食物，有粉丝、粉皮等项。又产纸二种：一毛边纸、一大胶草纸，止供本地销售。深山所产大木，每株不过售钱五六千文，搬运甚艰。惟产香菰、芸香，为该县专利之物。

光绪三十年九月，向令冠群表称：县属出产，以烟叶为大宗。各行栈收买刨丝，打包装箱，经客商贩运苏、杭、沪及九江、吴城一带出售，销路既广，获利甚厚。此外，芸香、纸张出产不多，间有出境。现在商情顺适，并无弊窦。

矿务

光绪三十年九月，向令冠群表称：该县横港桥一带，河中出产铁砂，经广冶等七家开炉鼓铸，具结认捐。业经前县夏令，禀请试办三年，限满再行领照。每岁各炉摊缴税银二百三十三两三钱三分一厘。

三十二年十一月，据傅令维新表称：横港桥河中所产铁砂，已由两江查矿委员矿师，勘明并无来源，恐难持久。

南丰县

农务

该县设有农工商务局一所，在县署侧，绅董刘裕谦住局经理。

光绪三十年七月，据佘令寅中表称：二都乌石冈曾姓荒地，及一都茅店吴姓荒洲，垦种芝麻，一律收获。查得南门内黄姓屋基一片，已饬其亲族，函劝开垦。河东张姓屋基一片，业主已允垦辟。游津地方荒洲一片，尚须筹款筑堤。西墟坪荒地，已由武举崔炳炎等，集股垦种，议定章程，禀准照办。华家嵊地方荒地五处，现由局绅筹资，拟先垦种。

九月表称：横排地方曾姓屋场，由局绅招附近居民，集股合种。又店前地方，有石壁及桥湾荒地两处，前据监生揭显哉禀报，现谕兴工开垦。

十月表称：前县应令衷栽种桑秧，成活一百三十余株。春间由郡领种乌桕秧三千株，发交农工商局二千株试种，成活一千一百余株。各处所栽松秧，成活不少。

三十一年正月，据吴令鸣麒表称：店前、石壁两处堤岸，已经佘令修筑，并种乌桕、杨柳各树。北门外官塘，亦经佘令捐廉修浚。

三月表称：城内旧有李姓荒基一片，经农工商局各绅集股开垦，布种苎兜二百余斤。

四月表称：十都遮坑地方，曾姓祭洲一片，纵横约计里许，前由该族绅耆开垦，试种靛花，并一切杂粮，近又添种桐树五百余株。

八月表称：西门内邵家塘塍上，有黄姓屋基一方，长约七丈一二尺，横约七丈五六尺。经该业主招曾姓开垦，栽种苎麻。

十月表称：邵家塘又有邵姓屋基一片，横四丈余，长五丈余。现由业主赁与黄桂生开垦，豫备明年栽种苎麻。

三十二年二月表称：邑厉坛前官荒地一片，种松成活二百株。河背华家嵊刘家山，种松成活三千余株。城内铺背高姓族众地基一片，横、直皆四丈有奇，由该族招股开垦，栽种苎根二千余斤。

三月，据方令嘉栋表称：县属种植，除五谷外，果木以橘为多，其味最美；木部则多种松；草部则多种麻。

四月表称：一都茅店吴姓荒洲，历年皆种杂粮，多致亏折；所种乌桕，亦多枯萎。兹已择出一方，以种苎麻。其沙少土厚者，仍种绿豆、芝麻。塍埂栽种桃树十余株。

五月表称：城内汤姓屋基，接连刘、赵二姓基地，现经画分界址，并由赵姓合股租垦，纵横约三十余丈。

八月表称：十都梅潭地方，由该都首士曾逵、封儆予合股开垦，布种芝麻暨苎麻等项。旋经大水淹没，兹复补种苎麻。

十一月表称：西门外有陈姓屋基二十余丈，于本月招股兴垦，拟俟明春栽种苎麻。

十二月表称：三十六都杨梅堡，有胡姓地基四处，昔种橘树，现因荒废，饬由局绅责令该族改种苎麻。

三十三年三月，周令仁寿表称：城内长安观侧，查有谭姓地址一区，纵横七丈有零，饬经赵、李二姓垦种黄麻。

四月表称：查得城内赵姓上水关屋基一处，已种苎麻。又城内直中巷黄姓屋基十余丈，已饬该姓集股开垦。并查得北门外刘姓沙衖荒地，三十年在局领种乌桕百株，现只成活二十一株；三十二年秋间，加种苎麻。

工务

该县有工艺所，光绪三十年七月开办，先为花爆等物。

三十年九月，佘令寅中表称：民间工艺，惟油扇为贡品，然远不及杭扇。布匹由女工纺织，货少而行销亦隘。食物如粉皮、橘饼，尚能行远，而工费较重。近年新制盐水泥炉，坚实可经久用。乡民学织夏布，其细白不如宜黄、宁都产。火纸近亦改造官堆纸，其嫩洁不如福建产，已饬绅商集股二千元，提倡改良。

十一月表称：白舍地方，所出白土，可以造碗。集绅妥议，先考土质，再为筹款烧瓷。

三十一年二月，吴令鸣麒表称：前月由绅招来广昌窑工，用白舍白土，试造瓷碗，其质甚粗，须先淘洗粗质，始可如法制造。谕绅于考验后，再议就地设窑。

五月表称：竹工能编竹盒，有福、喜字花纹，俗名柳斗，为妇人针黹之用。谕令工艺所内人犯，编织柳斗、竹簟、竹篮、草鞋等物。该县又于县署土地祠内设陈列所，以资劝导。

六月表称：县属所出布匹，近来能织出柳条、格子、蛇皮、飞白等项花样；更能以棉、麻互相经纬织成，名曰春秋布。

八月表称：连筒引水之法，择最大竹筒，倒装于水急溜处，可引水高至数丈，灌田至一里以外。南乡人能制之，已饬各乡仿制。

九月表称：布匹染花所用之皮板，向须购自汉口，近有人能仿制一切花卉鸟兽人物各项皮板。南乡人以棕线制成蓑衣。近来东乡人能以棕叶分裂漂白，组织成扇，惟造作不精，不能行远。

十月表称：纸卷爆竹，锡制冥镪[①]，二艺皆轻便易学。拟于县署内，设立罪犯习艺所，雇工教之，将来罪犯释出，亦可易于糊口。

十一月表称：制作绒花、绸花，仅有一家犹习此艺。近来改制东洋花，尚未精致。

十二月表称：现将前设之工艺所改为习艺所，应用经费，由县垫给。

三十二年四月，方令嘉栋表称：草帽一种，已将麦秆编制。惟种麦者少，不敷取用，乃改以棕叶劈裂编制，较之麦草，尤觉精致。

闰四月表称：三月间由南城购买织毛巾机器。现由南城雇来织工一人，充当教习，已收学徒二人学织。

五月表称：榨油之器，须用十余人。兹有人造成小榨，只用二人，随处可移，适用甚便。

七月表称：民间有采樟叶熬脑者，工费而利薄。兹用闽省砍树煎脑之法，稍有余利。

九月表称：现当甘蔗收获之时，有请宁都州人提炼冰糖、白糖者。惟人工甚贵，其利尚不及沙糖。

三十三年四月，周令仁寿表称：白舍地方，自前年集股起窑，试办瓷器，今年稍有出货，尚只一色粗碗。已饬加意改

① 冥镪：指烧给死人用的纸钱。

良，须先招景德镇窑工，察看土色，然后起窑，改造嫩磁。

商务

该县商业，不甚繁兴。遍山多产红石，造屋悉以此为基，故屋颇坚固。街道亦纯用石子铺成。民多琢石为业，价值约数万元。又产橘极佳，秋冬之间，可售价一二十万元。其织布皆系女工，东洋花布，各式俱备，有设店收买者；并可印染各色花样。至于竹器中，有编成福、喜字纹，名为柳斗者，为江省各属所无。又制盐水泥炉，久用不裂，虽属微业，亦有可观。商店市镇，除县城外，当推白舍、罗坊、百花亭、枫林、河溪铺、东边黑等处。风雨亭桥，颇为壮丽，便于行旅。溪河水浅之时，不通船艇，专用竹排，则商务未能发达之原由也。

广昌县

农务

光绪三十年四月，王令瑞同表称：居民多织夏布，而本地产麻无多，示谕乡民，广种苎麻。

五月表称：早稻陆续收割。惟向不播种杂粮，邀集绅耆来署，谕令劝导乡民，赶种杂粮，以尽地力。东、南两乡，向产泽泻，但所产无几;西、北两乡，则更寥寥。现查栽种之区，较前增多。

八月表称:县属珠树坑地方，前经谕令居民，新种松、杉、桐、竹等类，因其时被戕害，谕绅酌议处罚章程，禀县立案。兹据禀复，议以戕害一株，罚种十株；戕害十株，加罚钱文。已经批准照办，以资规戒。

九月，据王令渭滨表称:县城自咸丰四年被蛟水[①]冲决后，至今仍然一片荒土。现在城内高阜荒地设立试验场,雇工开垦，试种各物。并谕绅招股议章，一律开垦。惟地被沙压，只宜栽种乌桕等类。

十月表称：傍山田亩，向掘塘堰；近港一带，建筑石陂。业经晓谕四乡，赶紧挑浚塘堰，修复石陂。

三十一年正月表称：捐廉采购柏秧数千株，在县城荒地

① 蛟水：洪水。古人以为蛟所发，故称。

栽种。四月又据禀报，所种柏秧成活五千株。并据禀奉前抚宪胡，批示嘉奖。行局核明立案。谕饬绅民，勿许戕害。转饬遵办在案。

四月表称：千善里溪河，建有石陂，前被山水冲坏。饬据监生刘玉书等禀报，附近民人集费，已于四月初四日修筑完工。

五月表称：民人黄大川垦复祖遗荒地二块，栽植松秧数百株。

七月表称：白水镇地方，向种梨树。其接本者，质嫩而味亦甘，名曰紫蜜，每年仅产百余担。前于春间，因公赴镇，劝谕业户，及时移接。现查前栽梨树，成活约有百余株。

八月表称：驿前赤岩地方，向出泽泻百余担、土固子二三十担，每担均值三两有奇，行销抚、建一带。

九月，王令绳武表称：苎麻一物，每年收剥两次，用力省而获利厚。县属土多含沙，种之最宜，乃民间多不自种，而织夏布者，反须购苎麻于他处。业经出示晓谕，隙地广为种植。

十一月表称：城内荒地，前县试种柏秧，现在成活无多。而未垦者亦复不少，已谕局绅雇工开垦，并捐廉购买苎兜，明春一律布种。

三十二年正月表称：购到麻秧六千余株，先尽城内隙地补种，余令近城各乡民来县领种。

四月，贺令彦彬表称：城乡所种麻秧，兹经亲诣查勘，约活十之三四，盖缘地土卑湿、河水易浸之故。

五月，王令朝贺表称：白水镇所产紫蜜梨，其味甘美，现谕各乡绅耆前往购种。

六月表称：现拟刊刷柯前护院所发《种麻说》一书，发给乡民，广劝种麻。

七月表称：北关外有一石坝，多年毁坏，现与各绅商筹，将坝砌成。拟设试验场，仿种苎麻、烟叶等项。

三十三年正月表称：据尖峰、头陂、麻塘等乡绅耆禀明，各乡除种烟叶外，现在荒田亦试种油菜，荒山亦种松、杉各木。已经劝令多种苎麻，以供地方应用。

二月表称：土屯里绅耆垦出从前水淹沙田三亩，试种芝麻。又金沙里耆民，以祠旁空地一块，约四亩零，由祠众出赁，招人开垦；择其土性所宜，暂行试种。又麟角里陈姓，择祖遗坟山空地，栽种香樟。

三月表称：据监南里高洲塅等处乡民禀报，将淤塞之田垦出，试种苎麻、烟叶等物。

四月，王令树森表称：拟筹经费，择地辟作试验场。嗣据禀报，择定南城内张王庙废基，地势高沃，雇工垦辟，以为农业试验场。周围栽种乌柏、棕榈，次则择种果木；隙地兼种蔬豆；余则分畦栽种棉麻、蓝靛等物，俟秋后购子分种。拟具章程，禀奉抚宪瑞批局核明立案。

工务

光绪三十年十月，王令渭滨表称：县属向产夏布，粗而不洁。现饬商董就近赴宁都州，延雇工师，教以纺绩、漂织诸法，以冀改良。

十一月表称：本地亦产茶叶，焙制不佳，未能行销出境。遂饬业茶之户，赴义宁州，学习焙制之法。

十二月表称：民间有用土窑烧造粗瓷者，就地售与居民日用，佥谓土质甚粗，难期改作。

三十一年二月表称：现饬各窑户，派人赴景德镇，学习作坯、彩釉诸法。

五月表称：烟叶亦出产大宗，烟铺刨成细丝，运销粤、汉、江苏及本省各处。惟刨制皆不如法，饬令烟铺，延雇福建工人，加工制造，以广销路。

七月表称：县属向用南丰之橘，制为橘饼，装桶运往福建宁化、建宁两县销售，每斤售价一钱三四分不等，惟大小夹杂，色暗而糖不洁。现谕绅董督令行栈，于制造橘饼时，拣选小橘，制用白糖；其大者则用糖渣制之，以别优劣而期行远。

九月，王令绳武表称：该县习艺所，原设在县署头门内，房屋两间，经费二百元，系前署县王令瑞同经手开办。现就原设习艺所右首，添设二间，并添洋一百元，以作经费。所拟试办章程十六条，业经备文详报。

十一月表称：所内人犯，现饬学习织草履、搓绳索各事。俟经费充裕，再购缝衣、织布各项机器，以期精、粗兼备。

三十二年六月，据王令朝贺表称：现将该所重加修葺，设法扩充。

八月表称：习艺所现已竣工，规模较大。并购买纱线，令其学织夏布、棉布、洋纱、辫带，及做蜡烛芯等类。

十月表称：习艺所织出夏布，已有进境，与市间所卖之布无异。西坑所出土碗，彩釉料质，已见可观。

三十三年，据王令树森禀报：纺棉织布，通邑皆无，所用棉布，皆须购自外方。现经劝令生员刘凤廷捐洋三百元、监生余任民捐洋二百元、署内写生罗湘林捐洋二百元，作为开办工艺厂经费。租就东门外邓家祠，先行试办。并购到新式织布机四架、纺纱车四张、棉花洋纱等件。觅雇织布、纺纱教习各二人，招募学徒十名。并附设半日学堂，延请国文教习一人，俾艺徒半日纺织，半日识字。定于九月初一日开厂。开具章程，禀奉抚宪瑞。以该令尽心民事，布置有方，深堪嘉许，饬局核明立案。并饬督率绅耆，徐图扩充，递增进步。由局转饬遵照在案。

商务

光绪三十年九月，王令渭滨表称：市镇生意，以甘竹、白水、头陂、驿前为最，其次则尖峰、小南、长桥、高洲垠等处墟市。出口货以夏布为大宗，杉木、泽写、烟叶、冰糖次之；进口货以苎麻为大宗，药材、棉布、洋货次之；贩自邻省邻县者，以纸张为最，油、糖次之。各货多有行栈，惟木植、泽泻等项，向无牙行，散漫难稽。现有揭荣昌请开木行，已给文赴省领帖。其泽泻牙行，亦复出示招募。

三十一年四月表称：时交夏令，妇女均以绩麻为事。所织夏布，每年约出二万余匹，运销山东、山西、河南、福建等省，价值约三万余金。城乡向有冰糖作坊，前因质黄不洁，未能行远，自谕令加工提炼，现已较前洁白。近有运往新城、南丰及福建建宁等处销售者，获利倍之。

十月，王令绳武表称：烟叶一项，产于白水镇、驿前市等处，每年多则四五十万斤，少亦三十余万斤，每百斤价约八九两或十余两不等。近年有洋商信隆行伙，请领联单，来县采买，每单一万数千斤之谱。惟商民不谙刨制之法，产叶多而获利微，利权外溢，殊为可惜。现经邀集商董，劝谕招股，开设公司，收囤烟叶，延雇福建工人，传授刨制新法，制成细丝运售，获利当可渐广，以期振兴商务，大拓利源。

泸溪县[1]

农务

该县本系南城县地分析，民间讲求水利，无异南城。土性所宜，为禾稻、杂粮、桑、麻、松、柏、茶、樟，一切竹木，以及烟叶、萝卜。又产香菰。而竹木利为最大。木炭甚多，惟不易出口。其地多山，山泉温润，故田无不膏腴。谷价甚贱，民无乞丐，故谚有“富不过万，贫不讨饭”之谣。

光绪三十年八月，据吕令敬直表称：县属荒地不多。城外荒地，业经种植榛、柏。复又捐廉购买树秧，札饬典史程凤昌，转发绅民领栽。当经批饬亲诣勘丈，查明官荒民业、种树若干，专案禀报。

十月表称：晚稻登场之后，各乡均种菜麦。乡民勤于农事者，复能开垦隙地;并修筑陂塘，添制水车，以备来岁之需。

十一月，据吕令禀称：遵批勘丈城外荒地，系属官荒，直二百七十四弓，横七十一弓。捐廉购种榛、柏树秧，约计六百株。

三十一年二月表称：现又捐廉购买树秧补种，均已发芽。

四月表称：城外洲地，原系沙石涨成，中多砾石，瘠硗殊甚，新旧所种榛、柏等树，成活四百数十株。又署侧及武庙旁空地

① 泸溪县：今江西省资溪县。

四亩零，均种苎麻、菜蔬。十六都瓜坪荒地一块、东都沙苑跑马洲荒地一块、八都沿河荒地一块，已各种苎麻、菜麦、烟叶等项。

七月表称：早禾收割齐全。晚稻正当扬花，稍早得雨，可期丰稔。

八月，据吕令禀报：小学堂新置木山一嶂，坐落二都，土名虾蟆石，其原有树木可以伐卖。复经勘明，该山尚有余地，其土性沃润，宜于种竹，劝令添种之后，已成活二百余株。

九月，沈令善谦表称：讲求种植，拟分两种办法，一则就原有之松、杉、茶、竹而推广之，遍地种植；一则就未有之桑树、棉花而劝导之，觅子试种。惟须设立农会，归绅经理。近日接见绅耆，择其稍达时务者数人，开办农工社会。

十月表称：本月中旬，邀集乡绅四十余人，筹议开办农会及学堂诸要件。已择定数人，先办清查荒山、劝导垦种之事。日前分赴各乡，考察劝办。

十二月表称：前次派往各乡清查劝导绅士，现已回县。据称竹木之利，不亚田中出产，凡可垦者，多已种植。考察土性，与松相宜。其地多砂石者，亦劝据数处农民，允于明春暂行试种。

三十二年正月表称：各乡用竹造纸。每值春间出笋，往往被人偷挖。现经出示严禁，并谕饬各绅董，彼此互相保护。

二月表称：宾兴及书院田地，现已禀准拨入学堂。惟田地均多早年荒芜，现经分派勤干绅董，赴乡清查，一律雇人垦种各物。

三月表称：县民不谙蚕桑之利，曾经前县王令购买桑秧，发给乡民领种。而育蚕一法，仍未讲究。前次已将种桑栽接各法，并育蚕各事宜，摘录简明节略；并由浙购觅蚕子、桑椹，分发各乡，教以种养。现已有多处养蚕、种桑者。

是年，据该府李守士瓒造送总表：该县二都民荒山地数处，垦种松、杉、桐、茶等树数千株。

三十三年正月，马令天翮表称：各乡荒芜山田，现经谕饬绅耆清查，凡业主不愿开垦者，即将该业充公，由县另行招垦。

二月表称：乡民因恐将业充公，间有自愿立限开垦者。此外当再切实劝导，务使野无旷土。当经批饬趁此机会，立法以绳其后，认真劝办，悉心提倡，何患地利坐弃、农业不兴?

三月表称：附城东隅三里许，向有官陂水圳，灌荫附近田亩，毁坏已久，沃壤变瘠。现经会集邑绅阮玉麟等，筹捐修复，约需二百余元。先行捐廉以为之倡，再由各绅劝集捐款，已有成数，俟水势稍退，即行兴工。据邑绅云，此陂修复以后，每年可长收谷五六百担云。

工务

光绪三十一年八月，沈令善谦表称：县属向不讲求工艺。惟二、三、四、五、九、十等都，稍出粗纸，尚为大宗出产，每年价值约四万金。皆山户自行砍竹制造，运往邻县销售。

九月表称：在监各犯，均令学编草履及搓麻绳、卷纸捻等物。拟再筹集常款，设一罪犯习艺所，专收罪囚人犯；设一工艺传习所，专收无业游民。一俟筹有经费，再行议章禀报。

九月表称：习艺所与工艺传习所，一时难以并办。现与各绅筹商，先就管押人犯，开办习艺所；人数不众，所需经费，概由暂行捐给。

十月表称：乡间造纸各户，近因搀杂粗质，偷减分两，以致销场甚滞。上月乡绅来城，会议学堂、农工等事，已谕令劝导槽户，改良制造，不准偷减。习艺所内，近又添雇竹、木两工，教令罪犯习艺。

三十二年正月，据沈令禀称：就该县原有之自新所，改作罪犯习艺所。开具章程，禀准立案。所内习艺者五人，仿制竹器、雨伞等物。

三月表称：近有福建客民，购樟熬脑，利息颇丰。惟买树颇多阻挠,现经出示开导,一面广劝多种樟树,以期利源不竭。

四月表称：罪犯习艺所，自开办后，制成竹器百余件、雨伞数百柄。

八月，马令天翮表称：前任移交犯人，现因工作期满，均经提释，所内无人习艺。

商务

该县商业，以城内及桐埠、嵩市三处，为略有铺店。虽距福建光泽县止数十里，然水路不通，货难行运。自山中运物出山，专用竹排。商货进口甚少。出口以香菰为大宗，运往本省各府以及闽、浙，次则烟叶。又福建商人常来熬脑。商民所造粗纸，运往许湾以待行销。此其商务之大略也。

【瑞州府】

高安县

农务

光绪三十一年，据该府吴守祖椿造送政事总表报称：该县唐令显谟，开垦东门外官荒洲一处，计九亩零；西门外官荒洲一处，计十五亩零。初栽棉花、菜麦，因该处地甚低洼，偶值泛涨，即遭淹浸，现已改种樟、柏等树。

三十二年六月，唐令显谟表称：所种樟、柏，遇水无碍，前经栽插齐全，现在日形长发。

三十三年三月，据黄令宗敷表称：乡绅何赓荣等，以邀集族人，将祖遗狮公岭平旷山地一片，公同开垦成熟，乘此春令，遍栽茶子、桑秧，禀请保护。已经先行给示严禁戕害，再查株数，另行禀报。

四月表称：邑绅张鸿书于上年冬间禀报，集股创设益华公司，租赁二十九都王姓山地，种植桐、桑、杂粮，兼事畜牧。业经唐令给示保护，容再查明禀报。

夏间，复据吴守禀报：在郡城东门外北岸校场荒地，改作试验场，拟栽乌柏、桑秧及新昌烟叶、上高苎麻，及本地土产之萆麻子。常年经费，约需三百千文，饬由高安、上高、新昌三县捐解。业已禀奉抚宪瑞批准立案。饬局转饬遵照办理。

工务

该县向产棉布，嗣因洋纱盛行，土布滞销，纺织日见衰微。

光绪三十一年冬季，据唐令表称：捐洋购买东洋铁轨织布机一架、轧花机器一架、木机四架。又邀集绅首，筹有股本洋五百元，在于城内刘公祠，设立织布公局。

三十三年四月，据黄令宗敷禀报：开办工艺学堂，选雇工师三人，招募艺徒十名。就唐令原购各机，修整添置，堂内安设柳条布铁机二架、斗纹布木机一架、毛巾木机二架、织带机一架。日间同力工作，夜间学习国文、珠算等课。其置办器具，则于典商胡玉成捐款四十元内提拨；其购买洋纱，以及薪工火食，则于唐令移交股本五百元内提用。开具章程，禀奉抚宪瑞。批饬实事求是，仍通筹常年经费，渐加扩充，逐渐进步。由局转饬认真办理。

商务

光绪三十三年四月，据该县黄令宗敷禀报：开办商务分会，公举截取知县[1]宋照枢为总理，并将所拟章程呈送。已经本局详请咨部立案，加札派委矣。

矿务

光绪三十二年，据唐令报称：已开煤矿四处。四冈塝煤质尚优，每日出煤约售钱十余千文；塘头煤质稍次，每日出煤约售钱四五千文；华阳煤质较劣，每日出煤约售钱一二千文。

① 截取：清制，根据官员食俸年限及科分、名次，核定其截止期限，由吏部予以选用，称为截取。

库下煤矿，早年开办，苗旺质佳，近日已经挖空；其余三处煤矿，均系用土法开采，有因煤尽停工，有因农忙停工，时作时辍，均不能长此开采。又古楼冈金砂矿，系举人文彤等于二十九年禀开，嗣亦停办。

新昌县[①]

农务

光绪三十年八月，据该县汪令培表称：东门城内，有旱地一片，计四亩七分，系刘姓祠堂公业，多年荒芜，劝令垦种油菜。

九月表称：宣风乡陂塘六处，已谕业主集股修浚。

十月表称：天宝乡邹姓荒山一处，据商董张曙初禀称，已向业主承租种竹造纸。

三十一年二月表称：督绅开垦麻田地方官荒一片，现经购买甘蔗、苎麻各秧，先行试种。

三月，据汪令禀报：设立农工商矿公所，派绅分任其事，曰总理、曰务长。开具章程，禀奉前护抚宪周批准立案。饬将办理情形，按月列表报查。

四月表称：西门外沿河一带，栽种杨树二百余株。

七月表称：据农务长查明城厢内外，共计有桑园六处，城守营操场种桑四百株，勺杯园种桑四百株，胡家禾场种桑五百余株，时春园种桑四百余株，垲上园种桑三百株，养济院侧种桑五百株。

八月表称：局绅查报，北门外演武厅，有荒地一片，可

① 新昌县：今江西省宜丰县。

种桑树，长七十二丈，阔二十六丈，刻已雇工垦辟。

九月表称：查得泰和乡曹家岭种桑六百余株，天宝乡潭山种桑四百余株，儒溪村种桑二百余株，广贤乡芳塘种桑五百余株，宣风乡石涯滩种桑四百余株，凌江村种桑一百余株，新安乡江家洲种桑三百余株。

十月表称：续查得天德乡湖城墟种桑六百余株，新墟前种桑七百余株，太平乡花桥种桑三百余株，白鹭堆种桑五百余株，义钧乡澄塘种桑三百余株。总计城乡，共种桑树七千四百余株。

十一月表称：奉发草本桐子，已发交农务长，明春择地试种。

三十二年三月，马令肇修表称：前种草本桐子，因雨水过多，成活仅得其半。

四月表称：县属山多田少，种植以竹为多，茶树次之。本地产麻无几，向须购于湖南；劝谕商民，赴袁州买运麻兜，广为种植。

五月表称：现在出示劝民种植果木，挖塘栽藕。

六月表称：本地茶油，现不敷用，实因摘子之时，每被偷窃，以致种茶树者日少。现已出示严禁偷摘。

七月表称：城内曲水园地方，有荒地一片，会商绅士，赁作试验场，种麻种桑。并筹资本，俟于冬间，遣人赴湖州购买桑秧，运回种植。

十月表称：迩来晴多雨少，谕令各乡绅耆，劝民挑浚塘堰。并饬绅士漆喻梓等，于曲水园荒地，筹资改办实业公司。

三十三年正月表称：去冬捐廉托人赴浙，购置桑秧，目下即可运到。将来自当分发各乡，广为栽种。

三月，濮令贤懋表称：西门麻田地方，先曾垦出荒地一片，试种苎麻、甘蔗、草本桐子。现查桐子于土性不宜，存活无多；苎麻现已长发，本年收成，似可较胜。

工务

光绪三十年七月，汪令培表称：县属工艺，以栽竹造纸为大宗。惟工匠取巧，或纸块短狭，或纸质粗糙，销路遂因之而滞。现经邀同纸帮绅董，公议条规，设法改良。

九月表称：现据绅董禀复，较正尺码、秤量斤数，每块八十四把，每把八十八张，重须八十余斤；如有短狭破烂、轻斤少把诸弊，即惟工匠是问。从此可期改良矣。

三十一年五月，据汪令禀报：局绅及工务长招集股本一千串文，开办棉麻公司，即于城内武曲宫农工商矿所内附设，织造棉布及夏布。织机共有八架，每日可出棉布四丈左右、夏布三丈左右。

八月表称：棉布行销畅旺，添设棉布机两架，加雇织工二名。

九月表称：棉麻公司，销售甚速。已谕工务长，再招股千串，亟图扩充。

三十二年四月，马令肇修表称：县属造纸，仅只花笺与火纸两种，如万载之表芯，竟不能造。现饬纸商派匠往万载学习，能多造一种纸，即多得一分利。

闰四月表称：万载花爆，行销甚广，而此地亦不能制。此项艺业，资本有限，现亦饬人前往学习，回县仿制，将来即可教授各徒，推广工艺。

五月表称：县属所产棕树尚多，如编棕垫、造棕箱、作扇骨以及刷子等件，皆可置造，亦饬人赴袁州学习。

六月表称：省垣工艺厂，新制各物甚多，拟选灵敏工匠，赴省入厂，学成各艺。一面集绅筹款，开办工艺院。

八月表称：本地产竹，仅能造纸，不知湖南所制帽筒、笔筒、朝珠盒各种。临川所制竹镶屏联，雕刻精致，获利尤厚。现经会集绅商，劝谕凑集川资，分遣聪敏子弟前往，学成回县，再行集股制造。

十月表称：前雇万载纸工，添作表芯纸，不甚得法。据称竹质不同，已于日前辞工。

三十三年正月表称：乡民除造纸及制竹帘外，别无他能。现经劝令各乡，就此二业，逐渐推广。

四月，濮令贤懋表称：棉麻公司所织棉布夏布，亲诣查看，未能骤臻精美。现在添募良工，加意改良，以期货精销畅，利益日兴。

上高县

农务

光绪二十九年三月，据向令步瀛申送《种麻法》书。

三十年五月，据张令绍良报称：修复河南团陵陂、河北侧坑陂、宁泰团横港陂、修仁团下洋陂、崇本团东家陂，共五处。附近田亩，均得水利。又开垦凤仪书院荒田十余亩。修仁团有黄姓荒田二百三十余亩，辛义上团有冷姓荒田二百六十余亩，忠城团磨盘洲侧有杜、聂两姓荒地一片；均经向令招民垦种。该县以境内素产夏布，向不种麻，谕绅劝民讲求种麻之法。

八月表称：二区斗门种桐，四区黄家洲种木子，长窝学山种松、茶，虎形山种杉、松，城北岸种木子，南岸桑园旁种桑秧。近年徐市熬煎沙糖，又多有种蔗者。

十月表称：陂坝关系水利，先后修复五处。

三十一年三月表称：各乡所垦荒山之中，前经饬令栽种毛竹，以为异日造纸之用。现在四乡农民，因种竹获利，均于山头地角，遍处皆栽。

六月，复据张令绍良册报：开垦上蔡团荒山一嶂，高四百一十九弓，宽六十六弓，系儒学官荒，已租与袁姓，垦种松、杉各树，均二百余株。修仁团陈、简两姓民荒山一嶂，高一丈，横七尺，宽五丈，已由山主分界垦种松、杉各树，约五百余株。又雷姓民荒地二十余亩，已由业主垦种杂粮。辛义中团晏姓被水冲塞田二十余亩，上年挑复，今春复被水冲，现议筹款筑堤。宁泰团罗、叶两姓民荒山一嶂，高丈余，宽十丈余，已种松、杉各树，约百余株。葛步团王、何两姓民荒山一嶂，长一里，宽半里，已种松、杉各树，约二千余株。河北团官荒地两片，一长十丈、宽五丈，一长十丈余，已由该令捐廉雇工，垦种柏树二百余株。河南团官荒地一片，长十丈零，捐廉垦种桑树三百余株。

九月表称：前垦荒田五百余亩，分种晚禾、杂粮，收成约有六分。

三十二年七月表称：前垦荒山四嶂，种树种竹之外，乡民又各添种茶树。

九月表称：东团熊、冷两姓，前因争山涉讼，经县诣勘，尚有余地未垦，饬令于案结后即行垦种。

工务

该县绅士张县丞曙初，在徐家渡设立造纸厂，以蔗稿造纸。已志前略。光绪二十九年六月，据该县向令步瀛，将创办之绅，详请前护抚宪柯，奖给六品功牌，行由本局，转发祗领，以示鼓励。

三十年八月，张令绍良表称：县属夏布，向不织花，商同夏布行商丁立泰，雇匠染织柳条纹夏布。

九月表称：现又织出骰子块花纹夏布一种。前设劝工所，织造毛巾，学徒均能上机组织。又以番薯酿酒，每薯百斤，可酿酒二十斤。

三十一年五月表称：上年绅董创设花爆店，销路极宽。今年另设栈房，获利甚厚。

十一月，据张令将织出五彩柳条及蓝柳条并方骰子块花纹夏布数匹、薯酒十斤，解局尝验。业已发陈列所，分别陈列。

三十二年二月表称：工商局因上年亏折本金，经原办绅商加添资本，议明照旧开办。并选聪颖子弟，于廿一日赴浙学习蚕桑诸法。

五月表称：工商局原赁河南民房，现移设河北龙王庙，专织毛巾、东洋布、花夏布等项，寄河南各铺户代售。

五月表称：工商局春间派赴浙江考察种桑育蚕之人，现已回县，购回蚕子，并选择原种湖桑，如法培植，以后出丝必日加多。

八月表称：工商局绅招来外路木工一名，善制各种宁波木器。当已略筹资本，令其制造。所造折叠圈椅、折叠单靠椅两种，轻巧灵便，人多乐购。

十一月表称：现由临江购来木机一架，试织提花夏布，较之土机，灵而且速，已饬木工依式仿制。

三十三年三月，钱令昌澜表称:工商局前织东洋布、毛巾，均因滞销亏折。现经添置土机，专织各色夏布，业已兴工开织。

商务

光绪三十年九月，据张令绍良禀报：设立商务局，考究工艺，力求进步，推原利弊，疏畅销路。一切局用，均由该县捐廉置备。议定章程六条,送局查核立案。并禀奉前护抚宪夏，批示到局，即经录批转饬遵办在案。

矿务

光绪三十年九月，据张令表称：张家山、天岭二处煤矿，现已开采。因出货不多，未能招股请照开采。

十月表称：白沙洲亦露煤苗，亦因见水停挖。其中腰、丁家陂、渣山、河口、叶家山、竹篙岭六处煤山，均因煤竭停采。

十月表称：蒙山太子壁地方，有前明开采银矿遗迹，采取白石，送局考验。

【袁州府】

宜春县

农务

光绪二十九年十二月，该府傅守锺麟折报：据委员吴经历[1]德禄查勘复称，该县人烟稠密，耕耘尽力，惟山多田少，近河之田，全赖水车灌溉；高阜之处，专恃塘堰。各村乡民，只知种苎麻以织夏布，种茶以榨油，种竹以造纸。柑橘果木，间有种者。其山势高险不宜种植之处，均各开井挖煤，以供民间炊爨。牧畜一端，畜鸭者多，因鸭蛋可以腌制皮蛋，销路甚广，获利甚丰。

三十年八月，李署令嘉芬表称：近河一带田亩，皆有筒车，不至缺水。惟山田常虞旱干，业经谕绅传知各乡农民，多挖池塘，蓄水防旱。

三十年十一月，汪署令春源表称：中村地方，有被水冲坍荒芜芒花洲一区，计地数里许，业经该县饬令居民垦复，四围栽插竹、柳，中则种以花生、萝卜等类。当经批饬查明是否官荒、抑系民荒，勘丈绘图，议章报垦。

十二月表称：县属土地膏腴，宜于种植，间有未垦荒山，实因盗砍践害使然。业经示谕，劝民垦复，添种茶、麻、竹木，

① 经历：官名。明清都察院、通政使司、布政使司、按察使司等均置经历，职掌出纳文书。

严禁偷窃戕害，以兴林业。

三十一年三月，马代令肇修表称：县属向产茶油，昔时开有油行八家，近二十年，次第歇业。现正讲求农业、振兴商务之际，已劝民广种茶树，多开油行。目下已据报开三家，将来或可日有起色。

六月表称：县署右侧，有荒地一片，宽阔约二三十丈，已雇工开垦，先试种蔬菜。

十月表称：前月因案赴乡，逐加查勘，种茶、竹者甚多，未成活者亦复不少。当即会绅商议，令其纠集同村，或联同族，妥定章程，起立社会，务于来春，一律补种齐全。

十一月表称：与各绅讨论种植情形，佥称麻、竹两项胜于往年，夏布、纸张出产较多，惟惜下游一带，生意滞销；茶油一项，因秋间缺雨伤虫，茶子收成仅三四分，尚不敷本地食用。因势劝谕各绅，各就乡村，务于来春，多种茶树；并趁此时，多开塘堰，以收桑榆之效。

十二月表称：各乡绅耆，鉴于秋旱，于开塘堰一事，皆能交相劝勉。近日因公下乡，便道查勘，西、北两乡，添开塘堰，已有三十余处；东、南两乡，闻尚不止此数。现谕令于来春各就土性，栽种茶树及麻、竹等项，以收地利。

是年，据傅守造送政事总表报称：农民勤于耕种，并无荒芜之田。惟山尚有未开垦者，经马令陆续劝谕农民，于霞塘、涧富、高富等岭，及大仰、武功、大袁等山，种植茶、桐、竹子，约计其数，不下五六十万株，并栽种苎麻等类。

三十二年四月，阮令保泰表称：乡间绩麻，色黄而质复粗硬，劝谕乡绅，仿照刊发《种麻法》一书，加意培植；所出之麻，更当讲求制造。

闰四月表称：县属地处山隅，高阜栽茶、竹，平冈种苎麻，土性本属相宜，惟培养不甚得法，仍复不见蕃茂。现将奉发之《农学报》，摘取简要易行者，分条出示，俾众周知。

六月表称：该县油行，前已次第关歇，上年曾由马令劝据报开三家。兹又据禀报，详请给帖开设一家。

七月表称：各乡自织夏布，所用苎麻不少，惜不能广为树艺，力图扩充。批饬及时多种，以辟利源而尽地力。

九月表称：刻正种麻之时，各乡多已栽种。

十月表称：茶子一项，因秋间缺雨歉收，出油无多。现已劝令乡民，多开塘堰，广为栽种，加意培护，以尽地利。

三十三年正月表称：茶油为出产大宗，迭次劝谕多开油行。现据禀报，详请给帖开设一家，如能逐渐扩充，种茶者必日益加多。

四月表称：春间雨水调匀，二麦约收七分。各乡所种早稻、苎麻，一律长发畅茂。城乡所种茶、桐、竹木，亦因旸雨应时，均见发荣滋长。各乡咸知其利，皆能加意培护。

工务

光绪二十九年十二月，据傅守锺麟折报：该县工艺，惟产夏布。次则造纸，业此者多。又爆竹一项，城乡业此者亦不少。皆由男妇合作，均能自食其力。

三十年十二月，汪令春源表称：县属出产表芯纸，质地不佳，色不洁白，屡谕绅耆，考求改良之法，冀获厚利。

三十一年四月，马令肇修表称：近日居民于工艺稍加考究。现有制造洋漆银镜盒、食盒、烟盒者，刻工极为精致。虽属小技，亦有可观。

五月表称：民间工艺，旧能制造皮器，如椅凳、茶几、炕几之类，以袁郡、萍乡两处为最。现拟派人至省城工艺院，购买钢丝椅回，饬令依式仿制。

八月表称：乡间织夏布者，原属不少。已饬织户于贩运赴沪时，购买机器，回县织造。

九月表称：棕绳一项，妇孺皆能造作，为各船户所需，行销甚广。

十月表称：工艺改良一事，必须由学而成。近闻萍乡有炼焦工师，可炼煤炭为焦炭，现已饬商延聘来县，以便学习。

十二月表称：织布机器，闻已购定数架，来春可以运回试办。

三十二年正月，阮令保泰表称：该县风俗浮薄，民多游惰，劝工厂、习艺所之设，实为当务之急。兹拟节省经费，仿照在南康时办法，择定地基，筹措的款，先行举办，再图扩充。

三月，据该县详称：民间风气未开，如绩麻织布、制爆竹、编草席，惟旧是图，不知改良，勤者尚足自给，惰者流为盗贼。兹拟挪移旧存积谷盈余钱一千六百缗，于署侧马号空基，建造房屋，设立工艺院。绘具图说，详请立案。当经批饬督工建造，会绅妥筹常年经费，议章禀报。又据表称：乡间产竹甚多，制器造纸，所用无几，其余尽运往邻县售卖。已谕绅民多设纸槽，尤宜设法改良，以广销路。

四月表称：坏炭、矿滓两项，乡民不知熬矾之法，视为无用，倒弃旷野。前据萍乡县民人刘复顺，拟在山口地方，设厂熬矾，置锅五口，遵章纳税，禀恳转详给帖试办。日前曾奉藩宪颁发印照，给领开办。并经劝谕各乡绅民，一律仿办，逐渐扩充，以浚利源。

闰四月表称：本地制麻，悉赖人工，其质不软，其色不光。

泰西织造，丝麻并用，皆由机器制麻，故麻亦与丝同。倘能改用机器，其利必加倍蓰。查新章有创用新法改造土货者，许其专利若干年。现经谕令绅商，购买机器制造，无论独资集股，均准禀请立案，专利若干年，以示鼓励。

五月表称：皮蛋一项，为本地工作一大宗，惟不及苏蛋佳美。已谕饬各铺商，仿照苏州作法，加意改良，以期起色。

七月表称：创建习艺所，原拟挪移积谷盈余一款，于署侧马号空基建造开办。嗣奉通饬，以府城应设一总所，安置各属徒犯。兹奉本府札饬，拟于郡城关庙，改设总所。其积谷盈余一款，不得不留为开办总所经费。一俟分、萍、万三县筹有款项，即行禀请开办。

八月表称：爆竹一项，业此者男妇极众，然尚不及万载造作之精。已劝谕各铺户，派人前往万载学习，以期一律仿办。

三十三年正月表称：习艺所遵饬改造，规模宏大，需费浩繁，县属瘠苦，无从筹措。兹查署内捕班房屋，尚属宽大，拟即捐廉修理，改作习艺所。

二月表称：习艺所房屋，已估工择日兴修，木料均属坚实，下月可以落成。

四月，据该县禀报：捐廉建造习艺所，业经落成，共需工料钱六百余千，均系该县捐廉付给。择于四月初十日开办。所有在事人役及各犯辛工饭食，暂行酌量捐给。应俟筹有经费，再行置办机器，推广工艺。并据表称：习艺所常年经费，以及应用器皿，只得先行垫用，容再设法筹措。收所习艺人犯，其素习有一艺者，仍令循理旧业；其无一技之长者，即饬学作爆竹、编草履、搓棕绳等项，以免荒废。并拟托沪友代购织布、织毛巾机器各一架，寄运来县，以便应用。当经批饬妥议章程，禀报立案。并饬具领本局原存新式木机，以冀开通风气。若织毛巾机器，省城各处皆有，无须赴沪购买。明晰批示在案。

商务

光绪二十九年十二月，傅守锺麟折报：该县出产，以煤、油、纸、夏布四项为大宗，行销甚远。近年获利微薄，动辄亏本歇业，亟宜设立商会，以资振兴。

三十三年夏间，据南昌县申称：生利樟脑公司拟请前往宜春县属，设厂熬脑。当经本局批准，发给护照，前往采办樟树。目下曾否开办，尚未据该县禀报。

矿务

该县为袁郡附郭首邑，出产土磺土硝，向无领照开采磺矿者。

光绪二十八年八月间，据该县刘令步元禀报：易炳勳请开牛宕磺矿，李保真请开鱼龙泉山陂磺矿，易家廉请开西坑小塘窝磺矿；均经发给印照。并立可久公司，收买土民私熬硝磺。因于郡城设立硝矿官局，抽收税课。至二十九年冬间，易炳勳等所开三处磺矿，先后停办。又有陈永龄等，设立同兴公司，收买私熬硝磺，完税分销。而官局设立如故。嗣于三十年十月，刘令以袁局存货甚多，禀请江理问[①]锐，自备资本，领销袁局硝磺，于景德镇设立广饶分局。去冬因亏折难支，禀准撤局，

① 理问：官名。元行省有理问所，置理问、副理问等官；明清时为布政使司直属官员之一。《清史稿·职官志三》："承宣布政使司布政使，省各一人……理问所理问，从六品。"又："理问掌推勘刑名。"

由袁局选派司事经理。

三十三年四月间，据阮令保泰禀称：县属出产土磺，间出土硝，从前土民私煎囤销，漫无稽察。光绪二十八年，蒙委盛令时赓，会同前县刘令，查明牛宕三处，蕴有矿苗。当由刘令会绅易炳勳等，各自筹本，请发执照印匣，督同开矿采炼。即在郡城设局，并立可久公司，议定章程，凡有土民煎熬硝磺，均送公司平价收买。奉发护照税票，载明值百抽十章程，抽税斤数，随时填用。嗣因经理不得其人，采挖亏折资本，即将鱼龙泉山陂、小塘窝两处先行停止；刘令倏届瓜期，又停牛宕一处，撤销公司，呈缴印匣；于二十九年九月，一并禀报，所有硝磺税务，请归秀江厘卡兼司办理。禀奉派办政事处批，以所收并非银钱，未便归并税务，暂由后任兼办。维时李署令嘉芬知关军火，竭力经营。另由职商陈永龄等，自备资本，复立公司，改名同兴，循旧办理。于是递任交接，未能诿卸。而该职商等，迭以商贩不前，官货积滞，资本难以周转，又多折耗，禀求退办。因无接承之人，故未允行。缘自刘令倡立公司收买以后，土民皆知有货即售，故多煎熬为业，以致出货日多，而运销又多阻滞，宜其亏折矣。若如所禀，准予停撤公司，则土民之煎熬者，势必自行销售，不特无可稽查，税务废弃，且恐通贼济匪，其患不堪设想。是以前次禀报，于县属山口产磺地方，设立分局稽查缉私。惟县属本为出磺之地，间有土硝，尚足敷本地购用。县属花爆、药材各店，所需硝磺，系由公司购买，给予发单，无税可抽。如遇行商购运，照章抽纳，商贩衰旺不一，是以税无一定等语。本局当以"所抽税课，向系解归兵备处，转发军装库存储备用；现在改用新式枪炮，无须用硝磺制造火药，所解硝磺，弃置无用"，饬令仿照抚州硝磺官局办法，变卖折价，解充本局经费。尚无成议。

二十九年十二月，傅守锺麟折报：该县地方，柴薪甚少，民间多用煤炭，挖煤度日者，不下数万人。向由民间自行开采售卖，但每遇水停工，若购吸水机器，定可畅旺。此外间有五金各矿，惟无矿师勘验，无从开采兴办。

三十年八月，李署令嘉芬表称：各乡矿产，煤为多，磺次之。金、银、铅、铁各矿，间亦有人试办，或因亏本歇业，或因争讼封禁。前县刘令步元所设硝磺官局及可久公司，在牛宕等处开矿熬磺，因经理未得其人，以致亏折停办，将收发硝磺、抽取税课，禀归该县接办。其蒋令家骏原开腊源宝山桥及北乡金瑞二字桥两处官矿，出煤尚多。民间所开煤矿，现届秋令，积水已消，均可及时开挖。

十一月，汪令春源表称：离城三里之杨家桥，出磺不少。又东山下李树源开挖之矿，每月出煤数十担，现因水深，拟暂停工。又吴丞道立等所开红龙峰及龙山下煤矿，出煤亦旺。

三十一年十一月，马令肇修表称：职员傅百昌等，承顶试用巡检傅汝梅原报开采上角坑煤矿，已详请给照开办。

三十二年正月，阮令保泰表称：各乡煤矿，办有成效者，一为江苏补用道蒋家骏承办之矿，一为江苏同知吴道立承办之矿，一为职员傅百昌承办之矿。均用土法开采，惟煤质不坚，不能炼焦。又李树源开挖东山下煤矿，因水满停工。又鲁玉麟试办窑山煤矿，因井崩塌，久已停工；劝其另开井眼，切勿半途而废。

二月表称：职员傅百昌等禀开上角坑煤矿，前奉札发印照到县，业经转给具领。并据详称，该处煤矿每日能出煤三四百担，停积甚多，请给发运单，转运分销。当经核准刊发在案。

四月表称:蒋道、吴丞、职员傅百昌所办之矿,因雨水过多,浸灌井内,均暂停挖。

闰四月表称:据职员傅百昌禀报,自本年二月开采,至三月止,共出煤一万六千石。嗣后迭据该县按季禀报,每季可出煤三万余石。

七月表称:各处未开矿山,悉近河滨,须用吸水机器,方能开采。迭次劝谕绅民,集资购买,均以款项难筹,未克举办。

十月表称:据职员鲍师尧禀称,承租邹余庆堂大坾筲箕埚煤山一嶂,筹资三千金,暂用土法开采。绘具图说,呈请颁发印照前来。覆查所禀属实,亦无妨碍田园庐墓,拟另文详请发照,转给收执。

十一月表称:前据职员萧顾之等禀称,承批曾、锺、王、张、黄五姓所管峰顶铜矿山场,筹集股本万元,暂用土法开采,请详发印照前来。当经核情批示在卷。兹据该职员等,禀奉批饬绘具图说,造就股友姓名清折呈核等因。即经传谕遵照。俟诣勘是否于田园庐墓无碍,并验实资本后,再行详办。现尚未据详请给照。

是月,据职员周昺、刘宗羲等禀称,查得化北乡霞塘地方,有吴家尖矿山一嶂,铜质透露,周围不及三里;已集股六千元,向山主彭、邹二姓,书立租字;请给印照,祇领开办等情。当经批饬该县,查勘是否与田园庐墓均无妨碍。

十二月,复据萍乡县监生萧家仁等,禀请给照开办。又经批饬查明是否山异名同,抑或实系一山?且前次周昺等禀称,山系彭、邹二姓之业;该生等禀内,又云系彭、邹、何、晏四姓之山。其中不无轇轕,饬即并案查复核夺。

嗣据该县复称:该山曾于同治二年,因有萍乡县贡生彭洪绶等呈请开采，当经府县勘明有碍地方，会文详奉前抚宪沈，批饬永远封禁有案。现经勘明，与田庐无甚妨碍。其周昮与萧家仁承租之矿，实系同此一山。惟萧家仁系于二十七年承租开挖，约内载明五个月内集股试办，逾限作废；业主彭姓禀乞饬销。至山主彭涂三、邹增瑞等，既称该山系伊等三姓之业，而晏蘗泉等又称山系伊等族众承管。彼此争执，均无管业契据。周昮急欲开办，而本地绅民皆以久奉封禁为借口，不肯任其开挖。请示前来。又经批饬查明从前封禁之时，系因有何妨碍；且彭、邹、何、晏四姓，均无契据呈验，自应作为官山，将来即应由官开采，萧家仁、周昮均不得开挖，以免争执生事。旋又据刘宗羲等禀复，以该县诣勘时，山主彭涂三已呈验契据，一旦作为官山，由官开采，职等前次用费，将近万元，胥归无着，垦乞给照保护。等情前来。又经批饬该县，查明此山究系何人管业，并准该职等先行试挖。一面由本局告知专办赣州铜矿之矿师池倅贞铨，前往探验，是否矿苗深厚，将来或官商合办亦可；一面仍由该职等先行妥议章程，呈验资本，由县转详，呈候核夺；一面由县出示，不准借端阻扰，并缮谕单一纸，发交该县，转给具领。现据刘宗羲等禀报，业经开工。

又据江苏县丞梁国柱，禀请札委前往袁州、吉安两府，探取锑砂，解省察验。当经批饬指定矿地，租买山场，遵章禀报，再行核办。嗣据禀称，该县修仁乡龙下庙前等处，锑苗显露，并有铜苗甚旺，自备资本五千元，与各山主平价租定。绘具图说，检呈苗样，抄录章程，禀请给照保护。又经批饬该县，诣勘有无妨碍，将界址绘图贴说，抄粘租约，验明资本，禀复核办。旋又据候选知州陈本端等，禀请在修仁乡陇下妙泉及兔子坑等处，开采铅、铁各矿。当经本局以与梁国柱所禀山名大致相同，是否各自一山，抑系一山重租？饬县并案勘明，禀复核夺。现尚未据禀复。

三十三年四月表称：已开各处煤矿，前因雨水过多，浸灌井内，悉暂停挖。现在天气晴霁，均各循旧开挖。

分宜县

农务

光绪二十九年十二月，该府傅守锺麟折报：据委员查复，该县沿河田亩，皆有筒车，尚足备旱；惟近山之田，少有陂塘，稍一干旱，即足为患。已经萧令兆熊撰就浚塘告示，晓谕各乡，饬令浅者开深，狭者推阔。间有遵办者。各乡栽种橘、柑、茶梓以及各项杂树颇多。萧令前报拟于署外荒坪栽种桑秧，并函浙友，托购湖桑，现尚未到。其地业经开垦及半，以种蔬菜。

三十年十月，曾署令兰春表称：民情勤于耕作，并无不耕之田。惟山场间有荒废者，如庄冈岭、袁峰岭、大义峰等处，荒地无多。传集各绅，各就各乡，分划界限，筹资垦种。县属山乡居多，仅止溪河一道，居民常于河中筑坝，设车灌注。两傍堤岸，偶遇春水冲塌，随时修筑。距河较远之处，多设陂圳，以潴山水；或于鱼塘之水，桔槔引注，接木流灌。仍于下乡时，劝民讲求水利，以裨农业。

十一月表称：甘蔗可以熬糖，乡民未得其法，获利有限，种者寥寥。拟俟来春，于沿河一带旷地，召人种蔗，再雇糖师煎熬，以开风气而裕利源。

三十一年正月表称：庄冈岭等处荒地，询据乡绅，佥称土性坚硬，不能布种杂粮，只可栽种树木。已饬多栽茶、桐等树，以尽地力。

二月表称：蚕桑为致富大源，现经集绅筹议，拟集资采买桑秧，广为试种。

四月表称：据局绅禀复，查勘庄冈岭计地三十五亩，袁岭峰计地二十九亩，大义峰计地二十六亩。但掘土至五六寸，下靠石底，桐、柏等树，根难深入，不易成活。惟茶树干小根浅，或尚可种，是以一律试种茶子，各处仅种数十株。城乡妇女勤俭，多有养蚕之户，因桑叶缺少，蚕事不兴。拟先捐廉为倡，并商允各绅，集资相助。俟筹有成数，即派人往浙，定购桑秧回县，分栽城乡隙地，庶育蚕者，日益加多。

五月表称：查得南乡八都东岸地方，有荒山约计四里，已饬绅耆丈量，垦种所宜树木，限以二个月，禀县转报。署后民业荒地一片，已饬据城绅，栽种苎麻三百七十余株。各乡塘堰，均尚完固，无须修筑。

六月表称：据绅禀报庄冈岭等处等山，于三月间试种茶树，因入夏缺雨，间多黄萎，须过冬令，方能查明成活数株。惟署后荒地，所种苎麻，颇为茂盛。又于四月间，道经南乡年珠村，见有荒山一嶂，查系锺姓私业，严饬赶紧补种；如仍废弃，即罚作官山，由官垦种。该业主现已具报种茶二百九十余株，可期成林。

七月表称：诣勘锺姓年珠村荒山，计五亩有奇，所种茶树，成活二百六十五株。

十一月，姜令振翔表称：曾令所报庄冈岭所种茶树，查明此山系属石底，种植似非所宜。虽经各前令劝民垦种，成活仅止数株，已饬暂停补种，免至空劳民力。其袁岭峰、大义峰，土色稍好，迭饬乡绅，劝谕业主，各将已种茶树，善为培植；未垦荒地，赶紧垦种相宜树木。

十二月表称：奉发草本桐子，分发各乡试种，如果地土相宜，再行推广种植。署后空地，现已雇工翻松，以便明春种麻；并留地一区，以种草本桐子。典史署前，亦有空地，拟专种草本桐子。其侧即属通衢，将来长发茂盛，俾往来乡民，见有成效，争相种植，亦未始非兴利之道。

三十二年正月表称：奉发草本桐子，绅民不知榨油之法。现经面告各绅，教以春种秋收、如何榨油。近城各乡，即已领子分种。

二月表称：乡民于收割禾稻之后，向不播种杂粮。菜子可以榨油，乡民种者甚少。自去冬劝民于刈稻后，一律布种菜子，将来榨油，可获厚利。袁岭峰等处，垦种茶树，已多成活萌芽，现仍劝令推广开垦。

三月表称：西乡向产香茹药草，由樟树镇转运北直，利息尚厚。惟惜出产无多，现经购买种子，分发各乡试种。

四月表称:各乡菜子,均已收割。惟因春雨过多,子不丰满,出油较逊。署后空地，难于透风，又极低湿，前栽麻兜，概行湿烂；现拟改种火麻，间种草本桐子、香茹药草之类。

五月表称:南乡向产杉树，间亦仍有荒山，面谕该乡各绅，传知业主，以铁路将次开工，岁需木料甚广，饬即一律种杉，以图日久利源。署后所种火麻，现已茁叶；惟草本桐子、香茹草子，栽种均未得法，尚未甲坼[①]。

六月表称：南乡添种杉树，颇多成活。其荒废山地，仍

---

① 甲坼：谓草木发芽时种子外皮裂开。《易·解》:“天地解而雷雨作，雷雨作而百果草木皆甲坼。”孔颖达疏：“雷雨既作，百果草木皆孚甲开坼，莫不解散也。”

饬及时补种。

九月表称：北门城沙石厂地一区，原有桃、李数株，长发茂盛。当谕附近居民，遍行栽种，以收果实之利。

十月表称：春间所种草本桐子，结子尚多，惟取油仍不得其法，难以获利。袁岭峰等处新种茶树，亦因亢旱日久，间有干枯；现经分谕各乡，务于农隙，多开沟塘。南乡水利，尚能讲求，塘渠较深，可资灌荫。该乡添种竹木，亦渐成林，数年以后，竹木利益，当为南乡独擅。

十二月表称：各乡所种菜麦、蚕豆等项，前因晴久微旱，本月得雨，颇足滋润。至草本桐子，取油不得其法，前奉批饬延聘工师，惟须购买机器，巨款目下难筹；拟仍听其更种杂粮树木，以图近利。南乡添种竹木，颇有可观；现饬附近之东乡绅民，仿照办理，以兴林业。

三十三年二月表称：督饬乡绅，劝民于去冬添种树木，计上南乡补种杉树七百余株，西北乡补种柏树一百余株、茶树二百余株，东乡补种茶树三百余株。北乡种麻颇获厚利，现饬将附城各隙地，一律栽种。

三月表称：附城各隙地，前种麻兜，皆已萌芽，一二年后，当可大获利益。

四月表称：县属略产沙果，为水果中妙品。小学堂教习彭开茂善于接插，去年所接之树，结实倍多，味极甜美。已劝其以接插之法，遍传各乡，将来即可大开利源。

工务

光绪三十年八月，施令联元表称：前次雇工招徒，制造木器，现仍逐日工作。县属南乡金鸡铺地方，居民砌筑土窑，烧造瓷器，皆尚适用。惟坯料极粗，釉色不精，制造亦甚草率，故价贱不能行远。俟集绅筹议，添集股本，改砌砖窑，并赴景德镇招募坯工，渐次改良。

三十一年正月，曾署令兰春表称：乡民煎熬沙糖，未能畅销，获利无多。现饬乡民延雇糖师，提炼白糖，以畅销路而增利益。

四月表称：县属出产夏布，皆系女工纺绩。其质甚粗，各机户泥守旧法，不知改良。已饬加意研求，俾质细嫩而色光亮，令人见而娱目，庶可销路畅旺。

六月表称：建设罪犯习艺所，屡经会绅议办。拟将署内差房，腾出数间，设立工艺院，遇有轻罪人犯以及无业游民，即令入院习艺。俟开办后，再行填报。

十月，姜令振翔表称：前县曾令腾出差房数间，改设工艺院，房屋狭小，不便工作。此外并无稍大房屋可以借用，惟有筹款建造，即当赶紧办理。

十一月表称：金鸡铺砌有烧碗土窑数座，前经面谕该处绅士，饬令将土漂白，坯工稍加细致，兼烧盘、钵等类，近亦渐有改良。

三十二年二月表称：西、北乡向种苎麻，织造夏布。现谕机户至万载，延雇织工，以期组织细密。

三月表称：金鸡铺土窑，近出土碗，较前细致，并能兼烧香炉、茶壶、杯盘之类。

十二月表称：罪犯习艺所系暂就原有工艺院改设。惟房间无多，另觅则乏公所，添造则款又难筹。仍当设法筹款，徐图改造如式。

三十三年四月表称：县属出产草纸一项，每夹泥沙，不甚合用。该县前于因公赴乡时，饬令各槽户，不准再夹泥沙石灰，漂洗尽净。近出草纸，细薄坚洁，销场倍广，获利亦厚。纸槽既已添开，并添设部帖纸行一家，纸业可期日渐发达。

商务

光绪二十九年十二月，傅守锺麟折报：该县惟宜种麻，出产以夏布为大宗，获利亦厚。惟无富商巨贾，往彼收买。其零星小贩，运往各处出售者，尚觉往来不绝。又产甘蔗，亦复不少，大都民间嚼食，不知熬糖之法，若雇觅糖师，教以熬糖，不待劝谕，种植必广，商务庶可日兴。

矿务

光绪三十年八月，施令联元表称：西北乡等处，乡民所开煤窿，皆系土法采挖，事繁工巨，获利甚微。出产有限，仅供本地炊爨，以故居民并不视为利薮，并无厚集资本，愿出承办者。

十月，曾署令兰春表称：鹿鸡壁、冷水井等处煤矿，虽经业主开采，但获利无多。其余如未开之银山坳、蒙山各处，拟邀绅商集资，延请矿师，探验苗线，再行开采。

三十一年十一月，姜令振翔表称：西北乡略产煤矿，虽炭苗显露，惟矿产不深，时挖时辍。屡邀绅商开办，迄无成议。

十二月表称：东南乡锺山峡下浒头地方，近由该处民人挖出煤苗，已有三四千石左右。其质尚佳，距河亦近，将来或可获利。当经批饬遵章禀请给照开办，以兴地利。

三十二年三月表称：浒头地方煤矿，系李姓合族公业。前由李姓族人，各自开挖，每多争执。近由李姓租与彭寅春开采，并非李姓合族公议，日后难免生事。昨据彭寅春禀请领照，即经批饬与李姓族众商妥立约后，再行请领印照；先暂停挖，以免滋事。

十月表称：浒头地方煤矿，仍未据彭、李二姓议妥禀报。其鹿鸡壁、冷水井两处煤矿，前经两江矿政局派来矿师查勘，煤质不佳，矿苗不富，距河太远，难以获利。

萍乡县

农务

光绪二十九年十二月，据傅守锺麟委员查勘禀复：该县地狭人稠，耕耘尚能尽力。各乡田亩，皆有山水下注，足备灌溉。荫塘之外，逐处均有陂圳堰闸，以时启闭。傍河沿溪，又设筒车，沟渠四达，御旱有备。查勘农田水利，皆极周备，尚无荒废之田，亦无淤塞之塘。各乡种植竹木、茶梓、柑橘之类，向颇繁盛。近来矿路大兴，竹木价值，较前倍蓰[①]，小民图利，种植益繁，近且有禁伐杂树以烧炭者。茶子可以榨油，而矿局及煤窿需油甚费，油价渐昂，种茶子者日益加多。柑橘之利，既稳且厚，越五六年，即可结实，不但遍地成林，即山头屋角，亦栽种殆遍。其南、北两路，长丰、名惠等乡，山多乱石，不宜开垦，惟有多栽竹木，以期日后利益。畜牧一项，孳乳亦繁。该县逐处有塘，故蓄养鹅鸭及鱼者最繁。而鸭蛋可制皮蛋，发贩销售甚广。近来矿局铁路工匠，奚止万人，六畜销场极夥，居民视为一小利薮。

三十年八月，彭令继昆表称：该县民勤耕种，少有荒废田地。节经督饬绅耆，随时劝导乡农。复将奉发《农学丛书》及《农学报》内，择其风土相宜，一切种植畜牧制造各法，摘

① 蓰：五倍。

录简要易学者，分条撰示，使民周知。今岁早禾丰收，晚禾结实饱满，陆续刈割，尚称稔熟。杂粮树木，皆属繁盛。橘子结实稍逊。茶子则较去年为旺，霜降前后，即可摘收榨油。农业人等皆欢乐岁。

十月表称：各乡向勤垦种，皆就土性所宜，补种茶树、橘树为多。茶油岁可出二三万担，橘子约出一万余担，豆麦、花生所产无多，荸荠岁约出产二千担内外，烟叶约出二千担，土靛约出一千余担。近亦有添种雪花树者，其皮可为造引皮纸之用，惟所植尚属不广。塘堰为农业身命所资，皆能勤于修浚，尚无污塞。沿河堤岸，亦皆完固，近无兴修工程。

三十一年二月表称：各乡所种茶、橘各树，皆属散漫零星，并非整齐片段，难悉亩数株数。附郭三五十里，及通衢各村庄，间有未种树木之山，但系众姓牧牛公山，势难劝令弛禁种植。

五月表称：各乡间有未垦荒山，询据绅耆面称，或为各姓祖坟公山，向禁垦种；或因业主窎远，不能照顾，招佃批租，无人承领，以致荒废，但究无多；其可耕种之地，业主佃户，均不肯荒芜不治。访察所言，大约相同，究竟是否确实，俟因公赴乡，顺道查勘明晰，再行谕令山主招垦具报。

是年，据傅守造送政事总表报称：该县彭令，于本年春间，劝谕农民，于明山峰、万松山等处，陆续种植松、杉、茶梓、桐、柏、橘、柚、雪花、棕榈等树，约计其数，不下十万余株，数年之后，方获利益。

三十二年三月表称：各乡田地，颇勤种植，山场亦垦种各项树株。现复谕饬乡绅督劝农佃人等，趁此春耕，翻犁深透，多壅肥料，以冀禾苗长发，收获倍多；培养树木，俾早成林。

五月表称：各乡栽插早禾后，正值扬花结实之际，缺雨旬余，幸于下旬得获大雨，一律沾足。现在陆续刈割，收成可称中稔。晚禾亦已长发畅茂，若能旸雨应时，可望丰熟。

九月，张令之锐表称：农民耕作颇勤，田、山荒者颇少。茶油、苎麻，均为出产大宗。近来矿工众多，铁路交通，人浮于食，油米菜蔬，日见昂贵。矿内需木棚架，山林所产，大有不给之虞。急应整顿树艺，改良农业，以防匮乏。月内因查办会匪，亲历各乡，招集父老，劝勉种植。查悉各乡多有茶会。茶会者，乡农醵金联会立约，以禁偷窃败坏竹木、禾苗之事。该县拟仿照前任万载办法，由城中起立农业公所，联络各乡茶会，使为一气，随时提倡整顿，以谋农业进步。

十月表称：苎麻虽为出产大宗，但种植未尽合法。日前奉湖广督宪颁发《种麻章程》，当即转发各绅，饬令认真仿办，以广种植而兴地利。

十二月表称：设立农业公所一节，现因会匪滋事，军务旁午[①]，致未拟办。至《种麻章程》，已发交各绅仿办。俟来年春耕之时，自当饬绅集股，采买麻兜，一律布种。当经本局以各属种麻未尽合法，该县既奉湖广督宪颁发《种麻章程》，饬即抄录一分，申送查核，以便通饬各属仿办。

三十三年二月表称：目下匪事渐次肃清，设立农业公所一事，自当认真兴办。业经督饬各绅赶筹经费开办，俟有就绪，再行详报。本月办理清乡，道经上栗市，察看尚有荒山，随即传集绅耆，饬令购种松、杉各秧。旋据禀称，上年遭匪蹂躏，民情异常拮据，筹费不易，刻难遵办等语。尚属实情，自应从缓办理。

① 旁午：交错；纷繁。

工务

光绪二十九年十二月，据傅守锺麟委员查报：该县民最勤苦，耕读之外，即习工艺。各行工匠，均有常职。而夏布一项，绩麻皆妇女所司，成布方须织匠，不宜用机器破麻之法，专使富者获利，贫家妇女皆失常业。该县妇女绩麻，有极细者，织成夏布，细致光洁，胜过于绢；惟售价稍昂，人尚鲜购，故所出甚稀，非工艺之不能精也。南坑上埠地方，所造土窑瓷器，皆运赴湘汉销售，岁约三万元左右。但其制造苦窳[①]，不为富人所尚。迭经官绅劝谕殷实商富，集股开窑，延雇景德镇工匠来萍指授，烧造细瓷。已有晏姓将所出细土，带赴景镇，延请高手坯工，造作试烧，尚不能与景镇瓷器相抗云。其木工所制几凳、博古书架之类，可以拆卸折叠，精致轻巧，最便携带。近因木料甚贵，工作粗率，不甚耐久，而售价较前增昂，以致购者寥寥。芦溪、宣风、刘公市、麻山、大安里、山口岩、半山等处，均产纸张，以引皮及小贡两项为上等，所出有限；而造粗纸者为多，每年出息颇巨。所惜纸槽工匠，不能仿造洋式，甘心守旧，斯为缺点。

三十年九月，彭令继昆表称：皮工制造皮器，向称精致。惟牛皮价值，近更昂贵，虽偷减工料，而售价仍须增昂；若欲定制，尤须增价，购者甚少，刻难发达。又爆竹一项，岁约可出二万数千箱，出上栗市者为广庄，出芦溪市者为建庄，皆手工所成，为民间生业。贫家妇女，亦借插引编挂，为生活之计，一时无从改良，因仍其旧。县属户口殷繁，多仰给于煤窿，游

① 苦窳：粗糙质劣。

荡者甚少。屡与绅耆商筹，议设工艺院，款项无从筹拨，是以尚付缺如。

十一月表称：城乡原有货物，惟夏布稍良，岁可出二三万匹，约值数万元。纸张一项，粗料有大表炮、料点张、老帘、小表各名色，岁共约出四万余担。细料有小贡、引皮两项，价值最贵，岁出不过千二三百担；其次有湘表纸，岁近千担之谱。均尚照常工作。

三十一年三月表称：土产夏布绩织稍良，前曾谕饬局绅，劝导商民，集资开设机坊，访雇能精提花工匠，仿照苏杭纱罗提花式样，组织试办，以图进步。至土窑烧碗，价贱利薄，亦经谕绅劝导窑户，仿照景镇瓷器，制作灵巧瓷坯，再加彩画釉色，由粗而细，先行试烧。又纸厂本守故常，月内曾有芦市铺商，集股倩善造洋纸之湖南张姓，购雪花树皮，用药水腐化试造；因不得法，耗费二十余缗，众心疑阻散股。已劝谕另觅良匠，以谋其成。当经本局批示：夏布提花，现在上高、万载等县，亦禀试办，闻风兴起，定卜利赖无穷。试造洋纸，用人不当，断勿因噎废食，宜另招工集股，志在必成；西人办事坚忍，勿以稍挫即停，初时不惮虚掷成本，只在制成后利市三倍而已。饬即诱掖奖劝，实力提倡，以尽为民兴利之责。

六月表称：本地所产碗泥颇佳，若能改良仿造，必有进步。劝据职员廖凤喈，提倡集股，拟设窑厂。并赴景德镇访雇窑工，挑选本地灵敏工匠，令其指授，试行制造。倘能得法，必可推广。

七月表称：土窑改良一事，已据分省知县文乃麒、职员廖凤喈等，集股设立公司。雇用景德镇工匠三十余人，议定工资，并订明带教本地学徒。已在上埠地方开窑，其两次所烧红花瓷器，尚与景镇制作相仿。惟土窑矮小，必须改建大窑。其本地所出作坯之泥，不亚星子所产。釉石亦本地所产，颇称合用，不须向别处购求。如能切实经营，逐渐烧造细瓷，将来必可独擅厚利。惟所雇窑工，皆都昌人民，性情强悍，动辄挟制滋闹；已谕该公司善事驾驭，俾得尽心工作。该公司以事属草创，请俟规模粗定，再行禀请转详立案，亦属实事求是之意。

八月表称：夏布一项，出息远不及万载之巨，迭谕局绅劝导机户，雇匠提花。旋据复称，各机户佥谓苎不如丝柔韧、耐受漂练，且赴浙雇募提花织匠，亦属不易。现尚无人肯任提倡者。

九月表称：文乃麒等创立公司，烧造红花碗碟，自开设以来，用费已六七千元。日前瓷工又复勒支工价，几致鼓众停工。当经派差查拿，各工头立将倡闹散工按名指出，即日驱逐回籍。嗣后愿听该公司约束，不再滋事，具结销案。并谕该公司认真整顿，务期坚忍图成。

三十二年正月表称：瓷器公司，雇用景德镇工匠，手艺平庸，性复桀骜，除将滋事工匠驱逐十余人外，只留瓷工十余人。续雇工匠现尚未到。已谕该公司，赶紧添雇精艺窑工，来厂督率，认真制作，以兴实业。

二月表称：文乃麒等创设瓷器公司，租赁旧开窑厂数处，并批顶碗坯土泥及碗釉各山场，改设新厂。延雇景德镇工匠，仿烧各种碗碟。添雇工匠，陆续到厂，先后计有七十余人，带教本地学徒，所烧红花粗料碗碟，与景镇不相上下。惟头青一项，景镇洁白光莹，尚有不及，将来逐加考求，必能日渐精良。目下货色不多，零售价较昂贵，已谕该公司必先贬价出售，方可畅通销路；然后估本计息，持平定价，庶几畅销行远，获利无穷。

三月表称：瓷器公司开办半年以来，粗有规模。所需碗泥釉山，就地皆有，现造粗瓷皆尚可用，天产自然之利，无须外求，较之景镇坯泥须自他处购运者，更为利益。惟集股仅三万元，尚不足以扩张展布，已饬该公司添招股分，多雇工匠，广制货物，招徕商贩，俾成效大著，永享利益。

四月，据该县详称：据职商文乃麒等禀称，职邑、上埠等处，制造土窑，历百十年，工不求精，销路滞蹇，折阅者众。职等屡蒙谆谕，提倡改良土产货物。爰集同人，并劝商各土窑户，共筹股洋三万元，设立瓷业有限公司。应用地段泥山，均已陆续批购。分设四厂，兴工开办，招雇景镇工人，仿造镇式。泥质既称合用，将来能否仿造洋式，自当留心体察，及时筹办具报。惟公司既议准各窑户入股专条，应请谕饬萍乡各处土窑，不得另立公司；并俟试办后，如果出瓷合用，自当遵章禀报纳税，以符定例。缮录章程，抄呈批租字据，禀请转详立案。据情详请核准，先予立案前来。当经本局查核所呈章程，间与商律、公司律稍有未符，饬即更正；并将创办人所认股数，及附股人姓名、股票式样，造册呈送。其该公司所出之瓷，自应照章完税，不得因设公司，转亏税课。所称萍乡各处土窑不得另立公司，不知货高销畅，自然获利无穷；若更精益求精，奚患他人之学步？仰即传谕该公司，另订妥章，呈县核明，详送核办。并随文批解注册经费，以凭详请咨部注册，永享一体保护之利益。

五月表称：前奉批示，奉经转饬遵办。俟该公司禀复后，再行详送核办。

八月，张令之锐表称：纸张为出产大宗，惟制造不精，亟须改良。拟另筹学费，派人往东洋学习，毕业回县，集股开厂，以广利源。

是月，并据职商文乃麒等来局禀称：选派管事，前赴景德镇，采买色料、画膏及石墨等项，请给护票，俾无阻拦。等情前来。查同业相妒，市侩恒情，但使该职商等公平买物，何致有人阻拦？所陈各节，殊无足虑，勿庸发给护票。批饬知照在案。

十月表称：县属向出木器，铁冶炉厂亦所在多有。生员李丙荣等招集股本三千余元，在考棚开办工业学堂，学制木、铁各器，并织毛巾。已于前月二十五日，考取学生二十名，入堂肄习。惟款尚支绌，须另筹资助之法。当经批饬妥订章程，通禀立案。一面督饬该生等，认真经理，以期工业日渐发达。并谕催文绅乃麒，将所设瓷器公司，赶紧另订妥章，呈送核办。

十一月表称：工业学堂，原借考棚开办，嗣奉臬宪秦来萍督办军务，因将考棚借作行营，学堂即经散学停工。一俟军务事竣，即当实力劝办。

三十三年正月表称：迩来军务敉平[1]，臬宪秦业已回省。现经督饬工业学堂堂长，仍就考棚择期开学。

二月，据该县举人欧阳勳等来局禀称：上埠地方，向产土瓷，货低价贱，亟须改良。因集股本六千六百元，创办美利瓷业有限公司，议章二十条，禀请立案。转详咨部注册。等情前来。当经本局以所订章程，多与部章不符，且所指地名与职商文乃麒等相同，是否一起？致有两歧。如果另立公司，有无轇轕争竞之事？批饬该县秉公妥议，详复核办。

三月表称：职商文乃麒等，已将瓷业公司，另订妥章，

① 敉平：平定；安定。

换造册折，并呈缴注册经费，由该县另文批解详请立案。又经批饬查明与欧阳勳等所禀是一是二，尚未具复。

四月表称：该县向出木器、铁冶等类，因民间制作不精，业经该令考取学生二十名，在于考棚设立工业学堂，专制木铁各器、毛巾等类。但因经费不充，所出货物无几，均在本地销售，尚须筹款实力扩充。此外如夏布、纸张、爆竹、造靛、榨油之属，均属该县出产，亦因制造不精，以致销场不旺。去冬会匪滋事，拿获各犯，其情罪稍轻者，已经拟定监禁年限，计有七八十名之多，自应概令习艺。当即议定章程，饬绅在于考棚房屋，略为修整，设立罪犯习艺所；并于匪案罚款内，提洋四千元，以作开办经费。将前项土产改良制造，分为粗、细两工，细工如织毛巾夏布、造纸张、作爆竹等类，粗工如绞棕绳、编草履、织草帽草席等类。房屋可于五月落成，择于六月初一日开办。是月，据职员叶先均等，集股一万元，于该县城内设立志强织业公司，纺织东洋花布、柳条布，于二十八日开办。禀呈章程大纲六条，请予立案，饬县保护。批饬该县遵照部章，核明详复，以凭核办在案。嗣据表称，所出花布均合民间之用，将来可以抵制洋货。惟改订章程，未据详复。

商务

光绪二十九年十二月傅守锺麟折报：该县出产不富，城乡小贸居多，间有资本稍饶者，并非本地商民。生意以煤为大宗，而近来辄亏负停歇。安源矿局，资本既雄，出煤甚旺，铁路转运，极为便捷。土人所开煤窿，不及太仓一粟，欲使设立商会，联络声气，其势实所不能，商务不振，职此之由。

矿务

江省矿产之富，以煤为大宗，然大都土法开采，作辍靡常，或因农忙暂停，或因遇水成废。所出之煤，仅供民间炊爨，不能烧炼焦炭，以供机器制造之用。其仿用西法购机大举成效最著者，实为萍乡安源煤矿局。该局于二十二年，由升任湖广督部堂张宫保督办湖北铁厂事宜，前工部左侍郎盛宫保派员带同洋矿师，赴县勘验，煤质可以炼焦，奏明于安源地方设局，陆续筹拨官款数百万，购置开矿机器，添置洗煤机、洋炼焦炉多座，采煤炼焦，运至湖北，为铁厂制轨要需。惟萍境矿脉丰厚，易为外人觊觎。即就民间生计论，开采已二百年，土井已数百口，糅杂竞争，足为机矿之害;若不设立范围，窃恐别生枝节。因先从查井入手，预将安源阖境山场租定，一面择要价购。开办数年，各山土井收买已多，至三十一年十二月，一律设法购尽。于是机矿周围数十里，土井俱归矿局管业，无虞外权侵入。

查中国煤矿，用西法开采者，北洋以开平矿为最大。南洋数省，则惟萍乡一矿，以机器开采，脉旺质佳，但使运道通畅，将来日可出煤四五千吨之多。设当海疆有事，各国禁煤出口，沿江一带，兵商轮船，工厂铁路，皆将惟萍煤是赖，正不止铁厂命脉之所关也。矿局自开办后，截至三十二年闰四月止，自开及归并商井，总计正井通风水巷合共井口三百二十一只，矿界周围共长九十二里七一六五。无论矿局开挖与否，均应查明湖南奏定章程，大矿四至十里，小矿四至三里，无论何人之业，均不得另开窿口。其矿界外有煤之处，准民间自开烧煤，以供炊爨，不得图利售卖洋人。至猪头山等处，距机矿已远，煤质较次，而又不关机矿正脉之处，尚存民井十五口，开在机矿之先，仍留作民间炊爨之用。现在安源机矿，每日可出煤一千六七百吨，以限于外面运道，暂勿尽量采挖，每日以出煤一千一二百吨为限。但萍民数十万烟户，向皆恃土井零卖烧煤，以供炊爨。其距机矿远而煤质次者，准留民井开挖烧煤，永禁将井售卖洋人。若距机矿较近，有关正脉之处，民间所需烧煤，即由矿局各于扼要之处，酌留二井，派员经理。虽得价甚微，不无亏折，然由局自开，实足以杜纷纭而维完全之局。由总办萍乡煤矿局张观察赞宸，三十三年二月绘具地图一张，造送矿局井册及留准民开井册二本，禀经盛宫保咨送来江。奉抚宪瑞行局转饬萍乡县查照。

三月又奉行准咨开。据委办萍乡煤矿局林道志熙禀称：萍乡煤矿，迭经湖广、两江、江西各督抚宪奏奉谕旨，援照开平成案，禁止商民别立公司，多开小窿。并查照湖南奏定矿务章程，大矿用机器开采者，依脉四至十里；小矿用人力开采者，依脉四至三里，无论何人之业，均不得另开窿口。近闻有奸商聚议，意欲于萍矿禁境之内，违章开井，及私炼焦炭情事；又查得长沙现有冒用“萍煤公司”字样，并另有称萍乡煤矿商局者，禀请咨明查禁。等因行局。迅饬萍乡县再行严示申禁，毋任故违，致干重办。当经分移藩司巡道，并行袁州府转饬该县出示禁止，如有奸商私议开井炼焦，冒用萍煤牌号，即由该县拘案重办。迄今数月，尚无故违禁令私开窿口者。矿局之利，殆将驾开平而上之矣。

三十二年，湖北铁厂又派员来萍，试办刘公庙、龙骨冲、白茅等处锰矿，以供铁厂入炉炼铁时配用材料。其乡民集资自行开采者，均由该委员收买，不准转售他人。开采以后，尚无成效，亦系收买居多，并未照章抽税。查该县煤矿，原指专供铁厂炼铁制轨之需，但其运销湘、汉、皖、沪局厂者，实属不少。前于二十二年，由湖广督部堂张、督办铁路大臣盛，奏准免税五年，至二十七年期满；又经会奏，再展免税期限五年；去岁又复期满，复经奏请展限，由税务大臣核奏，再展五年。是以虽奉行准部章，抽收出井出口矿税，迭次咨商，皆未就绪，仅由税务总局统税分口，按箱略抽煤厘，每年不过万串左右。其锰矿一项，并厘金亦暂免抽，俟将来开采甚旺，或收买出货甚多，再请咨商盛宫保，饬照江西内地统税，准予核实值百抽五，以维税源。已由抚宪瑞咨明查照。迩来萍矿出货甚多，获利极厚，惟民间土法开采，万难集股仿办。其逐年官办民办情形，均详载于该县政事表内。

二十九年十二月，傅守锺麟折报：该县五金矿产，所在多有，惟煤矿为大宗。安源矿务局，于二十二年，由湖北汉阳铁政局拨款，购用机器开采，设炉烧炼焦炭，专供铁政局制造路轨之用，兼运油煤，所费资本，已数百万。每日出煤极多，销路尚滞。近来本地绅商所开油煤焦煤三十井，已归矿局收并，现已大半停挖，仅择扼要之处，酌开八井，挖售烧煤，以济居民炊爨所需。其东南路附近安源各处，陆续所开，未经矿局收并者，共二十有二井。其余尚有西北路各处小窿，开闭靡常，难悉其数。又大安里棚家坊矿山，出产金沙，上年曾有绅士文玉醴，禀请给照开采，迄未开办，有谓矿砂已尽，是以集股无成。又七宝山磺矿，曾经前县郭令会同省委查勘，禀准由该处绅民集股试开；惟因石墙深厚，开凿空费工力，尚未见矿，即已停办，先后耗费，已数千缗。又白竺青山下银矿，曾有人欺朦渔利，欲图集股开采，因系禁山，为众阻止，业经该县断令照旧封禁。访察该矿出铅，其浮面者，早被盗挖罄净，若再深开，非石即水，是以本地绅民不敢轻倡弛禁开采之议。

三十年八月，彭令继昆表称：安源矿务局，去秋收并绅办油焦三十井，先后仅开十数井，挖售烧煤，兼炼焦炭，春间运鄂焦炭油煤甚多，近则运数大减。其天滋山一带，由商民开挖者，尚有十一井，未经收并，概停炼焦。其续开煤窿十一井，亦均照常开挖。其上株岭有产铁矿山数处，前由六堂绅首集资陆续批买，用土法试采，冶成鉎铁，铸造农器，岁出不多，毫无进步；嗣由邑绅欧炳琳等，拟集巨股，用西法大举开采。禀奉抚宪批局，会同派办政事处核议，详奉抚宪批饬该县诣勘明确，再行详办等因。转行到县，奉经转饬欧绅检齐契据，绘图贴说，并报明集股数目，以凭诣勘禀复。虽据该绅禀呈图说，惟恐与安源矿务局所购地段毗连牵混，致生轇轕，已移请按图确查，未准移覆。前月经督办铁路盛大臣，派委英矿师李御，带同译员学生，前赴上株岭、白茅、龙骨冲、刘公市等处矿山，勘验铁矿。事竣回沪。近闻委员带样出洋化验，购办机炉，尚未回申，开办无期。

三十一年二月表称：安源煤矿局，近来机矿出煤稍稀。土法所挖各井，出煤尚旺，每日可出七八百吨。火车日开四次，每日约运五百吨上下。

五月表称：盛大臣委员勘察上株岭等处铁矿。近闻委员李郎中维格，带样出洋化验，业已购办机炉回华，因铁矿内含磷质，不及湖北大冶铁矿之佳，已委总办大冶铁矿，此处置之缓图。

七月表称：商民所挖二十二井，二月内停挖一井。其同盛一井，前月已顶归安源矿局收并管理。邑绅文玉醴禀办棚家坊金矿，已蒙给照，因集股无成，两年有余，并未来县具领，现已遵章批饬将印照申缴注销。又邑绅欧炳琳拟开上株岭铁矿，契约未据呈验，集股亦多不实。该绅并未禀复，刻下尚难开办。

十一月表称：安源矿局承修运煤铁路，已达湖南洙洲[1]地方。火车日开三次，运数较前加增。

三十二年三月表称：由矿局至洙洲，计程百九十里，二月间即日开四次，每次运煤十数箱至二十余箱不等。

四月表称：天滋山商民所挖各井，既因工食昂贵，又早停炼焦炭，销路极滞，难获利益。

五月表称：安源矿局原购白茅锰铁矿，经湖北铁厂总办李郎中，因厂内现炼马丁钢，其中须配用锰铁，镕化得宜，派钢铁所委员陶令德光，带同司事来县，并将附近之乌鸦塘一带矿山，批定试行开采。其余上株岭、刘公庙、龙骨冲等处铁矿，仍未开办。

八月，张令之锐表称：县属产煤最富，土人挖取，工本颇省。唯炼焦之炭，必须深井，需款颇巨。所有土井，多归安源矿局收并，每日约出一千余吨，火车每日约运八百余吨，积存焦炭甚多，因将土法所采各井大半停歇，以节縻费。

十月表称：刘公庙、龙骨冲、白茅等处，所出锰矿，湖北铁厂委员陶令德光，业已到县，局设湘东，当经出示晓谕保护。惟乡民间有集资自行开采者，亦经谕令送局收买，不准转售他人，以杜垄断居奇之弊。

十二月表称：乡民所采锰砂，为数甚巨，近有私售外人之事，以致矿局隐受其害。又铁路轨道两旁，八丈以内，照章

① 洙洲：即今湖南株洲市。《清史稿·地理志》长沙府湘潭县："黄茅巡司，乾隆二十六年置，后迁县东洙洲市，更名。"

不准开采，乡民无知，屡多违犯。均经随时传案，分别惩禁，现尚安谧。

三十三年二月，据该县统税分口委员张府经肇桂禀称：湖北铁厂派委陶令德光来县，在峡山口地方，盖造房屋数间，设局开采锰矿。已租白茅、乌鸦塘两处，招工七十余人试挖。其石分三等：色黝而有光者为上，暗者次之，再次则面带锈色。其附近一带所产者，系民间自行开挖，曾出价收买数十石，每石计重一百五十斤，给钱五百文，次者二三百文不等，现已停收。窃思锰石一项，惟湖北兴国州与萍邑产此。兴国开办有年，陶令叠称无税，并云"此系专供铁厂之用，非若煤炭供济厂用外，可销售他处。现拟于来月，由火车拖运出口，请援兴国成案，一律免税"等语。禀请核示前来。并据禀由税务总局，批饬会商陶令，照官运货物，一律完纳江西出口十分统税，或比照矿章锑砂一项，核实值百抽五。嗣由税务总局奉抚宪瑞行准盛宫保咨，请准援兴国采锰成案，一律免税等因。饬即酌核情形，议详咨复。旋由税务总局，核明所采锰石，既系自挖甚少，收买居多，井口税不肯承认。盛宫保此次文电，亦云"试办尚无成效"，证以萍乡分口张委员前次来禀"现已停收"之语，可见现在出锰无多，即使遵章完纳，谅亦益税无几。应请暂准援照兴国成案，免予完税放行。倘将来开采甚旺，或收买出货甚多，应请咨商盛宫保，厂中既不愿承认出井出口税，或即饬照江西内地统税，准予核实值百抽五。详奉批候咨商盛宫保查照饬遵见复在案。

万载县

农务

光绪二十九年十二月，据该府傅守锺麟派委查复折称：该县辖境，山多田少。西、南、北三面，溪涧纷歧，均有筒车，足资灌溉。东北土冈最多，时虞干旱。现闻该县张令，示谕乡民，趁此冬隙，开辟塘堰。其自东门外五里，至上高界附近，纵横数十余里；又锺家坊至小浒一带，纵约二十余里，横约十三里，尽属土冈浮沙，既不能蓄水，又无处引泉。从前栽种番薯、花生，地质亏薄；嗣后改种甘蔗，以熬红糖，质粗味薄，难以畅销。现经该县托人雇用赣州糖师来县，教以煎熬白糖，以求精美而广利源。县属民人，垦种甚勤，所产麻、竹尤多。出产以纸炮、夏布为大宗。惟窃害之风甚炽，凡距村庄稍远者，往往以照料难周，坐视荒废。现募巡丁二十名，派往乡间，日夜梭巡；复加派四人，密查巡丁有无违犯。偷窃戕害，此风顿息。栽种竹木，逐渐推广。该县拟设农业肄习会，考究种植，以开风气。已择定西门外观音庙，建立会所，欲提本署陋规，以作长年经费。因开办经费无着，迟迟未办。闻有易元孙、宋象乾等，侵吞公款，俟追出此项，即拨充农务公费。又谕各乡地保，查报荒地，限令业主于来春垦种，如其违限，即归农业会充公。其潭浦地方，有荒山一障，系黄商为钻之业，已赴县面禀，情愿捐归农业会垦种。办理农务，尚称认真。

是月，据该县张令之锐禀报：于西门城外西屏山寺，设立农业肄习会，专以讲求改良，开通智识。延聘会长，酌定办法。抄录章程，呈送本局批示。查阅章程，期望甚大，非纠合有志实业之人，全力赴之，难以有成。饬即会同绅商，上紧筹款，一俟会长到县，务望次第举办，切勿徒托空谈，是所翘企。并据禀奉前署抚宪夏，批饬迅即设局。一面访聘专门教习，认真讲求，务期实际。行局转饬遵照。仍将开局日期及办理情形，具报查考。

三十年三月申称：农业肄习会，已于二月初一日设局开办。原订会长永新县举人龙锺洢，因会试北上，未能即来，现由该县廪生辛观涛暂为代办。批饬查照章程，认真办理。

八月表称：民间于农事甚勤，荒田绝少。西北一带，山林亦极茂盛。惟村镇繁密处，每苦窃害，是办理禁会，实为当务之急。惟设有禁会者，究属无多，节经设法劝戒，凡于获贼送究、请给告示时，禁绝需索，各乡闻风，踊跃举办。七月以后，又报十余处。该县宗旨，以力行禁会、保护已有利源为入手办法，其次则讲求种麻。他如一切新法，归农业肄习会次第举行，逐渐推广。该县产竹，足充造纸原料。而种麻以织夏布者，不敷太多。前于农会试验场，按照滁州黄厚裕所著《种麻新法》，参以土宜，播植有效。现饬会员辛观涛，编为广义，一俟订定，即行呈送。

九月表称：筹办禁会，原为保护种植。本月饬传各乡禁会头目、耆老农夫，齐集农会。来者六十余人，款以酒食，亲诣会所，面加奖励。并将奉发《农报》，摘出浅近各条，人给一本，饬令辗转劝导，以开风气。

十月表称：开垦牧牛洲荒地一处，约三十余亩。农业会试验改良，艺麻六亩有余，抄刻方法，散布各乡；并添植茶树，成活三十五株。鲍绅承宣添植漆树，成活四十余株。其各处禁会，所报添植松、杉、竹木、桐、茶等项，成活一千二百余株。各乡陂堰筒车，向由乡间集会修理，刻下已经农会督催修理者，计有三十余处。农会自二月开办以来，逐渐联络各乡禁会，已有五十余处。查禁会之设，以禁止偷窃、砍伐为宗旨，是以农会亦注重此事，以保旧有之利。其推广树艺，必待明春种植时期，乃可实行。

十一月表称：三区碓侧暨潭浦两处，有荒地共二十一亩零，系彭、周两姓粮田，被水成荒，已经该业主自行垦复。本年力行禁会，盗窃之风顿息。现据农会调查报告，通县合算，较上三年最多年分，多收竹九万七千余株。各乡新联禁会，又十三起。本月增浚旧塘七处。

十二月表称：四区六都，有荒山一障，系张景云之业，已谕令垦种，不准荒废。本月增浚旧塘五处，新开三处，联合禁会十四处。复由会长辛观涛等散给传单，令各禁会购置树秧，限于来春一律栽种。并由该会长按照滁州《种麻新法》，于该会试验场，酌量试种，详加考验，加注按语，编为《广义》，刊发各乡。据该县抄录申送，当经批饬刊印千本，以广流传。至所称刮麻向倩宜春之人，工资昂贵，亟应遴选本邑聪颖子弟，用心学习，以免借材异地，借塞漏卮。

三十一年正月表称：六区五都，有荒地一片，现据业主李家兴禀报种麻，已将《种麻新法广义》发给，饬令如法种植。本月新联禁会五处。通县核计，已设禁会者，约居十之五六。

二月表称：据农业肄习会会长辛观涛查报，彭圆牙于果子窝地方新种樟、桐、枣树五百余株；辛元瑞于下涂泉新种樟、柞、松树六百余株；辛松友于上涂泉新种杉、樟、柏树二千余株；辛穞尧于布仔上地方新种松树一万余株；郭松和于响铃上地方新种柏树一千余株；龙明照于珠树潭珠树下龙岗学堂门首新种杉、茶八百余株，柏、柞六千余株，松二十一万七千余株，竹三十余株；西源庵僧人义崇于老庵场新种樟、杉、柞、栎等树四百余株。均由该县派人查勘属实。并由农业会延雇宜春二人到局，教以剥麻之法，派人学习，以挽利权。

三月表称：百合粉为县属著名佳品，惟所出无多，现经劝民广种，以裕利源。本月续联禁会六处。

四月表称：各乡种植树木，查悉陈鸡仔于上烟塘种松四百余株，高苟妹于珠树下种松一千余株，宋蠢妹于四都一图城塘下种柏四百余株，陈细苟于珠树下种松一千余株，朱洪标于蛇源坑老虎窝种柏一千余株，辛石保于老蛇源坑石案上种柏一千五百余株，老花轿会于老蛇源坑牛角窝种柏二千余株。均据农业会会长辛观涛等呈报。其所著《种麻新法广义》，已刊印一千本，分散各乡。

五月表称：据农会会长呈报，民人敖福牙于长窝里种茶、桐、竹一万余株，易四牙于斋公岭种松四万余株，聂连发于牛形岭、寨脑下两处种松二万余株，林祥牙于上屋场种松一千余株，朱庆元于岭下种松、杉、柏、柞一千余株，辛福兴于四都二图山背种杉、柏、松、樟一万余株，龙基功于三都一图泥口种松、柏六百余株。

六月表称：龙其伦于李家窝种松六百余株，阳兴桃于田北种松、柏一万余株，朱池牙于雷公塘种松、杉、樟、栎二万株，龙发科于黄田种松、柏、樟三千余株，龙言苟于石灰窑种松一万余株，邓龙正于黄田种松一万余株，小浒彭大祠于二十一都四图种松四万株，彭熙庆于蛇形岭种松、杉、杂树六万株，宋恩仁于大嵝里种松、杉四万余株；均由农业会会长辛观涛等查明呈报。

七月表称：本月续据农业会报称，花轿会于蛇源坑种柏二千余株；辛炳耀于田西坑种柏、樟、栎一千余株；辛安儒于四都二图马步地方种杉、茶、柏九百株；辛吉梅于白茅坑，旧种枫、柯、松、柏二千余株，成活一千八百余株，新栽松树一万二千余株。

八月表称：续据农业会呈报，龙林祥于花塘种松一千余株；敖福牙于长窝里种茶六千余株、桐一千余株、竹百余株；易四牙于斋公岭种松四万余株；聂连发于岐牛岭种松一万三千株，于寨下种松八千余株；朱庆元于湖坑里种柞一千余株、杉二百株；辛福兴于白杨坞种杉一百余株、柏六百余株、樟三百株、松一万余株；龙基功于泥口种松五百余株、柏二百余株；龙彩成于老石壁种松六百余株；龙其伦于李家窝种松六百余株。

九月表称：农业会呈报各乡种植情形，蟹形背宋姓祠，种松五万株，杉、桐四千株，茶二千株；翟家湾卓相兴种松五万余株；镰石垇徐贵明种松七千余株。县属向无棉花，前令农会试验场，试种地二分许，本月收得净花十八九斤，是其土性甚宜。乡人来观者，皆欲明年仿种。已嘱农会会长，将《农学报》所载种棉法则，参酌试验情形，另订简章，刊刷分布，俾资仿效。

十月表称：据农会呈报，火天垇谢有庆种松五万株，大岭下陈贵亮种茶三百株，涂家坑龙细胥种松秧八万株，黄茅张居仁种茶三百余株、松二千株。唯今岁春初种植树木，必须历冬，方能验其成活。已饬令农会会长辛观涛，分赴各乡，点验成活株数，俟查验毕后，再开清折汇报。

三十二年正月表称：本月望前，乘封印之期，亲谊[①]各乡，查看种植各树，成活约有八成。随带大小银牌，分别酌给，以示鼓励而昭奖劝。

二月表称：上年按月陈报各处种植树木。现据辛观涛赴乡查勘，阅时两月之久，始行查毕呈报，成活均有八成，地皆民业，并无官荒。

三月，该县详称：据职员龙明照禀，自设立农务专局，捐廉办理，不取丝毫规费，劝导种植，维持保护；职等闻风兴起，四路搜购树秧，陆续于已业荒山，种植松秧、樟、柞、柏、竹二十二万四千五百余株，幸蒙保护，得以成活，禀请立案保护等情。并据会长辛观涛，查明属实，具报到县。伏查邑自兵燹以后，农业极形衰败，如该职员不惜工本，讲求树艺，种植树木，至二十二万有奇，实属不可多得，详请破格给奖，以励实业。再该会长辛观涛，任劳任怨，办事实心，亦请酌予奖励。并开具清折，胪列乡民姓氏、种植地名、树木株数，呈送前来。当经本局以该职员所种树株，恐难悉数成活，且有荒土二十余亩未垦，应俟垦种无遗，派员覆勘后，再行详请给奖。至会长辛观涛，应自入局之日起，扣足三年，出考请奖，以昭核实而免冒滥。批饬传谕遵照在案。

四月，贺令昌祺表称：近日晴少雨多，山水陡发，濒临溪涧田亩，早禾多被淹浸。现经督饬农夫，设法疏消，其有浸损田禾，饬令及时补种。察看情形，尚无妨碍。各处种植树木，均已长发，示谕绅首，劝民妥为培壅，勿许纵畜践害，致伤生机。

① 据文意，“谊”当为“诣”。

闰四月表称：职员龙明照等，所种树株，颇为畅茂。各处乡约甚严，尚无纵畜戕害、偷窃砍伐情事。县属出产夏布，而麻须购自外处，是以夏布利息甚微。督同农会局绅，分谕各乡业户，多种麻兜，以浚利源。

五月表称：县属地处山陬，溪河一带，各乡田禾，全赖山溜灌荫。初旬以后，缺雨滋培，早禾正在扬穗之际，渐形黄萎，幸于下旬，大霈甘霖。刻下次第刈获，收成尚称中稔。

六月表称：各乡所种晚禾，现已一律长发。惟山多田少，产米不广，向以番薯、山药为杂粮大宗。前经示谕乡民，广为布种，以免明春庚癸[1]频呼。

七月表称：濒临溪河田亩，向筑陂坝以资灌溉。杨桐老陂，坐落廖巷地方，废弃已久，附近农田多遭旱荒。现由业户曹姓人等，筹费禀请修复。当经谕饬局绅，前往协力修筑，一面仍亲诣督工，以期早日告竣。

八月表称：近日雨旸时若，晚稻渐次黄熟。惟一经收割以后，向不播种杂粮。现经督同农务局绅，谕令农业人等，均须布种荞麦、蚕豆以及各种蔬菜，严立赏罚，以示劝惩。

九月表称：据局绅禀称，各乡已有布种杂粮、蔬菜者。

十月表称：田间水圳沟道，示谕佃业各户，趁此农隙之时，一律疏浚，以免来岁春雨潴蓄为患。

十一月表称：各乡未垦荒地，兹乘查办清乡之便，督饬业主，逐一清查，设法开垦，开春即购树秧，广为种植。一面仍由农务局绅，查有坍塌陂圳，转饬就地农民，照章集费修筑。

---

① 庚癸：古代军中隐语。谓告贷粮食。后称向人告贷为"庚癸之呼"，又称同意告贷为"庚癸诺"。

十二月表称：各处所报种植树木，现经逐一履勘，均多成活，随即分别酌给银牌，以示鼓励。至滨临溪河一带陂垱，均由就地农民照章派费，修筑完固，足资捍卫。

三十三年正月表称：日前赴乡勘案，道经九子石地方，见其紧靠溪河，所筑捍水陂垱，现被山水冲击，间有单薄洗刷之处。比即谕令绅耆，督饬农民，赶紧修补，勒限告竣。又面谕农务局绅辛观涛，函催各区绅董，速购树秧，广为栽种；仍将已种株数，汇折禀报。

二月表称：现据农务局绅辛观涛禀称，县属各乡隙地，业经督率各乡农民人等，购买各种秧株，广为种植，均多成活；其前、旧两年所种杉、松、樟、柏等树，亦皆畅茂；报请诣勘等情。当经分诣各乡，勘明新旧所种树株，委多成活畅茂，比即谆谕种植之户，加意保护。一面谕令辛绅，分别官荒民荒，以及成活株数，开具清折呈县，以凭核明转报。查辛绅充当农务会长，迄今已逾三载，提倡农务，不无微劳，拟即专案详请奖励。当经批饬俟具详到局，再行核夺在案。

四月表称：县属多山，田易受旱，现经督饬农民，多开塘堰，以资灌荫。其滨临溪河一带田地，向系筑陂堵水，架枧渡荫，谕派辛绅前往查勘，如有损坏枧架，饬令赶紧修葺。兹据查复，各处引水枧架，均已督饬修完，并无损坏之处。刻下大雨时行，早禾得沾润泽，一律青葱，可望丰收。本年各乡所种树木，查勘亦多成活，数年以后，材木将不可胜用矣。

工务

光绪二十九年十月，张令之锐禀称：理财为立国之本，而工商又为生财之源。各处农工商局之设，多因经费支绌，合并筹办。窃查工商同在市井，归于一局，尚不捍格。兹拟于城内先设工商社会公局，就原有出产大宗，如夏布、纸张、爆竹等项，逐渐改良，扩充精进。开具章程大纲六条，细目二十有二，呈送查核。并据禀奉前署抚宪夏，批饬督率局董，认真讲求，以期进步。转饬遵照在案。

三十年八月表称：该县前拟集股设立工艺院，一月以来，附股寥寥。前据宋体乾缴到领存善后堂公项七百串，本拟拨充农业肄习会费用，惟此事需费甚急，拟即移作工艺院经费，庶可一面兴办，一面集股，以期迅速而免久延。当经批饬将创建工艺院工价，先行估计，妥议章程，克期开办。

九月表称：购基建造工艺院，刻难筹此巨款。查有宾兴堂房屋颇宽，堪以改造，费省工倍，拟即雇匠兴工。一面催绅集股，以期迅速观成。

十月表称：本地所织夏布，现拟改良提花。已函托浙友雇订工匠，尚未到县。兹拟择其简易可行者，先为试办。如旧出绣货，花色甚劣，只缘绣匠未谙画理，不识煊染烘托之法，是以所绣山水人物，不能唯妙唯肖；若用善画者先为摹本，再令绣工绣之，教以画法意趣，必能逐渐改良，且工本无多，不难猝办。前次议借宾兴堂开办工艺所，即附绣工于其中。现以房少墙低，不便安置罪犯，今改设于县署头门内。其罪犯窃贼，学作粗工之地，名曰罪犯习艺所。其图画绣工，并拟添入雕刻一项，另行择地设立，名曰美术工艺所。

十一月表称：罪犯习艺所，修整房屋，业已完工。其美术工艺所，择定文昌宫内房屋，现正修理，工师尚未聘到，明春当可开办。并以工匠类皆愚拙，算学、物理，全不了解，何能自创新法？拟俟美术工艺所成立后，附设半日学堂，专择少年工匠，令其略习粗浅算学、物理。

三十一年二月表称：习艺所内，现习草帽、草鞋、竹篮、竹箕等器。又本地向熬红糖，现已雇到制糖工师，令其分赴各店，改制白糖，俟有成效，再议扩充。

五月表称：美术工艺所于本月十九日开办，借设财神庙内，专制雕刻、图画、刺绣等类，延朱绅光斗经理其事。

七月表称：习艺所现有人犯十二名，学习编草鞋、做爆竹、插引线、织发网、绞绳索等项。美术工艺所现招曾凤仪充画工教习。另有绣工二名、雕刻匠二名、徒弟五名。一俟雕、绣各物制就，即当呈送陈列。

八月表称：美术工艺所内，制就绣屏一幅、雕盒一对、植物图一张，另文呈送陈列所。

九月表称：美术工艺所，增添木器一门，仿制西式桌椅。现又制成绣花帐檐一幅，另文呈送。当经本局以所制各项，尚觉精致可观，批饬认真经理，勿得始勤终怠。

三十二年四月，贺令昌祺表称：美术工艺所，制度太小，现拟扩充经费，另行改良。

六月表称：罪犯习艺、美术工艺两所，均嫌制度过小，所习艺业，又无甚利益。现拟裁撤美术工艺所，另行购造罪犯习艺所，并添置机器用具，将管押人犯以及流氓一概收入，雇募高手工匠，教习织造夏布等事。俟筹有成数，即专案禀办。

九月表称：现拟于县署仓房背后基地内，建造房屋，从新设立罪犯习艺所。昨已亲诣勘丈，传匠估工。俟筹有款项，即择期开办。

三十三年正月表称：改建习艺所，现在筹有工费数百串，拟即定期兴工建造。一俟造就，即当妥议章程，专案禀报。

四月表称:改造习艺所，于二月初旬兴工，刻已全工告竣。现正另筹开办经费，及雇募工师教习。并拟议章程，先行专案禀报。

商务

光绪二十八年十二月，据该县洪令汝濂申称：该县出产货物，以夏布为大宗，其阔幅者每年约出一万卷上下，狭幅者每年约出五六千卷，行销江浙等省。又出产爆竹，男妇大小，均借此以资工作。计有大小二种，出在城内及株、潭等处。大爆竹每年约出一万余篓，又分多寡以定价值，其值八九元者，行销浙江等省；其值五六元者，行销本省，间亦运往他省出售。又荆边小爆竹，分装大小两箱，大箱一万有余，每箱值约十六七缗;小箱仅五六千，每箱值约八九元，行销本省及广东、福建等处。各乡村所制爆竹引线，每年约有二千余箱，每箱值钱十三四缗，行销广东等省。又出产表芯纸，每年约出十万余石，每石约值洋三四元，芜湖、南京、上海等处皆能行销。县属向产茶油，昔有商贩运销出外，近年以来，茶树凋谢，出油日少，尚不敷本地之用。已由该县示谕各乡绅耆，督率族内子弟，将原有茶树勤加培壅补种，以期规复旧有之利。

二十九年十月，据张令之锐禀报：拟于城内先设工商社会公局，将原有出产改良制造，以裕生计而增税课。

三十年八月表称：县属商情涣散，良由风气未开。前经筹设工商社会，妥议章程，慎选董事，以期联络商情，振兴实业。上月因市面行用钱票，时有倒骗情事，思欲整顿挽救，必须先取连环互保。刻下已取有保结共利、生福等钱店二十九家，榜示街衢，准其行用。凡无保结之店，限令半年将旧票收回，以期维持商业。

九月表称：市面银钱价值，高低互异，朝夕不同，平色更觉参差，皆由市侩垄断。现经设立钱业公所，附于工商社会，传集店商，饬令五日一赴公所，会议价值，由公所悬牌通知，务须通城一律，不准任意轩轾①，以昭公平。

十二月表称：市面行用花票最滥，年终倒闭者甚多。自筹设工商社会公局以后，限制不准浮出，查验资本，互相联络，今年倒闭仅有三家。仍当督饬公局，切实维持，以保商务。

矿务

光绪三十年九月，张令之锐表称：距城百余里，有矿产铁，其质尚佳，惟与湖南浏阳毗连，向止附近居民挖取，以制用器。现已督绅妥筹股本，尚未集有成数。又城南二十里，与宜春交界之虎坳，有矿似铜非铜，间有与自然铜相类者。又离城三十余里之丰顶山，又名金银山，相传旧产金银，矿质又颇类铅，因无矿师，未能辨别。

十月表称：县属产煤，皆系乡民开井挖取。有井三十余口，开闭靡常，获利有限。

三十一年五月表称：县属煤矿，前于二十八年，由洪令汝濂查报，奉发印照二十四张，均经陆续闭歇缴回。前次所勘铁山铁矿，查悉昔曾开采，亏本停止，现虽督绅招股，并无愿附股者。

三十二年九月，贺令昌祺表称：境内煤矿甚多，计有三十余井。昨奉两江矿政调查局，札派委员、矿师，查勘到县。

① 轩轾：车前高后低叫轩，前低后高叫轾，借指高低优劣。

当经会同前往虎形塘、峰顶山等处，勘明所产铁硫晶矿，苗脉均不甚旺，道路又复崎岖，体察情形，不宜开采。此外如有可开之矿，仍即督饬绅商，集股开采，专案禀报。

该县花爆铺户最多，需用硝磺甚巨。前经本局访闻，该县有私设硝栈三家，饬县封闭。嗣据该县贺令昌祺禀称，体察情形，一时骤难封闭，可否姑准从缓？该硝栈公和、泰和、公盛三家，情愿将分送各营署规费一千余串，缴出充公，由县截留一半，拨充警察经费。应解本局每年五百五十串，分季批解，以济公用。等情前来。当经批准暂行照办。应即仿照抚州设立官局成案，官督商办，由本局发给护照，领赴产地收买，照章抽税，折银批解。未据具复，现正提议改归官办。已派员分往各属，访查情形，再行核办。

【赣州府】

商务

光绪二十九年十一月，据署赣州府知府徐守元霖，详准在城内乡祠设立保商局，拟定办法十三条，设正、副总董各一人，以职商邹友海、刘佐尧委充。另设帮董六人，请委赣县为总办。以抽收铺捐，酌拨三成，作局中一切经费。当经批准立案，并饬接任查守恩绥，督同印委商董，勤慎经理。

赣 县[①]

农务

光绪三十年二月，据查守恩绥折称：城内设有普德农利公司，办有成效。胡代令上襄所开桑园，已种桑秧。

八月，张令学培报称，捐廉雇募工人，照料桑园树木。

三十一年三月表称：塘堰堤岸，均尚完固。

四月表称：近城旧有、新种各树，约计万株，以茶树、杉木出息为最优。所种樟树，设樟脑公司，亦获其利。

是年，据林祖炘造送政事总表报称：该县张令学培，于光绪三十年，开垦东门城外天竺山官荒二十余亩，现据业户报种芝麻、黄豆、靛青、番薯、山芋等物。又饬谕绅士邱懋森，垦复西北城下射箭坪荒地十余亩，栽种树木、杂粮。

三十二年二月，张令表称：奉发草本桐子，已散给乡民，于河堤试种。

工务

光绪三十年十一月，张令学培表称：同济织布公司，织出布匹，颇为精密。又该前县张令之锐设立工艺院，前略已志。自设立后，经张令学培筹集股本一千六百余元，并拨借公款及

① 赣县：今江西省赣州市赣县区。

罚款共三千余元，收养乞丐、穿窬、流氓、游惰等类，分门教授学业。置备织机二十架，分别织布、织带、织毛巾等项。并造白铜烟袋、牛皮衣箱，及碾米等事。

三十一年十二月，张令表称：所出各物，日见精美，售价甚廉，销路畅旺。

三十二年六月表称：毛巾一项，色光绒厚，堪经久用。

是年，据关守榕祚造送总表报称：常年存款，约计毫洋五千一百余元。

三十三年，仍旧工作。

商务

试用知县林品珊等集股在该县设厂熬脑，禀准立案。已志前略。查该厂名曰益华樟脑公司，时开时停。本年三月，据该公司禀称，自三十年三月二十二日开办起，至三十二年十二月底止，共出樟脑二万五千六百五十斤，陆续售得价洋二万三千一百三十余元，呈缴报效二百一十千文。

矿务

光绪三十年十一月，张令学培表称：章水乡有石灰山煤矿一处，现经绅董招股试办，尚无端倪。又该县陇下地方铜矿，前经礼部主事刘绅景熙，禀设华宝公司，给照开办。后虽稍见成效，奈获铜无多，用费浩繁，早已停工。迭经派令日本、德国、奥国矿师及广东矿学生往勘，并将矿石化炼，皆云苗脉丰厚，铜质精良。本年由宁、赣两省，各认拨银二十万两，业已奏明开办。由督宪端、抚宪瑞，会委矿师池倅贞铨，于长排岭开采。其刘绅所开之矿山、房屋、器具，均归并接收。现已挖出矿质二万余吨，尚未化炼。

雩都县①

农务

光绪三十年二月，据查守恩绥折称：许令金策、廖令恩光任内，以该县土性宜麻，刊刻栽麻各书，发给绅民，依法布种。城乡内外，有荒地十余处，劝令多种松、竹。出产则以纸、糖为大宗。

八月，刘代令敬山表称：劝种苎麻以后，民间种植甚多。所种松、竹，亦均畅茂。

三十一年二月，张令承祖表称：廪生邱钰等开垦西门外校场坪公地一处，计西北宽三十一丈五尺、长四十一丈五尺，东南宽一十八丈五尺、长六十丈，种植棉花一千余株，现已成活六百余株。旋于七月，绘图造册，禀请俟十年后，再行完租。当经批饬妥议年限，核定租资，申覆核夺在案。

八月表称：万寿宫基址一块，已由军犯尹群等，种植苎麻四百余株，成活九成以上。

十月表称：邱绅所领校场坪公地，种棉不甚相宜，已在兴国定购茶梓树秧，俟来春试种。

三十二年正月表称：奉发草本桐子，发交邱绅，于校场坪及福田寺园内试种。

① 雩都县：1957 年改为于都县。

六月，高令洵表称：前垦校场坪公地一区，因廪生邱钰考送三江师范学堂，此地归生员罗藻云等管理，种植松秧一千余株，约计成活八成；又种草本桐子，成活三株，均已结子。尚有隙地，谕令随时添种松秧。

三十三年二月，黄令金銮表称：城内隙地甚多，均系屋基，中多瓦砾，种麻尚为相宜。已谕各业户，一律种麻。

三月表称：所种苎麻，业已长发。

工务

光绪三十一年二月，张令承祖表称：民间工艺，以造纸、熬糖为大宗。

四月表称：城乡多种苎麻，向俱搓作钱串，现谕绅民仿织夏布。

五月表称：北乡青塘一带，已有仿织夏布者。

十二月，据张令禀报：倡捐洋四十元，并集股洋四百余元，在城内暂租民房，设立工艺院，于本月初一日开办，举绅士宋克鸿总理其事。并据录呈章程，禀奉前抚宪胡，批饬会绅妥为经理。并将罪犯习艺所，陆续举办。但因经费不充，只率工徒学习裁衣、舂米两事。

三十二年三月表称：已在赣郡买到织布土机两具，雇匠教习组织大布，每尺工本只合市价四分之三，为民间必需之物。议再添机织造，以期推行尽利。

五月，高代令洵表称：工艺院仅集有四十余股，以致入不敷出。

六月表称：现在添集股本，拟加别项工业。

十二月表称：谕饬院董，添作织履、搓绳等事。

商务

光绪三十三年四月，黄令金銮表称：该县出产，惟表芯纸一项最多，向有客商运赴汉口一带售卖。

矿务

光绪三十一年二月，张令承祖表称：各乡均出煤炭，间有贫民挖取，在本地肩挑售卖，并无绅富集资开采。当经批饬劝绅集资，遵照前发矿务章程办理在案。

信丰县

农务

光绪三十年二月，据查守恩绥折称：魏令硕辅前报垦种萝卜之花园坊荒地，系采芹会公业，距河太近，非作堤难以成田。其太平坊左右荒地，向令步瀛饬绅垦种。

五月，据该县向令步瀛禀称：就署内设一农工商务局，议定简明章程八条，札委典史杜观保为会办。谕饬绅士邱世濬、曾杰、陈荣镇为绅董，于是年正月十九日设局，举办开垦种植等事。并据禀奉前署抚宪夏，批饬督绅认真经理，以拓利源而收实效在案。

九月表称：西乡厚塘堡天军庵荒洲，约计四百余亩，据邹绅友涛面禀，系刘、张、陈三姓之业，向种杂粮，被水荒废。当经饬速开垦，并饬三姓房长，各按界址分垦。现已开垦过半，下月可以垦毕。该县向分军田民田两则，军田多腴，而粮重则多荒；民田多瘠，尚少荒芜。现拟宽其既往，不追旧欠，责令开垦后，限年完租等情。当经批饬清查实数，妥筹办法，通禀核办。

十月表称：自设立农工商务局以来，先后开垦十里堡青埠大坝荒地一段、大塘堡乌石埠荒田一处、厚塘堡天军庙荒地一处、花园坊荒地一处、七里渡荒地一处，共计一千余亩。又经批饬分别官荒民荒，造册禀报；一面择宜购种，预备明春种植。

十一月表称：履勘小河堡水西坝荒田一处、安息下堡柜头村荒田一处、青湖堡老君背荒田一处，约共七百余石[①]；又桃枝堡马路甲荒洲一片，庙前里荒洲一片，温家坝、莲塘坝、厚塘堡、鸡公坝各荒洲一片，约共三千余石。均系民业。已就地方情形，给谕分别开垦。其水西坝地势近河，堤久倾圮，谕饬王昌宾、萧先柄等，赶速开工。

十二月表称：局内所购茶、桐、棉花、乌柏、小蓝、茶叶各种子，均已运回，示谕农民领种。其水西坝堤工，明年正月可以蒇事。

复据该令专案禀报：勘定十里、新田、小坑、长冈、星村等堡荒废军田，拟章招垦。其十里堡荒田，一上甲村横坑子军荒一段，计一十六亩六分；一谷公坑军荒一段，计二十八亩一分；一老鼠坑军荒一段，计四十二亩一分；一庵前军荒一段，计一十四亩；一垇子上军荒一段，计三十九亩三分；一塔子坑军荒一段，计五亩六分。以上十里堡军荒，计田一百四十五亩七分，大都逼近山麓，全赖天时；拟定作为下则，予限三年成熟后，每亩科银二钱二分，计科屯余银三十二两零五分四厘。其新田堡荒田，一中路口三条坑军荒一段，计二十三亩七分；一大江围花坑军荒一段，计二十九亩七分；一石桥孜下背岭军荒一段，计四十四亩五分；一河孜坑墟背军荒一段，计二十九亩七分；一白石坑军荒一段，计二十九亩七分。以上中路口三条坑等处军荒，计田一百五十七亩三分，大都皆近沟河，可以戽荫；拟定作为中则，予限三年成熟后，每亩科银三钱三分，

① 石：方言。计算农田亩分的单位。其具体数量各地不一，有以十亩为一石的，也有以一亩为一石的。

计科屯余银五十一两九钱零九厘。一道官坝军荒一段，计田三十九亩三分；一铁路下军荒一段，计一十六亩八分；一麒麟下军荒一段，计二十八亩一分；一盘古坑军荒一段，计四十二亩一分；一牌高军荒一段，计一十九亩六分；一岭孜坑军荒一段，计四十二亩一分；一铁路下花坝军荒一段，计一十六亩八分；一官仓靠墟背军荒一段，计二十二亩五分；一狮岸岭军荒一段，计五十六亩二分；一笠坑军荒一段，计十六亩八分；一雷台石大坑军荒一段，计一十一亩二分；一禾上坑军荒一段，计五亩六分；一桥坑军荒一段，计五亩六分；一对门坑军荒一段，计八亩五分；一官背杉树军荒一段，计二十八亩一分；一不头墟军荒一段，计一十六亩八分。以上道官坝等处军荒，计田三百七十六亩一分，拟定作为下则，予限三年成熟后，每亩科银二钱二分，计科屯余银八十二两七钱四分二厘。其小坑堡荒田，一老巩塘军荒一段，计八亩五分；一松山背倒头山军荒一段,计九亩四分零;一上坑塘背军荒一段,计一十二亩五分零;一石鼓坑军荒一段，计三十一亩二分零；一黄坑军荒一段，计九十三亩六分零；一枫坑军荒一段，计三十一亩二分零；一大垄坑军荒一段，计八亩五分；一枫坑庵上军荒一段，计三十一亩二分零；一茶叶坑军荒一段，计三十一亩二分零；一西坑迳军荒一段，计一十二亩五分零；一牛皮坑茶叶坑军荒一段，计二十八亩一分；一黄田坑军荒一段，计二十八亩一分；一冷泥坑长坑里军荒一段，计六亩二分零；一南坑接连侧眼坑军荒一段，计二亩八分；一侧眼坑军荒一段，计五亩六分；一陈坑军荒一段，计一十五亩六分零；一黄峰堓军荒一段，计九亩四分零；一南山庵军荒一段，计一十五亩六分零；一早禾坑军荒一段，计一十八亩七分零;一冷水坑军荒一段，计三亩一分零。

以上小坑堡军荒，计田四百零三亩零，拟定作为下则，予限三年成熟后，每亩科银二钱二分，计科屯余银八十八两六钱六分。其长冈堡荒田，一桥仔头屋背军荒二段，计二亩五分；一铁匠坑军荒一段，计一亩七分；一下长冈塘墈上军荒一段，计四亩二分；一王公桥上军荒一段，计一亩一分；一王公桥下军荒一段，计一十一亩三分；一王母桥军荒一段，计八亩五分。以上长冈堡军荒，计田二十九亩三分，拟定作为下则，予限三年成熟后，每亩科银二钱二分，计科屯余银六两四钱四分六厘。其星村堡荒田，一莲洞坑军荒一段，计四十一亩五分；一老屋场军荒一段，计一十一亩二分；一上寨背接连大湾湾子马屋军荒一段，计六亩八分；一石仔坑军荒一段，计六亩七分；一大江坑接连小江坑军荒一段，计五亩七分。以上莲洞坑等处军荒，计田七十一亩九分，大都逼近溪河，无虞干旱；拟定作为中则，予限三年成熟后，每亩科银三钱三分，计科屯余银二十三两七钱二分七厘。一豆付坑军荒一段，计一十四亩一分；一豆付坑口军荒一段，计八亩五分；一豆豉坑接连黄泥坑龙内军荒一段，计七亩三分；一长山军荒一段，计一十四亩一分；一中塘坑军荒一段，计八亩五分。以上豆付坑等处军荒，计田五十二亩五分，拟定作为下则，予限三年成熟后，每亩科银二钱二分，计科屯余银一十一两五钱五分。统计十里、新田、小坑、长冈、星村五堡军荒，共田一千二百三十五亩八分，予限三年成熟后，各按科则，计完屯余银二百九十七两零八分八厘。惟此次勘丈，系就荒处统丈，其中石埂河堆，将来开成之后，不无略有增减。现已出示招垦，应俟承垦之后，重行丈量。禀请立案。其小江、大塘等堡荒芜军田，续行查勘禀报。并据禀奉前护抚周，批饬藩司粮道暨本局，核明详覆。当经会同详覆，以所拟招垦科则年限，核与赋役全书定章相符，应准照办。并照本局垦荒章程，俟该县承垦之后，委员会同覆勘丈量，再行绘图贴说，取具并无捏熟为荒印甘各结，造册通禀立案。详奉前抚宪胡，批饬转行遵办。

三十一年正月表称：履勘小江堡协和墟塅下荒田一处，约二十余石；下石坪荒田一处，约六十余石；沟背荒田一处，约三十余石；枫山埂荒田一处，约三十余石；鹧鸪坑荒田一处，约二十余石，皆系军田，现经出示招垦。又县境滨河地方，向因被水，至尽荒废；查得薄荷一种，不畏水浸，可以熬油销售广东；已饬生员张赓篁赴赣购种，运回种植。小河堡水西坝堤工已竣，下游一带荒田一千余石，悉可开垦。

二月表称：招垦荒废军田一节，承认者尚属寥寥，缘军田租额既重，向系折收制钱，近因制钱缺少，完纳不便，是以观望不前。现拟略为变通，改收毫洋，既免书差抑勒，垦户必当踊跃。已通禀乞示矣。

三月表称：花园坊南山岭荒山一嶂，纵横约半里；又沙洲义河口荒地二处，约五六十亩，现经绅士黄栋材等，集资垦种茶子、桐子两项。太平坊马厂附近荒地一段，约一百余亩，现由绅士赖志超等，垦种小蓝、棉花、瓜豆等项。大塘堡生员曾兆鳌就村内荒地种植枣树二千余株。

四月表称：桐木堡安乐亭，有民荒田三千余石。因骑马河农民于其上游筑陂车水，灌荫之田不过百亩上下，而水力不能刷沙，以致淤塞者，将近千亩。据绅士张赓篁指称，若能将陂拆去一半，则水可刷沙，荒田可以尽垦，安乐亭居民愿送田百亩与骑马河农民。当以事属两利，似可准行，谕饬堡绅邀集两造，妥议禀报，再饬开垦，以免争竞。

六月表称：上年所勘十里堡、横坑子、谷公坑、圳子上等处军田，现据监生郭道生，邀集乡民，呈请认开。但其人少田多，不能逐处全开，恐滋影射，当经饬令逐段全开，以便丈量造报升科。

七月表称：所勘军荒，报垦者仍属寥寥。当经批饬会商绅董，就地筹款，招佃垦复；并将安乐亭民荒，妥议办法，禀报开垦，勿任荒芜。

八月表称：已谕绅士邱世濬、张赓篁、曾杰，分往四乡，劝导开垦种植。加派生员林文荣为局绅。并据禀称，典史杜观保帮办农工商务局事宜，任劳任怨，不遗余力；请酌委调署优缺一次，以示鼓励。禀奉前抚宪胡批准，饬司注册，转行饬知。

十一月，林令志埏表称：该县向产萝卜，今以盐斤加价，腌制萝卜条一种，遂难畅销。向种萝卜者，现多改种蔬菜。

三十二年三月表称：该县向产红瓜子，现仍畅销。

九月，陈令奎龄表称：该县山多田少，土产只稻谷、竹木、茶梓、蔗、薯、萝卜等物，棉、麻犹缺种植。现饬局绅曾杰等，筹资购买棉、麻、果木种子，劝民领种。

十月表称：各乡官荒民荒田地，拟派绅耆清查，勒限招人承垦，宽假年限，缓定升科。当经批准照办。

十一月表称：捐廉百元，派人赴彭泽、德化、德安一带，觅购棉、麻种子。

十二月表称：已购回德化、德安麻兜二十担，彭泽棉子二千斤，饬各堡绅士领回栽种，不取分文。

是年，据关守榕祚造送政事总表报称：该县试验场，在东门外南乡局公地，三十年栽种小蓝、柏树；三十二年，购买棉子、麻兜，次年春间试种。

三十三年三月，陈令表称：据局绅禀称，已种松、杉、茶、梅各秧或二三千株，或七八百株，请严禁人畜践害偷窃，每一株罚钱百文，百株以上送案究办。当即撰发告示。并由局绅王志远等，购到木棉、龙眼、荔枝各种子，散给各乡试种。

四月表称：督饬局绅，劝谕绅富，集股设立开荒公司，妥议本息章程，以为开垦资本；一面查明荒地，禀候勘办。

工务

光绪三十年九月，向令步瀛禀报：集股设立劝工局一所，仿照郡城同济公司办法。用人力织布机六张，毛巾、高丽巾各机一张，织造毛巾、东洋线布、土布等项。民间工艺，向惟熬糖、造纸两项。小江、内江、江口等堡，均有纸厂，造火纸、钱纸两种。

十月，局内又添机十二张。

三十一年二月表称：局内亏折成本，即以嘉定桥租余款三百余元，拨用弥补。

是年九月，向令交卸，经各股绅商核算工艺局进出款目，亏本洋五百元，禀请停办。

三十二年十一月，陈令奎龄捐廉督绅，复行开办，所出货物，行销颇畅。

十二月表称：作纸礶[①]户蔡荣昌等，均拟筹集资本，先制改造白纸器具，再雇福建延平纸匠，改良造纸。

三十三年二月表称：添置纺纱机四张，责令游民及轻罪人犯纺纱，并搓草绳，以免偷惰。

---

① 礶，疑作“槽”。“礶”，指采矿的坑道。清唐炯等《续云南通志稿·食货志·矿务》引《矿厂图略》：“穴山而入谓之礶，亦谓之硐，浅者以丈计，深者以里计。”

矿务

光绪三十年十月，据向令步瀛表称：南乡铁石堡，有煤洞二十余处，矿浅煤薄，此竭彼开。

三十一年二月禀称：职员曾杰等，拟在安息堡地方，淘取铁砂，设炉镕化。议定招集股本三千元，三年完纳税银一百两。

十一月，林令志埏表称：安息堡铁矿、铁石堡煤矿，均以土法开采，所出不多。小江堡新开煤矿一处，每日所出，足敷工食；次年四月，被水冲废。

三十三年四月，据陈令奎龄禀称：职员黄作梅亦拟在安息下堡，开炉一座，买砂镕铁，兼铸器皿。遵章纳税，试办三年，共纳税银一百两。一俟试办期满，再请填给印照，以符定例。

兴国县

农务

光绪三十年二月，查守恩绥折称：该县农工商务局，已经孙令启瑞，于上年六月，在奉裁都司署内设立。会同绅士陈濬书等，筹办垦荒事宜。

八月，该县欧阳保福表称：县属花生、茶油，出产最多。桐、柏均可榨油，樟可熬脑，已示谕乡民，及时布种。

九月表称：县素产竹，制造贡川、连泗[①]、竹纸三项。贡川仅敷本地销售，连泗则销售广东兴宁及赣郡庐陵。惟原料不充，出货无多，劝民多种毛竹，以充造纸原料。并谕纸工提取洁净，用畅行销。县内不产棉、麻，并劝多种，纺织棉、夏各布。

十月表称：县属无堤，其塘堰已修浚四处，俱各完工。

十一月表称：东门外东龛地方仁田牛斗墈白竹坑一带，有荒山十余里，限令业主栽种松、杉等树；如届时不种，即由官召佃垦种。

十二月，据该县欧阳保福申称：本年正月，复将矿务事宜归局经理，照会李绅文涛为正办。奉前护抚宪周，批饬会绅妥慎经理。是年六月间，该县绅士兵部主事陈作霖等、运盐附

① 连泗纸：又称连四纸、连史纸。产于江西、福建等省。原料用竹。纸质细，色白，经久不变。旧时，凡贵重书籍、碑帖、书面、扇面等多用之。

店陈三姓等分禀，请将各子店收取已奉禁革缉私经费，拨充小学堂、农工商局经费之需，并请追缴各子店私收银两。禀奉前署抚宪夏，批饬赣州府委员查明。禀奉批示。兴国县行销潮盐，原有缉私陋规，经禁革后，各子店仍复照旧抽收，攘为己有。既经委员查明，运盐到岸，抽收公用，拨作学堂各费，与口捐粤销均无窒碍，自应拨充农工商局及小学堂之用。并饬妥定抽收拨用各章程，禀明立案。一面将子店名目裁革，仍追缴私收之款，分拨充公。当经转饬遵照办理。

次年三月，该县欧阳保福禀：讯追子店私收陋规，勒令缴照歇业。会绅议拟收捐分拨各章程，按盐一包抽收捐银六厘七毫三丝。除一厘归于宾兴，余五厘七毫三丝，作为十成，以二成五归小学堂、二成五归工艺院；尚余五成，尽数拨归农工商矿及保甲局支销。禀奉前护抚宪周，批准如禀立案。嗣后按月造报，皆有存余。

三十一年二月表称：北门外校场官地，前由孙令招佃垦种棉、麻无效，已饬局绅另行招佃垦种。东龛荒山，已据廪生蓝瑞材禀覆，业户已栽种五六成。

四月表称：查得坝南堤种竹千余株、松万余株；春口坝种松十余万株，添种竹五百余株、柳千余株；瑞州坝种松数千株；中秋坝亦种松数千株，又竹二千余株。均严禁砍伐，犯者罚办。

五月表称：据崇贤上、中二堡分局禀，堡内荒山，种松已将及半。

六月表称：西南乡自燕山至县城西门外，绵亘三十里，均已栽种松、杉、乌桕，高及二三尺。

九月表称：燕山荒地，已勒限业主邓姓开垦，逾限即由官招佃垦种。

十月表称：龙坪荒地，民人锺能章报垦成熟。并由该县随时谕绅，添设分局。现在城内有农工商矿总局，各乡有分局三十余处。

三十二年三月，艾令廷栋表称：据上社堡局绅廪生蓝瑞材等禀报，在于东龛地方，添种松、竹木、梓、茶叶等树，成活十万余株。

五月表称：监生锺耀文等禀报，在于坝南堡地方沿河一带，栽种松秧十万余株，均已成活。

六月表称：职员邹凤林等禀报，在于石龙坊添设分局，开辟荒山，拟种竹木、樟、桐等树。

八月表称：生员韩有桂禀报，在春溪堡设立分局，议定条规。业经批准立案。

九月表称：职员锺玉华禀报，在桐凤坊添设分局。

十一月表称：各乡添种各树，不下数百万株。已饬各局绅加意培植，毋许偷窃砍伐。

三十三年四月，秦令镕表称：监生余道正禀报，在黄田堡添设分局。当经本局批饬督绅认真经理在案。

工务

光绪三十一年六月，欧阳令保福禀报：于本月初一日，在奉裁都司衙门开办工艺院一所，拟购织机，先从纺织入手。议定章程，禀奉前抚宪胡，批饬认真办理。其经费则以盐捐拨充。

七月表称：织机尚未购到。先雇篾匠，制造竹器等物。

十二月，艾令廷栋表称：前县欧阳令嘱局绅陈寿谦，购办织布木机，现已运到八张。

二月[1]表称：前由该县函召省城工艺厂织匠李大雅，充当教习，现已来县，即于本月初一日开办。

四月表称：院内添置织机十张，制造毛巾、花毯。另有碾米器具。

闰四月表称：院内艺徒，多能开织粗布、毛巾。又添购东洋铁机两张，开织洋布。

七月表称：院内所出各布，物美价廉，销场甚广。

八月表称：曾绅光柏，已在西隅瑶冈背，仿照工艺院章程，创设机房一处。并多收艺徒，购买机器二十余副，雇工组织。俟有成效，再行立案。

九月表称：两处所出之货，尚属不少，价值公平，销场颇旺。

三十三年三月，秦令镕表称：东门城内另设工艺利用所，以为售卖工艺院货物之地。

矿务

光绪三十年八月，该县欧阳保福表称：葛牛岭煤矿，无人集股开采。

三十二年四月，艾令廷栋表称：瓦子冈出紫铜矿，古龙冈出铁砂，辣树下林屋背出铁苗，葛牛岭出煤；均于欧阳令任内，探取矿苗，申送两江矿政局化炼，未奉批示。惟葛牛岭煤矿，由业主用土法开挖，出煤无多。

---

① 按文意，此处当指光绪三十二年二月。另下文“闰四月”亦可佐证。光绪三十二年（1906）闰四月。

会昌县

农务

光绪三十年二月，据查守恩绥折称：该县在考棚内设立农工商务局。其水东麻洲及水西坝等处，荒山空地，所栽苎麻、茶梓，一律长发。

三十一年三月，据刘令炳辉表称：该县土性，宜种茶树，屡经劝谕，各乡多有栽种者。

三十二年正月，杨令炤表称：奉发草本桐子，已发乡民栽种。

九月，左令坊表称：择得署后荒地一片，雇工垦作试验场。并谕绅董，查明境内荒山田地，栽种树木、杂粮。

十月表称：署后荒地，瓦砾高厚，难以垦作试验场，须另觅地开办。

三十三年二月表称：城内并无隙地，当经批饬于附城一带，觅地开办。

三月表称：该县西门外，有教场一处，拟改为试验场，俟筹有的款，即当开办。

四月表称：该县向产甘蔗。又经批饬延雇糖师，炼熬成糖，以辟利源。

工务

光绪三十一年五月，据刘令炳辉表称：现将县署头门外空屋四间，设立工艺所，已收入游民，令其学习手艺。以后未见成效。其习艺所，亦因集款非易，尚未举办。

矿务

蛇山崠、雩都崠两处锡铅矿，自二十八年十二月间，由拔贡文由纯等，禀奉详准给照开采。一切衰旺情形，未据按季具报。光绪三十二年十月，由左令坊据禀缴销。

其白埠洛口煤矿，经该前县佘令登云设法试办，尚未开采，乡民聚众抗拒，是以中止。

安远县

农务

光绪三十年二月，据查守恩绥折称：该县胡令惟贤，现开水塘，以备旱干。劝种二麦，以补米谷之不足。其树艺则以桐、杉、茶、松为最旺。并劝令栽樟种棉。

三十一年二月，何代令祖培表称：该县塘堰堤岸，均系随时修浚，并无坍塌。东门外有荒地一片，地名镇山，现已开垦成熟，栽种茶、梓、桐等树。

六月，钱令志铭表称：各乡向种烟叶、靛青，自经劝谕后，种者益多。

三十二年二月表称：奉发草本桐子，已交绅士唐阜昌试种，刻已发生。

三月表称：古田地方，有荒地二亩零，系阳姓己业，现已垦种烟叶、菜蔬。

闰四月表称：该县向不产棉。现经劝令各绅富，派人采办棉子，于明春试种。

六月表称：查得车头地方荒地一处，计一亩零，系张姓己业，因年久未经种植，遂至荒芜。现经劝令开垦，已种山薯，并拟栽种棉花等项。

十一月，陈令克焜表称：各乡土性，宜种茶、桐，派唐绅阜昌，先勘荒山，再觅佳种。

十二月表称：垫款赴赣，购买桐、茶种子。并议定招集股款，以备开垦树艺之费。每股龙洋五元，由县印发股票二百张，集洋一千元。每股先缴一半，余俟办有成效，再行补缴。

三十三年正月表称：赴赣购买桐子、茶子，兹已运回，分发四乡，择地试种。

三月表称：据唐绅查报，修田坊有杜姓荒山一处，长沙堡有叶姓荒山一处。责令两姓绅耆，各自垦种。

工务

光绪三十一、二两年，何代令祖培、钱署令志铭迭次谕绅集股，拟设立织布厂，卒因股难招齐，未克举办。

三十一年六月，钱令志铭表称：该县产竹甚多，劝民制造粗纸，已多仿办者，现在制造较前略为精美。

九月表称：劝民试制皮纸。

三十二年十一月，陈令克焜表称：县属出产毛竹，尚堪制造，业已会绅集议，因事属创办，成效未睹，小民难与图始，乐于观成，若贸然招股，固不足见信于人。拟由城绅欧阳必暄独出工本，令匠仿照精良形式，先制椅桌、凉榻及箱篓用器。已专人赴广东，雇觅良工。俟雇到再行试办。

三十三年正月表称：已雇到广东竹工四人，制成竹椅、竹几多件，虽形式不免粗笨，然较本地所出者，已觉精美。

三月表称：谕饬城乡各绅，就土产烟叶，制为皮丝烟及白旗条烟。现各制就数十箱，运赣发售。

嗣据该府关守榕祚申送三十二年政事总表报称：该县已造竹方桌、竹方几、竹圈椅、竹方椅、竹凉榻、竹睡椅、竹圆篓、竹箩筐、竹盒、竹篮、皮丝烟、白旗条烟等件。

龙南县

农务

光绪三十年二月，据查守恩绥折称：前县张令谕饬刘绅嘉祥，在西门外白沙坝、南门外校军场及牛墟坝，种植梅、李，尚属繁畅。

八月，据该县文令廉于政事表内报称：西门外白沙坝官地一所，栽种柏树二百八十株。南门外校军场，牛墟坝，赖、袁等姓草坝，均经前县督饬局绅，分别栽种树木。其棉被坑、佛子坢等处，已有曾德昌等，试种松、杉等树。

八月表称：铁砧寨修筑水陂，现在勒限完工。西门外河堤，亦出示劝捐，谕绅承修。

三十二年正月，倪令望嶐于政事表内报称：生员吴鑫等，禀设农务局，招股开垦，先在白沙坝试种靛、棉。

四月表称：白沙坝并种有柏树二百余株。拟将其靛青、棉花利益，收作西门外两等学堂经费。

是年，据关守榕祚造送政事总表报称：西门外白沙坝官荒一片，经该县梅令兆璜开办试验场，以邑绅廖光瑢、刘嘉祥二人经理，原种柏树业已成林。棉花、靛青，一年一种。现拟购种梓、桐、茶子、金橘、枳壳等类，分发各乡，于荒山隙地栽种。

三十三年三月，梅令栽种梓、桐、茶子、乌柏、金橘、枳壳八千余株。

工务

光绪三十年十二月，文令廉表称：民间工艺，向惟粗纸、爆竹两宗。

三十一年二月表称:曾姓一家，精制洋漆器物，秘守其法，不传外姓。已勒令收授学徒二人，以期推广。

五月表称：学徒黄姓、刘姓，现因学成，辗转收徒。

三十三年正月，据梅令兆璜表称：会商绅董，筹定常年款项，借恒丰当歇业房屋，开办罪犯习艺所。现正修理。一俟工竣，即将议定章程、开办日期，禀报立案。

三月表称:已于初九日开办。仅雇竹匠二人，教以编竹帘、制篾箩等器。其粗工则搓绳、舂米、制造草履等项。

矿务

该县煤矿山场，计大田坝一处、水口一处、箬岭一处，民间向以土法开采；因运路艰难，仅能就地销售；出煤既少，获利以微。又里仁墟附近老鸦石、高寨、矮寨等山内，亦有煤可开，惟矿地狭小，出煤无多。

长宁县[1]

农务

光绪三十年二月，据查守恩绥折称：黎令开湘以该县山田畏旱，饬谕多置水车。并劝令绅董，设立树艺公所。

八月，据黎令开湘表称：现于篁乡留车地方，开挖土井三口、池塘一口。又买得东门外荒山一嶂，购觅上品香樟种子，尽力垦种。惟佛子阁岽及温家岽等处，前经补种桐、茶、棉、麻、乌桕、豆果等项，近来长发成林。

十月报称：成活香樟，计百数十株。桐、茶、乌桕，成活千余株。

三十一年二月，廖令恩光报称：县衙后空地内，筑以围墙，开垦播[2]种棉花、竹子，成活十之七八。又刷印《农利四则》，内载种棉、种麻、种茶叶、种烟叶各法，分别给发各乡农民。

三十二年二月，沙令昌寿表称：各乡原种竹木、桐、茶、杂树，尚属茂盛。奉发草本桐子，已于上月在署旁隙地栽种。

是年，据关守榕祚造送政事总表报称：该县四面皆山，平坦之地，悉已垦种禾稻。此外，桑、麻、棉、麦，均与土性不宜。松、杉、桐、茶，遍山皆是，莫计其数。

① 长宁县：今江西省寻乌县。
② 播，原作“拨”，据文意改。

工务

光绪三十年二月，查守恩绥折称：黎令开湘于杨公祠内设立工艺院，收有游民十余人，均作竹篓、簏[①]箩、草帽、麻绳、草履等件。

三十一年五月，廖令恩光报称：收得游民，新学织带织布。

六月表称：添作草扇、竹器，运至闽、广、赣州售卖。

矿务

光绪三十年九月，该县黎令开湘表称：境内有大磜山，曾奉大部议饬封禁。其余丹竹楼地方钢矿，质既不佳，因无煤山，未能施工采炼，以致迄未兴办。

① 簏，原作“蔍”，据文意改。

定南厅[①]

农务

光绪三十年二月，据该府查守恩绥折称：该厅在团练局内，添设农工商矿局。其下历等堡沿河堤工，每户出洋一毫，贫者以工代资；高阜处开挖深塘，现已一律兴工。

三十一年八月，据该厅章丞家驹表称：现拟在城内文昌宫，设立树艺公司。

十一月表称：托友赴袁州购回麻兜一千株，分给四乡栽种，成活者十之七八。

是年，据该府林守祖炘造送政事总表报称：该县东门城外武校场，设有农业试验场一所。城内城隍庙，设有种植研究处一所，栽种茶、桐、乌桕、竹、麻、柑橘、桑树等项。现茶树成活一千五百四十余株，桐树成活八百九十余株，乌桕成活一千一百余株，桑树成活二千七百余株。

三十二年二月，章丞表称：该厅向产香菰，乡民每惑于风水，不愿造厂多种。现拟集绅筹议，扩充此利。并出示劝民广种茶树。

闰四月表称：大石、小石两堡，有鹅公墟、长埠墟民荒数处，

① 定南厅：清乾隆三十八年（1773）升赣州府定南县为厅。1912 年复改为县。

各乡农民，现已一律开垦，遍种茶、桐等树，茶树成活一千余株，桐树八九百株。其零星隙地，亦播种山薯、膏梁[①]、杂粮等项。

六月表称：查得下历堡有民荒一处，宽阔约二十余丈。已谕饬绅耆，传谕农民，先行开垦。

七月表称：下历、大石两堡，谕绅试种茶、樟、桐、杉、山薯、萝卜。小石堡产竹最盛，居民取以造纸。劝令推广种竹，并试种各项果木。

十月表称：各乡茶子、桐子，收成尚丰。

是年，据关守榕祚造送政事总表，所报茶、桐、乌桕，成活株数相符；惟土性不宜种桑，现添种樟树一百余株。

三十三年三月，章丞表称：西人所售象皮，即以中国之橡树熬胶制成。现已出示收买橡子，拟在东郊试种，以备熬胶之用。当经批饬先派人学习熬胶之法矣。

工务

光绪三十一年十一月，该厅章丞家驹政事表报称：会绅筹款，创设工艺院。已饬绅赴龙南，雇来织线毯工师。其房屋则暂租彭姓宗祠，亦已修竣。于本月十五日开工兴办。工艺分为两所，一劝工所、一苦工所，教以织线毯、打辫线、织棉带、作簏[②]火笼等项。

三十二年正月表称：添作竹器、筷子、香棍、烛芯、竹簟、斗笠、谷箩、粪箕等类。

二月，据章丞录呈章程，禀奉前抚宪胡、前署督宪周，

① 梁：通“粱”。

② 簏，原作“蔍”，据文意改。

批饬认真经理。是月，又添造米厂一所，有碓二座，日可舂米三石，本月十六日开工。

三月，又添造篾丝洋操帽，其式精致，较东洋麦草尤佳。已另作一千顶，运往各处销售。

闰四月，又添织栏杆土机。

九月，又添造篾丝火笼，甚为坚美。

十一月，又添造织布木机二座。该厅产纸，向甚粗劣。前有大石堡绅士叶以煊来署，因其家有纸厂，询悉上海造纸机器，价洋仅三百元左右，已允许函托沪友购寄，以冀抵制洋纸。

三十三年正月表称：工艺院开办年余，仅黄绅其镳捐洋五百元，通盘筹算，亏折甚巨。

二月表称：大石堡叶绅托购造纸机器，现已运到。惟土人不知用法，拟函招宁波人李新扬，前来教导。

虔南厅[①]

农务

该厅于二十九年开治，改设抚民通判，是以未设种植场所。

三十一年六月，据艾倅廷栋表称：捐廉购买各处树秧，设立农工商矿局，谕令绅民领种。

三十二年闰四月，陈倅宏燮表称：厅属田地，皆赖山水灌溉，全恃开通圳道。谕令绅耆，随时修浚，勿令淤塞；并多置水车，广开塘堰，以备旱干。

七月表称：各处新种桐、柏、桑树，日见成林。

十月表称：城外河背仙女古陂，向来灌田不下万亩，自二十五年被水冲决，田多受旱。已谕该处绅民，通力合作，妥议兴修，以兴水利。

是年，据关守榕祚造送政事总表报称：该厅向出松、杉、竹木，每岁约三四万株。现经钱倅林年，谕饬农民一律栽种。

工务

三十一年六月，据艾倅廷栋表称：延雇工匠，捐廉置办

① 虔南厅：光绪二十九年（1903）分龙南县之大挑、斯兴、太平三堡，信丰县之杨溪堡置。属赣州府。因在古虔州（今江西省赣州市）南部得名。1912 年废厅改为虔南县。1957 年改为全南县。

机器，在于昭忠祠内设立工艺厂，收养游民学习。

七月表称：厂内能织毛巾及各种洋布，惟纱须购自他处，是以出货不多。现经捐廉派人赴沪，购办轧花纺纱各机器。

十一月，陈倅宏燮表称：工艺厂因毫无经费，现已停办。

六月[①]表称：杨溪堡一带，制造草纸，略见细白，稍有进步。

八月表称：厅内向无织布之户，自经劝谕后，多有纺织者。并劝谕仿织纱巾、线毯各项。饬绅选雇工匠，设局开办。

十一月表称：竹筛一项，剖丝不光，编行不匀，饬令匠人锺官源，改良作法，光洁可爱。并令仿制别项用器，以期推广。

是年，据关守榕祚造送政事总表报称：该厅向产草纸，其粗异常，仅供本地之用。迭经陈倅宏燮、钱倅林年，饬令造纸槽户，设法改良，务求精美。派人赴万载等处，雇觅纸工，来厅督造。

三十三年四月，钱倅林年表称：竹筛一项，销场甚畅。拟将此法仿制草帽，以便行销。

矿务

光绪三十一年九月，艾倅廷栋表称：新兴堡一带溪河，可以淘镕炼铁。屡经谕绅延访能识矿苗之人，前往查探。

① 按上下文意，此处疑指三十二年六月。

【宁都直隶州】

宁都州[①]

农务

光绪三十年六月，孟牧庆云表称：农工商矿事宜，业经前州王牧，谕饬保甲局绅兼办，以省经费而专责成。现据泰平乡绅民廖嘉谟等禀称，开垦本族公地两块，栽种苎麻二千余株。

七月表称：据安福乡职员赖爵陞等禀，该处有土名刘家山，荒山约及十里，系刘姓公业，今公议将该山分段认垦，以种所宜各树、禾稻及杂粮，限三年内一律垦种齐全，报验升科，嗣后即归承垦人承粮管业。已经该县批准立案。

九月表称：垦荒种植、开塘挖井各事，谕绅开导乡民，互相劝勉。前据平阳乡监生曾德辉等，以伊有土名嶡岭公共荒山一大嶂，现经合众公议，准由各房子嗣分段开垦，以种樟、柏等树。禀请立案，当经该县批饬督同认真垦种。

三十一年二月表称：泰平乡廖姓上年所种苎麻，因系新开瘠土，收成仅有五分。

六月表称：廖姓种麻，初次收割，查据禀报，约收七分。

八月表称：农工局绅报称，仁义、安福、清泰等乡，栽种杂树十七万四千六百余株。并据开折呈报。

① 宁都州：乾隆十九年（1754）升赣州宁都县为直隶州，并割瑞金、石城隶之。1913年废州府制，改州为宁都县。

九月表称：廖姓麻地，因天旱枯萎，改种杂粮。

十月，凌牧祖谷表称：安福乡刘家山，坐落蓟坑村，由各杂姓集股公植，旧种松八千余株，新栽四千余株。平阳乡曾姓山场，地名八峰台、罗家地、筼筜谷各处，长约三里，宽约一里，旧种松一万余株、杉三百余株、茶子一百余株、竹六百余竿，今新种松、杉、茶子各树共三百余株，均系生员曾铭认种栽植。

三十二年十二月，仓牧尔桢表称：据监生罗平澜等禀报，本年于怀德乡钓峰村己山内，添种松秧四千株，杉树二千株，桐、柏、柏、栗各杂树千余株。又据职员罗鹤鸣等禀报，于怀德乡炭头岭己山内，邀同本族，各分界址，添种松树三千株、杉秧二千株、杂树一千余株。又据廪生罗骧呈等禀报，邀同彭学汉，于北关七仙庙后，添种榆、柳、柏、橙、冬青等树一百余株。又廖其彬于屋傍隙地，栽种桃、李、枣、梨、枇杷、林檎、墨竹、榆树共八十余株。已分饬该监生等，认真培壅，以期滋长成林。

工务

光绪三十年七月，孟牧庆云表称：州属出产纸张，未能细白，已谕饬各纸厂，设法改良，以广销路而挽利权。

八月表称：廪生彭鑑等，拟邀各乡绅耆，开设女织公所，延请女师，教令织布。

三十一年三月表称：据彭绅等面禀，上年十一月，请得南丰女师，教织棉布，惟州属妇女只惯绩麻，不愿织布，且本地不产棉花，是以暂行停止。已劝令赴沪购买织布机器，设厂织布。当经本局批饬，将原有夏布、竹纸、蔗糖先行改良。

十一月，凌牧祖谷表称：州属出产，以夏布为大宗。已谕各机户，延雇提花工匠，试织起花夏布，以增价值而广销路。

三十二年六月，仓牧尔桢表称：罪犯习艺所，前经孟署牧就署内常平仓房屋改设，并无习艺人犯。现拟扩充改造，并附设工艺院，酌收流民。所需开办及常年经费，先筹垫用。

七月表称：习艺所已于十八日兴工，八月可以告竣。现由贡生宋璜捐助追还欠项一百千，以充修造之费。

十一月表称：已于初三日开办，学习织屦、削筷等事。

三十三年二月，仓牧表称：工艺院新旧共收流民十名，分学编制竹器、缝衣、织屦等事。惟出货无多，仍难敷用。现将州署仓书征收兵米办公纸笔内，每年津贴管仓家丁洋边一百六十元，提充常年经费；并酌派瑞、石两县，每年各捐洋一百二十元，以资凑济。

矿务

光绪三十年七月，孟牧庆云折报：怀德乡有出产铁砂山一处，未悉矿苗衰旺，询之土人，或谓廖姓公山，或谓黄姓祖业。现饬绅覆加确查，容俟报到，再行集股兴办。

三十一年五月表称：清太、太平两乡，出产铁砂，现已勘明，一并绘图通禀，听候两江查矿局勘办。

三十二年十月，仓牧尔桢表称：各乡铁砂，已由两江矿政调查总局委员带同矿师，勘明成色太少，附近又无炼铁之煤，运道不便，难期开采获利。

瑞金县

农务

该县农工商务局，前县左令秉钧任内，就典史署内设立。札委典史章森，遇有各乡农工商务，会绅妥筹，禀县核办。

光绪三十年九月，李令毓璠表称：县属田亩，每虞旱干，全赖筑陂培堰，借资灌荫。已谕乡绅，查有年久失修之处，筹款兴修，并于附近溪河添置筒车。现在塘水均有存余，足资灌荫。

十月表称：据乡绅禀报，云集墟及牛券坑地方，各有山场一处，约二三里不等，均系民荒，已劝谕居民，试种果树。

十二月表称：劝民修复塘堰三处，一律修竣。

三十一年二月表称：城乡因春雨过多，冲坏塘堰四处，已饬农民迅速筹款修复。

三月表称：城内塘堰两处，已经修复。

六月，章令乃正表称：云集墟、牛券坑，所种果树，因地势高燥，土性不宜，复劝谕绅民，改种杂粮。

十一月，孙令宗华表称：县属多山少田，其所种树木，以松、杉为最。

十二月表称：云集墟、牛券坑两处，一距城十五里，一距城二十三里，坟墓甚多，不宜垦种。查得东门外离城二里，地名生子里，及西门外离城五六里地方塔下寺等处，均属民荒，尚未开垦。现已劝谕各业主，自行开垦。

三十二年二月表称：履勘生子里荒山，南北宽约半里，东西长约三里，宜种树木；惟两傍多坟墓，中系大路，业主有契无契不等，颇难划分界限。

六月表称：垦荒一事，札委兼办农工商矿局委员章典史森，前往查勘。牛券坑、塔下寺两处，已经业主开垦，栽种松秧。其云集墟、生子里两处，限令业主赶紧垦种；并将丈量弓数亩分、土性所宜、栽种何物、业主姓名，另文禀报。当经批饬劝谕各业主，速垦成熟，以尽地力。

八月表称：牛券坑、塔下寺两处，所种松秧成活一千三百余株，培养得法，尚少枯萎。

三十三年正月表称：樟树熬脑，风气已开，惟树甚寥寥，利源不厚。现经劝令乡民，广为栽植。

二月表称：云集墟、生子里两处荒地，勒限业主，于一月内垦熟禀报，如再逾延，即另行招佃垦种。

工务

光绪三十一年六月，章令乃正表称：该县惟毛边纸一项，为出产大宗。现令纸槽人等，凑集资本，购机仿造洋纸。又洋漆铜丝盒，工艺最精，销路亦广，已解送本局查验。

十一月，孙令宗华表称：前县章令谕各纸厂购机仿造洋纸，因巨款难筹，且不知运用之法，是以各怀观望。现饬多设槽厂，以期出货多而获利厚，因势利导，较易乐从。

三十二年二月表称：兴办习艺所。查得城守营旧时衙署，四围尚有颓垣，中间破屋三间；现与黄把总商定，拟改设工艺院，并附设习艺所。

三月表称：会商绅耆，已于大桥会存款内，提拨洋五百元，先行开工建造。

五月表称：习艺所墙垣号舍，工程现已过半。

七月表称：习艺所于墙垣号舍竣工之后，正在改造头门正厅、左右耳房，讵为地痞锺、刘二姓折烧，现已获犯。所毁房屋，拟设法集资，兴工重造。

八月表称：被毁习艺所，已据锺、刘两姓族绅，具结赔修；惟赔款议定分期交案，现已严限催缴。一面饬匠估工，如式规复，以便开办。至毛边纸张，因洋纸充斥，销路极滞。已饬令各槽户，仿照洋庄，求精改良，以期行销畅旺。

是年，据该州林代牧品珊造送总表报称：该县工艺，从前以毛边纸为大宗，近来洋纸充斥，销路极为壅滞。现由该县孙令，饬各槽户仿造洋纸，以期畅销。惟黄烟、麻线两种，行销尚广。又闽汀人在县属制造洋漆铜丝盒，亦利行销。其木竹器具，所出无几，仅敷本地购用。

矿务

光绪三十一年八月，章令乃正表称：黎壁寨煤矿，于二十八年，由监生刘绳仰领照开采，前因开获石块，无煤可取，久已停止，至九月将照缴销。

十月，孙令宗华表称：黄柏隘石灰岭煤矿，系于二十九年，由职员谢超群领照，用土法开采，炭不甚旺，至次年六月，缴照停办。

石城县

农务

光绪二十九年，该县开垦操场坪、鸿石山、中兴坝各荒地，已志前略。惟中兴坝荒地，实止三十余亩，误刊为三千余亩。其农工商局，设立北门外，系贡生黄有文等经理。又河屋坝修塘三十余口；观下、浮湖两处，修石陂三座，水圳约八十余丈；陈坊修塘六口；寨场桥修堰约六十余丈；濯口修堰约七十余丈、石坡三座。均为前略漏纪。

三十年八月，谭代令从炳表称：仙源坊一村，拟设牛车，现已兴工，以监生胡芝璋监工制造。所有上濯下吴各村，前议开塘浚井，近日筹款稍有端倪。

九月表称：仙源坊所置牛车四具，查勘甚为坚实，车盘亦甚灵便，农民诧为新奇。该县土性，燥湿合中，宜种百合。查得北门外有荒地，广十余亩，觅百合种试种。

三十一年二月，李令光表表称：范绅翰和设立垦种公司。其操场坪等处，所种桐、柏各树，现均长发成林。又将该坪余地暨中兴坝垦出，添种松秧一万三四千株。县属土地，山居其八。土人昔时有因盗树涉讼者，讼虽得直，而其山则因讼费售去，相率视为畏途，不愿栽种树木。自该县谕绅开导，许以被戕害盗窃后，由局绅函送究办，各乡于种植一途，始皆乐于从事。职员陈嘉会在镜面排、战鼓岭二处，种松秧、桐秧五六万株。黄礼芳、黄礼珍在仙姑岭李家山麓，种松秧二万余株。职员黄采生、黄有文在五龙岩黄家山，种松、茶、杉、竹六万余株；并在城内七姑庙、城外黄家坪，栽桑一千株。廪生黄云章在潮泥腕种松二万余株。

三月表称：操场坪、中兴坝，续种松秧，约活八成。其陈嘉会等所种各树，成活八九成不等。

四月表称：职员黄盛才，在杉子排、竹子窝、芭蕉岩、禁山窝等处，栽种松、茶各树，禀请给示保护。谕饬报明株数，以凭稽考。

七月表称：履勘操场坪、镜面埠、战鼓岭、李家山麓、五龙岩、七姑庙、黄家坪、黄家山等处，所种树木，因六月亢旱，日见枯槁。惟镜面埠成活六成，此外仅活一二成。而七姑庙、黄家坪所种粤桑，枯萎殆尽。

九月表称：黄绅云章，潮泥腕所种松秧，成活一万三四千株。职员黄盛才，杉子埠[①]等处所种松秧三万余株、油茶树四千余株、杉树一千余株，约活五成。

三十二年正月表称：查有民业荒山，李猎石、丈夫嶂、西华山、鸿石山、何石山、溪礤岭各山，大者数里，小亦里余，一俟清出业主，督令一律垦种。当经本局批饬遵照垦荒章程，立限开垦，择宜种植，勿任荒废，以兴林业。

闰四月表称：未垦之西华山等处荒山，询据业主复称，历年曾种松、杉各树，均因砂石夹杂，随即枯萎。访诸垦种公司总董范绅翰和，所言亦同。

六月表称：劝种松、杉、桐、茶，迭据各绅报告，虽有

① 杉子埠：上文作“杉子排”。

十万余株，但“十年树木”，收效尚迟。惟烟叶一项，春种夏收，获利亦厚。向年只有一二处略为种植，近两年来，小松、桐江、新坊、大琴等村，几于比户皆然，种法亦肯讲求，颇合闽、广销路，嗣后当为地方一大利源。

九月表称：据举人黄有猷禀称，西门外范家坊向有湖陂一座，灌田千余亩，先年被水冲塌，亟须筹款兴修。业经该县出示晓谕，按亩摊捐，责成该举人监督兴工，务期费不虚糜，事有实济。

十一月表称：范家坊湖陂，据禀完工。亲诣验收，宽约五丈余，深七八丈不等，工坚料实，仅用银五百八十两有奇。

十二月表称：近城一带，自遭兵燹以后，房屋被毁，基地久已荒废。现谕四门绅士清查，饬令各业主，于明春栽种桑树、乌桕、苴麻，以收地利。

三十三年二月表称：据绅士陈述仁禀称，在东门外荒山，栽种松、杉秧五千余株。举人黄有猷禀称，在北门沙滩一带，栽有桑树七百余株。贡生游翔禀称，在城内西门一带，种有线麻数顷，现已畅发。

三月表称：绅士陈述仁等，种植桑、麻及松、杉各树，现经逐一履勘，均尚欣欣向荣，间有戕害，随时补种。当经本局批饬出示严禁，以兴农业。

工务

光绪三十年八月，谭代令从炳折称：该县向产夏布，色黄货粗，现经教令漂提，以期洁白。

九月表称：上乡一带，所制瓦钵，已饬该匠人，于钵面镌刻篆文，彩绘兰菊，获利倍蓰。

三十一年三月，李令光表表称：该县造纸工艺，虽极疲滞，业此者悉在与闽省交界之横江一带，实为一县出产大宗，若逐渐改良，犹可振兴。已于调查纸槽时，谕令就竹多处，添设纸槽，以价廉工巧为第一义。现又谕令赖绅举扬、刘绅子恭为商董，令其极力提倡，俾制造日精，斯销路自广。当经批饬延雇闽省良工，多选学徒，习其沤制之法，以期市业日有起色。

三十二年九月，蔡令汝嘉表称：设建习艺所，屡谕各绅筹款兴修。据各绅面称，县署仪门右侧财神殿年久失修，堪以改作习艺所，一俟筹款就绪，即行禀报开工。

十月表称：谕绅陈孟翔等，仿照抚州工艺局，造就土机四张，试织栏杆。雇有机匠陈德贵，在县教导。俟习艺所落成后，再行移入，以期扩充。

十一月表称：试织栏杆，每日可出数十丈。拟再用土机，仿织毛巾。

三十三年四月表称：北门外兴隆街，经该前县创立蚕桑局，种桑万株，多被践踏，已谕该处地保，认真保护。批饬严定章程，出示周知，使民勿犯，凡偷窃损坏官物者，由官惩罚；即非官物，亦可由绅议索赔偿，以期禁绝浇风，革除恶习。

商务

光绪三十三年正月，蔡令汝嘉表称：县属所产夏布，均系妇女纺织，尺幅不阔，仅敷本地之用，间有出口，销路不畅。坪山一带，素以造纸为业，纸料尚称坚白，未停科举以前，销路甚广，昔年出口不下百万之数。近来洋纸盛行，销路既滞，歇业者十居八九，若不及时改良，势必江河日下。现谕该处绅士刘子恭等，倡首集股，改用良法，庶可挽回利权，振兴工业。

旋据该绅禀覆，今欲抵制洋纸，必须改用机器，惟是巨款难筹，垦乞出示招股。目下是否集有成数，未据该县禀报。

矿务

光绪三十年八月，谭代令从炳表称：高田村招股淘炼铁沙，已购到炼铁炉及一切器具，下月即可开铸。

九月表称：高田村淘炼铁沙，每日可出铁锅、铁罐数十件，获利尚丰。

十一月，李令光表表称：温贞明等开设铁炉，铸造锅、罐、农器，尚堪合用，惟矿苗不旺，销售无多。

三十一年二月，李令光表表称：油嘴坑地方，于道光年间，曾有外来流寓之人，在该处挖出煤炭甚多，嗣因土人以关碍风水，勒令封闭。现拟诣勘，如有矿苗，即劝令绅士设法开采。嗣因顺道查勘，未见矿苗显露。

【南安府】

大庾县

农务

光绪三十年十一月，据周令宝琦表称：上乡浮江隘，离城三十里，查出垦复田土两处，先因沙塞，劝种杂粮，现仍改种禾稻。又距城三十里之梅岭游仙等隘,查有山僻荒地三四处，均因沙积过厚，垦种包粟。

三十一年九月，据周令禀报：县属山田最多，只宜栽种包粟。开具劝种处所、株数，以及各种户姓名清折呈核。并禀奉前护抚宪胡批示，包粟不能以株计数，且查折开地亩，每丈只种十株，无论平方积方，均断不止此数。行局饬即确查禀复，仍劝导绅民，广兴树艺。转饬遵办在案。

十月，据该府裕守隆折报：该县观塘、浮江、云山等处，栽种包粟，计收五十余石。

十一月，周令表称：赴乡勘案，见田间水车有损坏者，当经捐廉，谕令赶紧修整完固。

三十二年三月，萧令兆熊表称：下乡之双坑、龙华、灵潭等隘，田亩多有积水，谕绅转饬农民，设法疏消，赶种早禾。

六月表称：查出吉村隘乌石坑滨河荒地，系林、苏、何等姓承粮之业,因无水灌荫成废,将来能否垦复,容俟查明续报。

七月表称：前经饬令各乡，多种煎糖之蔗，现已长发，与茂竹丰芦相似。

十二月，陈令守谦表称：劝民种植，拟分二法，如茶、竹、蔗、纸，宜保其固有；如桑、柏、橘、棉，宜广其本无。现令觅子购秧，广为试种。

三十三年正月表称：现经招股购买茶秧，分布各乡栽种。县属土性，宜种甘蔗、苎麻，已设立劝农所，饬绅传谕乡民，广为种植。

二月表称：捐廉购麻秧，于旧有桑园内，雇工试种。又东山岭官荒一处，亦经雇工垦辟。

四月表称：东山岭栽种茶树，悉已成活。拟于隙地栽种樟树，以为将来熬脑地步。

工务

光绪三十一年二月，据该府文守炳禀报：据职商赵恺等，禀报集资二千元，设立同益公司，在郡设厂，试熬樟脑。禀奉前护抚宪周，批局核明办理。当经本局核准在一县地方，试办一年。

七月，周令宝琦表称：现已访雇工匠，教制藤器，如藤篮、藤箱之类，以期渐开风气。

十二月表称：雇匠制造藤器，居民常多就学，制出之货，行销本境。

三十二年三月，萧令兆熊表称：各乡种竹甚多，其制成之纸，有毛边、胶矾等类，除本地人民敷用外，犹可运至广东南雄州一带发售。已饬各槽户加工制造，以期畅销行远。

闰四月表称：客商杨祥云由沪上运来缝衣机器，教授幼童，缝成衣袜等件，陈列于市，销售颇速。

九月表称：因机器缝衣，颇合民用，价值又甚相宜，购者甚多，已于该县水城大街开张店铺，以便交易。

十月，据萧令申称：赵恺等拟设同益公司，因股本未齐，并未开厂，业已各自回籍。又据表称：各乡隘所种甘蔗，已渐次采割，业已选雇善于制糖匠师，榨汁煎糖。一年约计出糖三四千石，有冰花、雪白、红沙名色，每石价值洋银八九元至十元不等。有商贩来县收买，运赴饶州、广信两府销售。

三十三年四月，陈令守谦表称：创造习艺所，前县萧令任内，已择定水城内入官房屋地基，业经禀明本府，集绅筹款，购料兴工。现因水城内地基不合于用，改就碧莲书院旁舍，兴工建造。拟提社仓息谷盈余，以充常年经费。秋间当可竣工。

商务

光绪三十二年十月，萧令兆熊表称：该县向有腌鸭铺户，于每年秋间，赴邻近州县，收买肥鸭回县，再加喂养；至十月中，宰杀腌晒，制成板鸭，味极香美。每岁约十余万只，每只价洋四五角及八九角不等，合计售价在七八万元左右。多由商贩运至广东、香港等处销售。

南康县

农务

该县开垦南门外对岸官荒地亩，前略已经叙明。

光绪三十年三月，据阮令保泰表称：已改种桐子一千余粒，因地土硗薄，出土者约三百株。又檐前甲荒地，宽九十九弓，长二百九十五弓，可种棉花、杂粮、花生等类。

三十一年，据该府裕守隆折报：该县先后开垦东北各乡及蓝田渡一带荒地，分种禾稻、杂粮及茶、桐、山薯、花生各物。

三十二年二月，据锺令彤表称：县署后园荒地一片，广五六十丈，捐廉开设劝农圃，试种菜蔬、黍、稷等类。

四月表称：于园边雇工挑挖小塘，以资注水灌溉。

工务

该县于真君庙设立工艺院，劝集股洋一千元，收养游民二十名。前略已经叙明。

光绪三十年三月，据阮令保泰表称：造就人力机器，因手势生疏，每日出纱三斤有余。以所出之纱，试织绵布五丈零，其布白而紧密。

六月表称：续成纺纱机一座。

十二月表称：原设工艺院，房屋窄小，难于扩充。已勘定马号基地，创造房屋。内分工作厂二处，一曰劝工厂，工头、匠人栖之；一曰习艺所，罪人囚犯羁焉。共需工料洋一千五百元，由阮令倡捐木料洋银二百六十元，提交典成本洋银五百元，不敷之款，会绅设法筹捐。于本月二十二日工竣。

三十一年二月表称：于二十八日开办，内有纺纱机二架，每架每日出纱四斤。其性质愚蠢者，饬令作蒲鞋、麦扇、草帽、麻绳诸事。

三十一年，据该府裕守隆折报：该县创设工艺院，嗣因房屋窄小，重新建造。院内办有上海人力纺纱、织布各种机器；并延教习四人，招徒九名，分习各艺；由是所出纱布，较前日有增进。至于草履、绳索等件，销售之数，每岁约有数千。

上犹县

农务

光绪三十一年，据该府裕守隆申送政事总表内报称：该县田头山角隙地，种植茶梓、竹木、桑、麻，并布桃、李、柑橘、枣、栗等物。

工务

光绪三十二年四月，据佘令登云表称：旧有待质公所，现改为习艺所。凡罪犯及地方无业游民，均发所学习编草履、造竹器等事。

闰四月表称：该所因地方狭小，不便作工，现于署旁另行捐廉建造。

三十三年四月，据陈令寿琳表称：所内已制备器具，购定木机等物，俟雇请工师到县，即行开办。现在有一竹匠，饬令各犯，仿制粗笨竹器，如篾簟、蒸笼、箩筐、竹床等类，作就发出各市镇售卖。

崇义县

农务

光绪三十年九月，据周令仁寿表称：文英墟地方荒地一块，责令业主垦种。现已查勘，开垦一半，种有蔬菜；其余一半，尚在翻垦。

三十一年二月，据周令禀报：该县地处山陬，民情固陋，农务一道，素不讲求，以致山场田园，五谷不宜之地，每任荒芜，诚为可惜。适值本局发下《农学丛书》一部，择其切实可行、与该县土性适宜者十余种，编为一册，名曰《农学摘要》。业已排印千部，分发各乡，俾家喻户晓。

三月表称：太平里开垦五处，雁湖里开垦三处，崇仁里开垦一处，隆平里开垦四处，尚德里开垦三处，永安里开垦二处。

是月，复据周令折报开垦各处先后栽种杉树、苗竹数目：太平里先种杉树五千二百余株、苗竹七千七百余株，后补种杉树一千一百余株、苗竹八百余株；雁湖里先种杉树二千一百余株、苗竹一千一百余株，后补种杉树一千余株、苗竹四百余株；崇仁里先种杉树一千一百余株、苗竹一千余株，后补种杉树九百余株、苗竹七百余株；尚德里先种杉树六百余株、苗竹六百余株，后补种杉树二百余株、苗竹二百余株；隆平里先种杉树一千三百余株、苗竹九百余株，后补种杉树八百余株、苗竹七百余株；永安里先种杉树一千五百余株、苗竹一千余株，后补种杉树九百余株、苗竹八百余株；忠义里先种杉树一千七百余株、苗竹九百余株，后补种杉树七百余株、苗竹五百余株。以上各处，杉树、苗竹均已成活。

七月表称：查明文英墟，产有大、小蜡树数千株，乡民不知取蜡，坐失利源。已谕令乡民遍行栽种，容再考求养虫收蜡之法。

三十三年三月，据该县廪生方庆珊，禀请设立严湖农业公司，专以垦荒耕熟为事。经本局批示，将农业公司改为农业公会，饬县传谕该生妥议办法。尚未详复。

工务

光绪三十二年闰四月，据张令超表称：旧有自新所，现拟略加修整，改为罪犯习艺所，学习捻棕绳、编草鞋等艺。

商务

光绪三十一年，该府裕守隆造送政事总表内报称：该县所出纸张，每年约有一万余担，销售广东。又该县亦产草菰，尚止供本地食用。

矿务

该县民人赖懋述请开采白皮塘、下左溪两处煤矿，已登前略。

光绪三十年四月，据周令仁寿春季折报：两处出产粉煤，商民土法开采，仅止本境销售，并不运销他处，获利甚微。

#【九江府】

工务

光绪三十二年六月，直隶候补道唐星球，以“九江、南康两府合辖之庐山，泉水极巨，其瀑布有数千匹马力，终年狂喷，若借其力以为制造，洵属最宜。但山水虽具压力，而安设电机，则须在三四百里以外，始能合用。拟集公司，自备华商资本购机，在九江庐山附近，先设榨油厂；并借其水利，在九江府设立电灯公司”等情，禀部咨行到江。当饬九江府孙守毓骏，查明该处瀑布水力，以资安置电机，是否合宜，并于地方有无窒碍。旋据禀复。札委德化县濮令亲往查勘。据称庐山飞泉甚多，大概流注乱山之中，山径崎岖，转运维艰，惟黄龙寺、黄岩寺两处，泉水尚属合用。黄龙寺泉源，系牯牛岭长冲租界，历数重岭，泻入平地，居民就石涧下游水势平缓处安设水碓；其上游岩石间，飞瀑奔腾，水力极巨，安设机器，实为合宜。该处地势宽展，可以建造厂屋；沿石涧流出德化所辖之沙河，直达大江，便于转运，于居民亦无妨碍。黄岩寺瀑布最为著名，地在南康府上游，距府城约十里左右。斯泉由庐山众峰顶发脉，汇于黄岩下注，远视如千寻匹练，直挂峰腰，由青玉峡岩石间奔注而下，水力极巨，安设机轮，最为得力。泉至山麓，流入山涧，入鄱阳湖，地皆平坦，转运颇称便利。附近陂陀甚宽，建厂设局，亦属宽展。查斯处泉水，为山麓田地灌溉之资，今安置机厂，只借水力鼓动机轮，无损于灌溉，似与民情水利均无妨碍。每逢春夏时间，大雨以后，水力较平时增数十倍，能抵马力若干，难以估计。并绘具图说，甚为详细。业已详请咨覆，惟此时尚未来江开办。

商务

九江府为通商口岸，市廛栉比，商务繁兴。光绪三十年间，经升任九江道瑞谕饬各业商人，按照部章，设立商务总会，公举招商局总办郑道官桂为该会总理。惟协理一职未举定。嗣由九江府暨同知德化县，督同各帮商董，仿照泰西投票选举之法，择得六品顶戴绸业商人卢元銈为该会协理。光绪三十三年四月，经本局造具总、协理职名，并以九江地方为通商往来之场，华洋杂处，商业发达，援照上海、汉口、天津、烟台等处办法，详请抚宪瑞，转咨农工商部，设立总会，以便与部直接。奉部核准，奏请刊给关防，加札派充。而九江商会遂以成立。

又九江向无船会。自光绪三十二年六月，据十四帮航业商人郭洪昌等禀，以“九江为航路扼要之区，上接湘鄂，下通苏沪；其内河由湖口直达赣州，南邻湘粤，北连闽浙，舟楫往来，络绎不绝”，请于九江设立商船公会，公举九江招商局总办郑道官桂为总理，候选同知沈冠瀛为协理。嗣因沈冠瀛病故，九月间，改举福建盐大使江庆楷为协理。十二月间，因郑道官桂充当九江商会总理，势难兼顾，复行投票公举身家殷实、熟悉航务之江苏候补道孙茂德为总理。三十三年四月，经本局详请咨部，颁发关防，加札委用。嗣后部议核准，奏请刊给关防，加札派委。业已成立矣。

德化县[1]

农务

光绪三十一年，据该府孙守毓骏申送政事总表内称：该县出产，农田之外，以棉花为大宗，每年约出二十余万包。

三十一年正月，据贺令昌祺报称：该县同仁堤，因久年失修，均形坍卸。业已会同安徽宿松、湖北黄梅两县，亲诣勘明，宿邑辖境，工程最为险要，估计工程共需七千余金。赣省派款二千四百两，克日兴修。

五月，据报一律工竣。

三十二年二月，据濮令贤懋表称：该县江北桑落乡初公堤，计长七百四十八丈。该处沙土松浮，非插种树木，不能坚固。现经捐廉购买桑、柳、水竹等树秧种，发给各堤绅等，具领布种，以固堤本。并出示严禁伤害。

四月表称：该县甘泉、仙居等乡，土瘠民贫，栽种谷麦，因地处水乡，收成实难丰稔，以致荒废田地颇多。因公下乡，亲自查验，土性硗薄，不能种植。现已饬令试种萆麻子、车前子等物，土性相宜，可期获利。各乡农颇有于空隙处所，买种试办者。

三十三年四月，据日本留学生廪生吴大畴禀：该县蔡家

① 德化县：今江西省九江市柴桑区。

垄地方，有龙潭、籮箕各山，均有平壤，向来荆棘荒丛，请就此地作为种植场，以尽地利。已饬县查勘禀复。

工务

光绪三十二年八月，据濮令贤懋表称：宛锡庚等在该县城内设立制蛋厂，黄寿国等在该县新坝地方开设火柴公司，黄钧等在龙开河地方开设修理小轮等项机器厂。所制各物，销场均尚茂盛。

三十三年正月，据施令谦表称：拟将旧火药库改作工艺院，俟新药库建就，开工修理。

矿务

光绪三十一年八月，据贺令昌祺表称：前奉两江查矿总局，札委江苏候补知县向令传桂，偕同洋矿师石井八万次郎，来县查勘矿苗，当经会同前往各乡查勘。业已查得大城门金龟嘴地方滴水岩等山铁矿，比经采获矿石六十七箱，暂存县署，听候提化。其余未勘之矿，容再会委逐一查勘。一俟勘竣，即当汇开清册，禀呈鉴核。

三十二年十二月，据施令谦表称：金龟嘴地方，又名金鸡岭城门；又城外三山大胜门、小胜门等处，均有铁矿。坐落县属仙居乡，其间山峰层叠，矿苗蔓衍。现经汪委员承豫，备价丈购，归湖北铁厂开采。

德安县

农务

光绪三十一年，据该府孙守申送政事总表内报称：该县在二堂左边植物地一处，计一亩五分，马号前面植物地一处，计一亩八分；均栽种桑秧，大小共计一百六十株，桑叶每年约出四五百斤。

三十二年，据该府申送政事总表内报称：该县柴令正衡，在县城北门内，开垦荒地一处，布种苎麻，每年约出一二百斤。

工务

光绪三十一年正月，据该县柴令正衡报称：会绅设立榨油厂。

瑞昌县

农务

光绪三十年七月，王令济中表称：该县履勘四乡，均无荒田应行开垦之处。惟民山隙地，向种烟、麻，随时谕令乡民推广种植。现在烟叶统税，本年已加收钱四百千文；苎麻统税，亦较往年大旺。因民之利而利之，似属已有功效。

三十一年，据该府申送总表内报称：该县南北乡出产，以麻与烟叶、柏油为大宗，麻约出五六万梱[①]，烟叶约出十万余担，柏油约出五六千担。

工务

光绪三十年九月，王令济中表称：在北门城内造屋三间，于九月二十六日，开办罪犯习艺所。因军流徒犯只有三名，又收无业游民三名，各给资本，令习手艺。容俟筹款充足，再行推广办理。

三十二年，据黄令元直报称：赴沪购织布水机二架来县，以为民倡。并派聪颖子弟数人，赴鄂学习织法。

① 梱：捆束。章炳麟《新方言·释器》："今人以绳束物曰梱；以金束物曰锅，俗作箍。"

矿务

光绪三十年九月，王令济中表称：南、北两乡，山上间有出煤之处。八月间，遴选绅董杨恒武，前往试行采勘。开办月余，矿苗不远，煤质亦劣，出产无多，仅供本地日用，不敷行销。前经申送煤斤，以资研究。

三十一年三月，沙令上铸表称：东乡龙兴源杨姓山场，有煤矿一处，约出煤三万余石，现因水多停挖。南乡则乾洞垄、田堡坂、净水垱、杉木港、大坳、两峰尖、观音洞、乾港、张家港、杨树港、岩下窊，西乡则王山岭、桃源、尖瓜山、万丈红、杉树坪，北乡则炉垱火屋、袁傅家泉、杨家沙滩等处地方；共有煤矿二十余处，每矿约出煤三五万石及数千石不等。现在多有因水停止者，均系乡民自行开采。闻各乡绅民，刻已互相商议，即须筹集股本，往沪购买车水机器一二架，先行试验。

三十三年二月，黄令元直表称：两江查矿局委员张县丞崇德，带同矿师沈仁麟，来县查验矿质。已回宁销差。如何开采，候示遵行。

湖口县

农务

光绪三十年九月，据该县冯令由报称：绅民在小岭地方试种松、竹一千余株，只成活松树九十余株、竹子三十余株，皆因天旱少雨所至。

三十一年正月，据商令言志表称：在县城内文昌宫设立农务局，讲求树艺。业经电请拨发桑秧二千株，交由该局，转令各乡呈报领种。并捐廉购印南通州阜生蚕桑公司所编《蚕桑简明图说》，分发各乡。

二月表称：在该县南湖营老演武厅空地设农学试验场，种桑秧数百株。又购到《普通农学浅说》二百本，分发各乡。

十一月报称：派人在安徽宣城，购到水、旱二稻籽种一担，散给各乡农民试种。

三十二年正月，据冯令由报称：所发宣城县购来籽种，于该县土性相宜，复倩人前往采买二石，分发各乡。

闰四月表称：城南老校场，经该县亲诣丈量，广十三弓，袤七十弓，因土性不肥，无人承垦。经该县捐廉，召附近居民垦种菜蔬，稍可获利。

九月表称：松山脚下荒地，经该县批令张永兴，函知业主张胜，赶回开垦。嗣张胜因事缠身，不能回里，函嘱张永兴，代为召人垦种，惟地土不肥，种植颇艰。毕竟能种何项树木及何项菜蔬，容俟张永兴择土性相宜者，妥为播种。

三十三年三月表称：据绅耆禀报，查有荒地一片，广阔约有四五丈，坐落东门外，是否无主之业，无从查悉，乞出示谕招垦等情。业经该县照章示谕在案，俟五个月后，无人承认，再行垦种。

工务

光绪三十二年十月，据冯令由表称：该县捐廉，于八月间，就监外余地，修造习艺所，现已落成。业经订定章程。收养流民贼犯十人，置备机器，雇用工师，于本月初一日起，督令教习织棉布及线带、毛巾，并搓麻绳四项。

彭泽县

农务

光绪三十一年，据该府孙守毓骏申送总表报称：该县各乡，专种靛青，每年约出二万桶左右。

三十二年总表报称：各乡添种棉花，每年出产二万余包。

三十年十月，陈令麟蔚表称：查出荒田，已经勘丈注册者，计可作水田二十四亩零、陆地二十二亩零。即饬原报之人，分别开垦。

三十一年四月表称：查有三义港官荒，水、陆田地四十余亩，因地势低洼，易遭水患，无人承垦。

八月表称：八都横山桥，有荒洲一片，前饬生员何朗人雇工开垦，现已成熟十亩；其余一半，又令赶紧承垦。拟即前往履勘丈量，照章升科。

三十二年四月表称：九都栽种粗茶，一年可出万斤，烘制不善，就地行销者多，间有运至安徽祁门，并作洋庄。

八月报称：东门外荒地一区，只一亩七分，靠近山脚，势又大高，仅可栽种杂粮，已由职贡姚人镜及时垦种。

三十三年三月报称：马当青山一带，有田百余顷，地势甚低，易遭水害。现据增生欧阳荣廷等禀称，公同商酌，以湖东之黄山至四岸之猫山，中间相去不过一二里，横筑一堤，以防水患；其中间有无主之田，分别公私办理。已饬令估计工料，按亩摊费，谅均乐于从事。

四月表称：据吏员汪锦煌等禀报，十五都黄土寨、上方湖之东南隅、新桥港直下一带，有荒洲数区。又河南客民徐启先禀报，十二都北寨鸭子湖有荒地一顷余。均已出示晓谕，照章核办。

工务

光绪三十年七月，据陈令麟蔚表称：劝谕永生典商人，购买日本轧花机器十架，就本地所产棉花试办，以开风气。

三十一年十月表称：现已购到毛巾织机，就在署旁空屋，为学织之地，专教妇女，先定四名为额，学成之后，另换四人，更番递推，渐宏教育。每日早来晚去，由署备给午餐，以免往返旷工。其织机价洋三十余元，女教习每月工资十八元，及饮食等项，概系捐廉发给，学者不用花费分文。已出示晓谕，定于十一月初一日为始。嗣据报称，学成者已仿造机器，自织行销。

矿务

光绪三十年，据陈令麟蔚表称：该县仅有桃子山、老虎洞、榆树坞等煤矿三处，曾奉委员带同洋矿师，设局开办。因煤质不佳，旋即废弃。业经禀奉批准，毋庸置议。

【南康府】

星子县

农务

光绪三十一年二月，据杨令焕报称：大西门外彭姓荒地一片，计长里许，宽阔亦里许，又署前曹姓空基一片；前曾种植桐秧，被雪压伤，又经购到湖南草木桐子与本地桐子布种。

三十二年七月，据蒋令殿甲报称：清出县署旧址，计二十余亩，城隍庙附近官荒二亩零，并添买相连民荒地基三亩八分；每日押令轻罪人犯，开垦试种苎麻、菜蔬。

工务

光绪三十年二月，据杨令焕禀报：筹款建造工艺院房屋两进，购置铁机四架、毛巾机二架、腰机四架、带子机三架、辫子机四架。因出货稀少，复购东洋织布机四架。习艺者十六人，仿织毛巾、纱布、带子等类。

三十二年九月，据蒋令殿甲报称：院内染纱仿织毛巾、带子、辫子、柳条各色花布，照常工作。

三十三年三月，据南昌县胡令惟贤，申解生利樟脑公司缴呈樟脑报效银两文内，请予推广地界。当经本局批准于南昌一县外，再加给星子一县，以为推广地步。并札饬星子县，出示晓谕保护。嗣据星子县杨令焆鋑申称，生利公司现已开灶试办，并按季缴呈报效银两矣。

矿务

该县庐山青云庄地方，向产白石，形同水晶。光绪三十年七月，由杨令焕解局呈验。

三十三年二月，据该县廪生欧阳照等禀称：县属北乡之山，多产白土，可造磁料。凡无碍田庐之处，皆听人租山开挖。从前原有三十九厂，上年仅存二十二厂，出货无多，统捐不能足额。经前县蒋令出示招股添厂，今议在本乡公立小学堂、半日学堂各一区，合租大排岭汪姓之山，添开四厂，按货抽费，以充学堂公用。禀乞立案。等情前来。当经本局以学务统捐，各有专政，本局无案可稽；该生等既已在县禀明立案，饬县查明具复。

三月，据郑令自敦复称：县属大排岭、五福港、余家斜等处，共设白土厂二十二处，由绅包认完缴统捐税洋六千元；迨后举行新政，拟设学堂，又经按土抽收，以作经费。均已照办无异。惟上年九月间，前县蒋令殿甲任内，曾经余定秀等禀请在大排岭添设六厂，为时不久，因新旧厂商互相争讼，以所添之厂太多，必有减价滞销之弊，即经刘前署令钜查核控情属实，当将讼案讯断详销。并将新添六厂一律封禁，其旧有之厂照常开设在案。今欧阳照等抹煞真情，希图照准，所请添厂，应勿庸议。禀经本局批准如禀办理。

都昌县

农务

光绪三十一年六月，据罗令长镛报称：跑马厂、考棚侧两处地方，补种桑秧，成活一万九千余株。城内官地，试种桐秧等，成活二千四百余株。

工务

光绪三十三年四月，罗令长镛表称：现将城内考棚侧、旧有倾坏之尹公祠，重加修葺，设立工艺院及罪犯习艺所。业于初十日开办，延雇教习，购办织机，教以织布及织毛巾。惟成本及一切用款，尚未筹足。俟会绅筹定，即将开办情形专案禀报。

建昌县[1]

农务

光绪三十一年正月，据毛令淦报称：东南一带，滨近河湖，地势低洼，随垦随淹。西北一带，山地居多，种植松、杉。并沿堤各处，添植柏树，计成活七千一百余株，柳树一千八百余株。惟棉花、土靛两项，较往年多获利一千余串。

三十二年四月，据汪令春源禀报：前奉本府札发桐子，已择署西余地，如法试种，两月有余，未见发芽，挖视之，种已腐烂。

三十三年四月，据谭令鸿基报称：张家鼐等垦复南关外洲地一片，当即饬令勘丈绘图具报。现尚未据禀复。

工务

光绪三十四年正月，据谭令鸿基禀报：设立工艺院，以邓家埠五处牙人私收把柴用钱，提充公用，作为开办经费。当经饬令切实办理，并将开办日期通报。现尚未据禀覆。

① 建昌县：今江西省永修县。

安义县

农务

光绪三十一年三月，据吴令传荣表称：龙津寺旁，有官荒地基，雇工开垦，购买大湖桑秧二百四十五株、小桑秧二百株、柏树秧二百四十株，分别种植。

十一月表称：勘验前种桑秧，成活一百七十三株，柏树成活一百三十五株。

三十二年七月表称：续开县署左侧荒地一段，栽种蔬菜、山药、薯芋等项。

三十三年四月，周令景祁禀报：招集民股，在南乡康乐庄设立农桑试验场。拟定章程，详请立案。

工务

光绪三十二年九月，周令景祁表称：在县署二门内，购机雇匠，织造丝绸，为教导之所，以便乡民妇女观看仿效。

十二月，并解呈纺绸一匹来局，发交陈列所陈列。

【吉安府】

莲花厅[1]

农务

光绪二十九年正月，据唐丞继周申报：暂借西门外育婴局房屋，为农工商务局，举定绅士，先行试办种植。

十一月，据徐署丞绍桀禀报：砻西乡荒山，栽种茶树、竹木，已活十成之五。

三十年九月，黄署丞宗敷折报：莲花桥荒田一丘，会绅勘明，系一都李姓公业，计民田五亩五分，因拖欠钱粮，废而不治。当谕李姓族长，合房垦种田禾，照旧承粮。白云洞水道灌田甚多，乡民每于上游筑坝截流，以至争讼。谕令绅民，各于田畔开挖深沟，上流下承，以杜斯弊。

十月，又据申报：北门外四梅洲，有荒地一片，拟会绅勘丈，分别官荒民荒，照章开垦。其各乡向种茶树八万余株，添种二万余株，樟百余株，柏二百余株，松三万五千余株，桑一千余株；均经开具地名，折呈备查。又新种洋桐子，约五千株，现已摘取榨油，并解呈本局陈列所。又开塘十六处，修筑旧坝二十八处、水陂十五处。

十一月，又据申报：北门外四梅州[2]荒地一片，会绅勘丈，

① 莲花厅：清乾隆八年（1743），增置莲花厅，属吉安府。1912 年改厅为县。

② 四梅州：上文及下文均作“四梅洲”。

计地九亩一分六厘，系李姓族中荒地，现拟购作试验场。厅属向不牧羊，现由萍乡买羊八只，发交局绅，派人牧养，以开风气。

三十一年正月表称：购到湖南益阳所种洋山芋五十斤，发交局绅，于局前隙地栽种。又署内园中宽阔二亩有奇，已辟种洋桐子、洋山芋、包粟、葵花等项。

五月，据唐丞继周表称：四梅洲荒地，黄令尚未购就卸事，已由业主李姓，垦种洋桐子、苎麻两项。

八月表称：东门外董家坪有荒地一片，亲诣勘丈，计地七亩五分，系居民文姓公业。据文姓族长报认，自愿邀集族人，合力垦种杂艺，照旧承粮。

三十二年三月表称：郭村荒田四亩八分，已购洋桐子，发交局绅，如法试种。各乡栽种湖桑，成活三千余株。

五月表称：购到《农话》一书，已派人在城乡宣讲。并摘《农学丛书》演说，以开农民智识。

七月，据郭署丞调元表称：四都颜姓设立农学会，研究种植新法。

九月表称：自颜姓设农学会后，各乡渐多仿效。二十都贺姓、二十三都谢姓、十七都刘姓等，先后禀报垦种。

十月表称：现于南门外原择试种地方，雇工栽种薯芋、萝卜①等类。

十一月表称：十九都桥头市油行公禀，民人李若水情愿每年报效洋二十元，为农工商矿局常年的款。拟俟明春，于南门外试种桑、柘、榆、柳等树，以期逐渐成林。

三十三年二月表称：南门外荒地，前已雇工开辟，试种

① 卜，原作“葡”，据文意改。

各物，现均发生。各乡兴农学会者日渐加多。

工务

光绪三十一年十月，据唐丞继周申报：暂借西门外育婴公局房屋，为讲习工艺所，教授民间子弟，各习一艺。嗣因经费难筹，且育婴局内现办施棺舍药，未克举办。

矿务

光绪三十年八月，据黄署丞宗敷表称：瑞坑山、检砻口、梅岭等处，均有煤矿。均系附近居民，以土法开挖，农隙则挖，农忙即停。

三十一年七月，唐丞继周表称：厅境与湖南毗连处，向产铁苗。业经采送考验，如其合用，再招商开采。

十月表称：下源坑地方，有谭森严私挖煤井，被彭承志禀控“碍伊坟墓”，诣勘属实，封禁停挖。

十一月表称：年久废墙败瓦，可以熬硝。据商民李树枫等，凑集股本洋银五百元，承熬官硝。

三十二年十一月，郭丞调元表称：瑞坑山、检砻口、梅岭煤矿，经两江矿政局矿师来厅查验，据称苗质极旺。谕绅筹集公司，领照开采。

庐陵县[1]

农务

光绪三十年八月，潘署令敦先表称：各乡种植，惟麻最旺，较往年尤为丰茂。

九月表称：劝谕绅民开挖塘堰，其淤塞者赶紧挖浚，以备旱干。

十月表称：考棚之傍，原有桑园一所，培植多年，俱尚畅茂。乡间多种茶树，取子榨油，获利颇厚。各乡塘堰，已据绅耆禀报，修浚二十余处。

三十一年正月表称：购买柳条数百枝，于城厢隙地，遍行栽插。

六月表称：居民种桑，不知翦[2]桑之法。依照《蚕桑辑要》成式，教民仿办，人多乐从。

九月，彭令锡蕃表称：城内周公祠前，查有荒地数亩，拟俟明春购种桐、柏树秧。

十二月表称：监生胡联璧等禀称，拟将村内文会洲地开垦种植，以充开办乡村蒙小学堂经费。业经批准照办。当经本局批饬勘丈绘图，禀报在案。

---

① 庐陵县：今江西省吉安县。

② 翦：同“剪”。

三十二年正月表称：周公祠前荒地，招工开垦，内多枯骨，碍难种植，现在栽插柳条。并绘图一纸，呈送查阅。

二月禀报：据纯化乡绅耆、工部主事李士林等，拟呈种植约规十条。并饬各绅创设农业学堂一所，专以考究土性种植之法。当经本局以所拟未尽妥协，批饬更正。

五月表称：纯化乡七十七、八等都，广种竹木、桐、柏、苎麻、烟叶等项，各乡均多仿行。

三十三年四月，吕署令用宾表称：查得永福乡有荒地一片，已饬该乡职员郭起凤等，赶紧择宜布种。当经本局以该令甫经到任，即能查出荒地，批示奖励在案。

工务

光绪二十九年十一月，据潘令敦先禀称：前县郑令恭集股创设广利工艺局，在郡城西门外租赁民房，专办纺纱织布事宜。拟定章程六条、招股办法八条，禀奉前署抚宪夏。批饬会绅设法维持，以期持久不敝。转饬遵照。

三十年十月表称：广利纺纱局，上年由前县郑令及诸巡检楷创设自造木轮机器，仿制洋纱。迭经郑令及该县，先后集股三千六百元，因诸巡检不善经理，亏折至六百元左右。若添购洋机，款更不敷。现将股本发还，业已停办。

十二月申报：新开阜昌公司，自制洋皂、毛巾等件。

三十一年三月表称：县属除织布外，近又有种薄荷以熬油者。

五月表称：阜昌公司所制毛巾、洋皂，尚为精良，人多乐购。

十月，彭令锡蕃表称：前于署内右侧空基，捐廉六百元，建造房屋，以为罪犯习艺所，现已工竣。并将详细章程十六条，以及开办日期，另文禀报。

十一月表称：所内人犯，现已开机织造棉布、毛巾。

三十二年四月表称：每日出布三四丈、毛巾二十余条。

七月表称：自开办习艺所以后，居民进内观看，颇能则效。市上所售布匹，较前略为精致。

商务

光绪三十年八月，潘令敦先表称：职员张震离等，禀称拟设鸿宝公司,聘雇工师,试熬樟脑。俟呈验资本后,再行详办。

三十一年正月，据潘令敦先禀:各帮绅商，设立商务公所，公举总董、副董，维持各项生意。呈送章程十五条，当经批饬改为商会。并据禀奉前护抚院周，批饬督率绅商，妥协经理，务期有利无弊，商业日隆。转饬遵照在案。

十一月表称：县属向产棉布，销售甚广。近因洋布盛行，土布滞销，然每年亦尚可销十万余匹。

三十二年九月，彭令锡蕃表称：客商许玉堂禀，集股开办樟脑公司，拟具条规。业经详请示遵，俟奉批后，转饬遵照。

三十三年正月表称：职商许玉堂现在郡城试熬樟脑，已奉批准试办，并遵缴春季报效六十余元。

矿务

光绪三十年七月，潘署令敦先表称：前据泰和县增生周文炬等，禀请在儒林乡开采煤矿，已经禀奉批准。现饬该生来县，随同往勘，以便请照开办。嗣因股未招齐，禀请缓办。

三十一年十二月，彭令锡蕃表称：庐、吉、新三邑职商郭云岳等，禀称拟开铁矿，创设炉厂。批饬妥议章程，筹集股本，另呈核办。嗣因集股为难，未具续禀。

三十二年三月间，职商万信等拟于敖城市地方开采煤矿。禀奉前抚宪胡批示：敖城地方煤矿，前据庐陵县绅候选道彭家禄，禀请给札开采。当经夏前院批据农工商矿局，以“未据将矿山四至、里数、亩数，绘图附呈；所议章程，亦未妥协，碍难准行”等情，议复饬遵在案。该职商所开之矿，是否即系彭绅所开之矿？批局转饬遵照定章，妥议办法，禀候详夺。奉经饬县查勘详复。嗣据详复，并非彭绅所开之矿，惟合同议约，未据抄呈，亦未诣勘；所拟条规，诸多未洽。批饬妥议更正，呈送合同议约，诣勘绘图，验明资本，详复核夺。现尚未据详复。

泰和县

农务

光绪三十年九月，据陈令善垣申报：云亭乡上罗村新荒官地一百四十四亩，招人垦种杂粮。万石垄荒田四百余亩，垦复过半。东岳庙荒山，约计十里，改种柏树，多已成活。五都五图均都坝，官荒洲地一片，经生员陈录等，设立农会，筹资开垦，试种瓜果、桑、柏等类。西门外长陂石坝石闸，工程浩大，用费一万数千缗，均由萧绅作梅捐助，现已全工告竣。

十一月表称：云亭乡上罗村官荒，已招佃垦熟十之三四。万石垄未垦荒田百数十亩，续经招佃认种数十亩。其余荒区，因无水源，无人承领。

三十一年正月表称：各处所种树木，因被冰雪，压折十之三四。

三月表称：局绅分诣各乡，劝谕垦荒各户，疏泄积潦，布种杂粮；其未垦荒地，招佃承领。并划出数区，栽种薄荷、香艾。其树木被冰雪压折者，补种成活十居六七。

五月表称：未垦荒地，续经招佃领种数十亩。

六月表称：所种茶、柏树秧，因遭大旱，损折殊甚。

三十二年三月表称：东岳庙荒地，约计十里，原种柏树，成活十之五六。其可补种之地，雇工开辟。选购佳种，先在附城熟地，布种成秧，然后分段栽种。择稍高之地，种薄荷、香艾。至上罗村垦地，俟过夏汛，方能布种瓜子、杂粮。

四月表称：天气晴霁，荒地河水渐退，将附城所种柏、桐树秧，发给东岳庙垦地，分段补种。

五月，张令庆霖表称：上罗村所种西瓜、薯芋等类，询之佃户，均云出息能敷工本。东岳庙荒山所种柏树，询据局绅面称，上年冰雪压坏过半，其可取子榨油者，大约十之二三。谕令劝导乡民，赶紧补种。生员陈录等纠股开辟五都均都坝荒洲，查询尚未全垦，谕饬该生添邀股本，速即全行开辟，试种各项杂粮。

六月表称：据局绅举人孙振渭等面称，拟清理官荒，召人承垦，期收租息，拨充局用。当经批饬诣勘，绘图造册，禀报立案。一面召佃领垦，择宜布种。

十一月，沈令善谦表称：各乡未垦荒地，督饬局绅，趁时召佃。其桑树等类，遍村皆有，已严饬加意培护。

三十三年二月表称：西门龙洲附城一带、南关外水南等处，桑园枝叶茂盛，蔚然成林。惟土人育蚕，不谙缫丝，获利有限。当经批饬考求缫丝之法，传知乡民，以兴蚕事而补农功。

三月表称：生员郑冠群集资开办农学试验场一所，其地名郑姓村，距城二十里，栽种树木杂粮。

工务

光绪三十年七月，据陈令善垣详报：萧绅绍渠独力捐建工艺院，暂借庙宇开办，收养游民四十名，雇用工师四人。常年用款，约一千四五百串；修理房屋，置备器具，共用一千五百余串，均归该绅按月捐缴。议章十二条，业经批准立案。

九月表称：在东门外快阁背，添建院屋数十间，增额八十名，以理丝、捻线、作爆竹为细工，砻谷、舂米为粗工。县城内向产油纸扇，由局绅授以新法，已经改良，并令用绢精绘，饰以洋漆，销路顿畅。又由局绅教匠，制成纪限仪，以测日揆地；板螺车以吸水，俾资利用。又辟地自种薄荷、香艾，制油销售。又购机试织毛巾。

十月表称：毛巾、薄荷油、香艾油，销场日广，获利三分。

十一月表称：萧绅工艺院内，原卷爆竹，因硝磺易于引火，业已停造；专办织巾、织布、理丝、砻谷、舂米等项。

三十一年二月表称：局内因无经费，暂将轧花、纺纱、织布停办。当经批饬设法筹款，勿令中辍。

五月表称：局内织巾，出货无多。拟俟萧绅工艺院添建房屋，即行归并一处。

六月表称：局内添织凤眼扣布，并四幅绒毛单被。批饬检具两匹，呈送本局陈列所。

十月表称：局内织工仍旧，惟经费无着，即当筹款接济。

三十三年三月表称：局内经费未裕，现将税契尾价余银拨充局用。并另延工匠，改良织造。

四月表称：工艺院制成油纸扇四万余柄，运赴省垣出售。

八月表称：薄荷一项，庐陵、吉水出产甚繁。该县于二十九年起，始由局绅收买薄荷，仿办艾油。惟成本甚重，每艾百斤只提净油二两，每两须费一千余文，是以未能多制。现谕局绅精制艾油，寄粤出售，可冀获利丰厚。

商务

光绪三十三年四月，据生利樟脑公司职商梁基等禀称：前由南昌县申解报效银两，并请推广地界，业蒙批示。以公司既在南昌设灶，南昌一县，自应准其买树熬脑；再加给星子一县，以为推广地步。将来所指县分樟树购尽，应准其再指一县，次第推广在案。惟公司在南昌设灶有年，樟树购尽，拟迁移泰和县，就树多处设灶，庶可持久等情。当经本局批准立案，发给护照，前往开办。嗣据该县沈令善谦申报，该公司已经到县，并呈解预缴秋季报效六十二两五钱，到局核收。

矿务

光绪三十年九月，据陈令善垣表称：邑绅彭用世集股先租千秋乡省山、橘园二处，续租铲镜一处，试办煤矿。

十月表称：高行乡津洞地方，出产钢铁，封闭多年，现集绅招股开采。

三十一年三月表称：省山三处，煤气甚臭，不利行销。

十月表称：铁矿因难招股，未能开办。煤矿出煤不多，亏折甚巨。

三十二年十一月，沈令善谦表称：两江矿政局派委矿学生沈凤祥，来县查勘。津洞铁矿，质较充美，除由该矿师采取矿质汇同呈验外，已谕绅集股开办矣。

吉水县

农务

光绪三十年九月，据张令肇基折报：在城东节孝祠内，设农工商矿局，并试验厂。谕饬举人刘应恺等，经理垦荒、种植、制造等事。

十月表称：墨潭地方，已经前县郭令调元劝据邑绅张其明等，纠股垦复洲地二十余亩，并开垦南门外洲地十余亩；均种植红瓜子。

十一月表称：勘丈北门外仓基一片，南北长二十二弓，西东宽三十三弓。现谕局绅李作楫等，雇工开垦，明春布种烟叶、苎麻。

十二月表称：南门外中洲一区，已据佃户陈立凤等，集洋四十元，垦出数亩;未垦尚约有十余亩。现已谕饬一律垦种。

三十一年正月表称：附城沿河堤岸，督率亲兵培筑丈余，并种杨柳七十余株，借资捍卫。

二月表称：南门外中洲荒地，已由佃户垦竣。

三月表称:南门外洲地、北门外仓基,所种油菜,均已收齐。俟夏至时，再种瓜子。

四月表称：南门外中洲及新开垦亭子边地十余亩，均种瓜子。署侧典史衙基,已筑围墙,试种薄荷,并插杨柳二十余株。

六月表称：折桂乡开垦洲地一百六十余亩，中鹄乡开垦荒田二十余亩；均种瓜子。

九月表称：勘丈南门外与折桂乡开垦洲地，内有官荒二百一十四亩、民业六十四亩；中鹄乡共垦民荒洲地四十七亩、荒田五十二亩；仁寿乡共垦民荒洲地二百五十亩。均已绘图造册，另文禀报。并据折称：城内老考棚荒地，已种石榴一百五十余株。学宫旁荒地，种桃、李等树五十余株。其东门城外打鼓石地方，官荒山场，广袤三里，由局绅李作楫等垦种松秧二万余株、杉秧四十余株。

十月表称：折桂、中鹄等乡，所收红瓜子，已有美商新义泰洋行来县采办，每石可售洋六七元。

十二月表称：南门外与折桂乡，所垦官荒，内有一百五十二亩，地势较高，议自明年春季起，三年后每亩纳租三百六十文；其余六十二亩，滨临大河，议自明年春季起，四年后每亩纳租三百文。所收租资，拨充小学堂经费。

三十二年三月表称：在老考棚空基设立树艺公所。又署旁右边，设立种植试验场一所，种竹二十余株、石榴五十余株、李七十余株，均已成活。其各乡已垦民荒，升租年限均已议定。现正赶造图册，即当通详立案。

五月表称：墨潭垦复荒洲，据局绅张其明等禀报，被水冲塞七十余亩。当经勘明无甚妨碍，谕令转饬各佃户，及时补种。

六月表称：垦复各乡荒田洲地，栽种薄荷、瓜子，每年获利匪浅。

八月表称：各乡约收瓜子七八百石，每石售洋六七元；薄荷油约收二三百斤，每斤售洋四五元。

三十三年正月表称：局绅招佃，在于磨下村官荒山种松秧约十万株，在红勘上接至莲蓬塘上首官山种松秧约三万株，在罗家岭官荒种松秧约一万六千株。

工务

光绪三十一年二月表称：工艺一项，已经置买木机，设立工艺局。查有生员徐元训，办事妥实，谕饬住局筹款，购买洋机，次第兴办。

三月表称：局绅徐元训劝据杨正和捐洋百元，俟集有成数，即赴申置办洋机。

七月表称：据局绅面称，县属多樟，已赴新淦雇募脑师，熬取樟脑。

八月表称：商人刘寿山延到福建工人三名，于董富村购得樟树四株，兴工熬脑。当经批饬设立公司，议章禀报立案。

三十二年闰四月，又据禀报：捐廉二百串为倡，并劝集股本六百余串，即就衙署东边空基，建造房屋二栋，共计七间。以右三间为罪犯习艺所，左三间为工艺院，如织布、结网、舂米、搓麻绳、编草屦等类，分为粗、细二工，已于二月初十日开办。拟定章程十七条，请示立案。当经批饬督率工师，勤加教导。

闰四月表称：先后收入军犯及游民，每月舂米四十余石，做棕荐三十余条、蓑衣三十件，搓绳百余根，编屦二百余双。

七月表称：查有军犯能织花布，已令先行试织。

八月表称：现在织造棉纱、腰带、袜带，尚堪经用。

十月表称：试织各种花布，货色尚佳，堪以行销。

三十三年三月，据职商陈振业等禀，集资四千元，在该县开办兴利樟脑公司。当经批准立案。嗣据该县申报，该公司因与在新建县地方熬脑公司同名，遵批改为福利公司，秋季兴工开办，并预缴报效一百二十五元。

商务

光绪三十年八月，张令肇基折报：邑内并无大商巨贾。惟出产红瓜子、薄荷油两项，间有美商粤人来县采买，分运九江、粤省销售。

矿务

光绪三十年九月，张令肇基折报：邑绅曾卓先等禀称，南门外神洞地方，有煤矿一处，拟即集股开采。批俟诣勘后再行核办。至同水、白沙、水北等处煤矿，亦当会绅集股开采。

三十一年四月表称：神洞煤矿，经曾卓先等，延得叶矿师探验，矿苗不旺，未便开采。又查得墨潭一带，间有矿产，已谕曾绅集股请照开办。又八都发华庵，有生员王华封等用土法挖煤，惟距河道太远，未能获利。

五月表称：发华庵及阜田水南等处煤矿，因水停挖。

十月表称：墨潭煤矿，由曾卓先集股九百元；又中鹄乡塘尾村，有煤矿一处，由邑绅张其明集股一千元，均以用土法开采。业经勘明与庐墓均无妨碍，禀请给照开采。当经批准发给具领。

三十二年二月表称：九都兰溪村，曾姓山场煤矿，据职员曾国瑞等集股禀请给照。勘明无碍庐墓，绘图转禀，请予发照。亦经批准给发。

五月表称：生员王嘉谋等，禀称集股拟开五十都蒲鸠岭王姓矿山，俟诣勘后，再行禀办。

六月表称：生员胡朝佐拟聘矿师，开采已山煤矿，禀请诣勘。均经批饬勘明禀报。

九月表称：蒲鸠岭开煤矿一事，迭被邑绅林赞国等，以妨碍风水、田产具禀，及经诣勘，并无妨碍。当经批饬禀请给照开办。

十二月表称：据王嘉谋等禀称，蒲鸠岭矿质不多，股本难集，请予销案。业经照准。

三十三年二月表称：墨潭、塘尾等处煤矿，其已经领照开采者，或以矿苗不多，或以股本太少，未见大效。

永丰县

农务

光绪三十年九月，据吴令国珍表称：县属向产夏布，但麻须购自袁州。自经劝民种麻后，龙云乡李村已种苎麻一百一十余亩，兴平、迁莺二乡亦皆试种。

十月表称：查出新旧荒田，共有二百余亩，现已招人开垦。各处塘堰堤岸，均尚完固。当经批饬查明官荒民荒，及时垦种；如业主不遵限报垦，即由官招佃领垦。

三十一年四月表称：查明荒田二百余亩，系在龙云、兴平、迁莺三乡，均属民荒，已勒限业主垦种。

八月表称：春间劝令各乡业主，于荒山隙地种植茶梓树，现已成活六千余株。将来出油，更可推广。

十月表称：近城龙云、兴平、迁莺三乡，新旧民荒田地二百余亩，各业主以地土过瘠，种植无利，致未遵谕垦复。

十一月表称：薄荷一项，春种秋收，获利尚厚。劝谕绅民，觅种栽种，以辟利源。

三十二年二月表称：各乡除种苎麻、茶梓外，多有添种薄荷者。

三月表称：龙云、兴平、迁莺三乡民荒田地，前饬各业主招工垦复，已有十之三四正在择宜试种。

十二月，许令宝莲表称：永丰、明德两乡，向产茶油，往年仅出二千桶，每桶重二百五十斤；今岁茶子丰收，多出三百余桶。

三十三年正月表称：前因下乡催征之便，劝谕永、明两乡绅民补种茶树。并据明德乡绅民禀报，拟种甘蔗制糖。已饬速觅佳种试种。

工务

光绪三十年八月，据吴令国珍禀称：原有羁押所，经该令捐廉，就该所略加扩充，改为工艺院。

九月表称：收入院内之人，其素习有艺者，饬就本业操作；无艺业者，则令其织蒲鞋、搓麻绳。

三十一年六月表称：现又添织竹席，制造竹器。

商务

光绪三十年八月，吴令国珍表称：该县人工所织夏布，向分春、秋两帮出运。本年春帮，共运出一千一百三十余卷，每卷价银十七八两。

三十一年八月表称：毛边纸一项，亦县属出产，惟制造不精，难期畅销。

安福县

农务

光绪三十年八月，夏令曰琦表称：东、西两乡溪河，向多淤塞。已集绅商议，筹款修浚。当经批饬刻日兴工，以修水利。

十月，冯令政贤表称：江南等村，添种甘蔗，已挑赴城市售卖。其柏、桑二项，一二年后，当可获利。

十二月表称：各乡陂塘圩堤，劝谕绅民，挖深筑固，均已完工。

四月，戴令济清表称：自江南等村添种桑树以后，今岁出丝，较往年增多。

五月表称：二十八年间，前县萧令兆熊会同绅士伍兆鳌等，查勘红花园江南村一带洲地，栽种甘蔗甚多，其所种桑、柏等树亦数百株。

七月，据戴令禀报：查得东门外滨河五里马家洲荒地，三百六十二亩，系附近刘姓之业，土含沙石，非称上腴。集股并助给官本，设立树艺公司，已垦一百八十余亩，试种瓜豆、花生、蔗、靛等物，均已滋生畅茂。其洲之四围，沙石硗确，人力难施，不能开辟。议章绘图，禀请立案。并据禀奉前抚宪胡批示：该令劝集股本钱一百千，开垦马家洲地一百八十余亩，所议章程，尚为妥洽，应准如禀立案。至官本三股，虽为数无多，而递任移交，可免停废，亦准照办。仍随时分查四乡，如有可垦地亩，认真董劝，逐渐开垦。并禀奉前署督宪周，批饬妥为经理。均由本局转饬遵照在案。

十一月表称：自劝谕绅耆设立马家洲树艺公司以后，各乡颇能仿办。兹据刘有爵等禀称，西乡四都沿河庙背村洲地，长圆三四十亩，已筹集股本一百千，垦种乌柏、桐、橘等树，并植一切杂粮。查系新涨官荒，已批饬遵照垦荒章程办理。

三十二年正月表称：马家洲新垦荒地，因甫开辟，收成仅有瓜子、花生两项。

六月，彭令腾瑞表称：西乡四都王、刘两姓集股开垦沿河荒洲三四十亩，春间已种茶、桐五六百株，因夏间天旱，成活者仅十之二三。

七月表称：现在改种西瓜，尚属相宜。

八月表称：马家洲所垦洲地，亦系栽种西瓜、花生等类。

十月表称：西乡廪生周承恩等历管祖遗山场，隙地甚多，遵谕先于茶山里、磨头二处，开垦栽种桑秧数千株。

三十三年正月表称：城内学宫两傍，隙地尚多，谕令居民赶紧播种，业已垦种多处。又西乡廪生周承恩等，所管毛陂畲一处山场，业已饬令垦种松秧。

四月表称：城内各丝线店，所饲之蚕，多不如法。业经将《蚕桑辑要》内载种桑养蚕各法，摘取布告，俾民间得以改良仿办。

工务

光绪三十一年四月，戴令济清表称：各乡造纸，不得其法。已饬各纸户提炼洁白，多能遵办。

五月表称：该县食物，向有火腿，惟仅供本地食用，销售无多。

八月表称:现于南门外，觅得常平仓旧基一片，尚为宽广。但开办经费，须筹一千数百缗，俟筹定再行议章禀办。

十月表称：该县樟树，到处丛生，迭劝集股熬炼樟脑。兹据附贡生刘葆忠等于南门外设立樟脑公司。当经批饬妥议章程，转详立案。

三十二年三月禀报：现集捐款一千七百余缗，并捐廉一百缗，开办习艺所，仍就常平仓官基，修造号舍。将毗连之育婴公所房屋，改为工作厂。其工艺以作竹器、卷爆竹、织夏布三项入手。并拟章程二十五条。批饬妥为经理，以垂久远而收实效。

六月，彭令腾瑞表称：习艺所工程已竣。托友赴汉口，购买织布机、毛巾机各二具。延请工师，来县试办。

七月表称：于东门城内考棚两傍号舍设立工艺半日学堂。俟在汉购买机器回县，送入试办，以兴实业。

八月表称:汉口机器,已运回县。现已兴工织造,所出巾布，尚为合用。

三十三年正月表称：前经招集股本，设立章华熬脑有限公司，延请脑师，如法熬取。并拟定办法章程，详请立案。奉批以省城议设总局，不必称为公司，饬即称为官局，现改称章华熬脑官局。所有章程，仍照原案办理。上年出脑尚旺，所出之脑，运往九江，转运外埠销售。

矿务

光绪三十一年正月，冯令政贤表称：王家山煤矿、马蹄山煤矿，均无人集股开采。

五月表称：王家山煤矿，前经邑绅欧阳衔集股领照开采，亏折甚巨，现已停办。

三十二年六月，据彭令腾瑞详称：庐陵绅士彭家禄禀开浔塘村煤矿，请予给照。当经核与定章不合，批饬更正。嗣后未据禀覆。

十二月，据彭令禀，职员欧阳衔集股开采王家山煤矿，现因资本不足，无力开办。业经该令勘明，产煤尚旺，拟续招股分，并换领印照，提倡接办。当经批准发给执照。

三十三年二月表称：王家山矿务，前经妥定章程，禀准给照，现在暂用土法试办。

龙泉县[1]

农务

光绪三十年八月，罗令大冕表称：五峰书院隙地，该县初次任内所种苎麻，经陶令埙饬令改种木棉、豆子。署内余地，该县初次任内，已种木棉、苎麻，近又荒芜。回任后，即谕从前垦种之增生周树棠等，赶紧择宜布种。

十一月表称：前谕周、陈、李三姓，在伊荒山栽种松树，现已长成伐卖。另购松秧，补种一万余株。

十二月表称：谕令各乡设立三余学堂，将奉发《农学报》及《农学丛书》发给抄阅。各乡绅来署钞录者，络绎不绝。

三十一年正月表称：面询绅士，雪地有无藏蛟形迹？将《伐蛟说》排印给散。

三月表称：中乡增贡周树棠，集股所种松秧，约有三万二千余株。又因赴乡勘案，行至北乡，见有沙碛荒田，约计四亩，询系聂万年私产。该县捐廉六元，劝令垦复，已种早稻。

六月表称：询据五乡绅士面称，境内凡可种树之处，均已遍种杉、松、茶、桐等树，并无荒山，不敢谎报新辟添种。

十月表称：五峰书院有荒田二十余亩，饬谕首士，帮助佃户工本，设法垦复；每年可收租谷五十余石，拨作学堂经费。

① 龙泉县：今江西省遂川县。

三十二年正月表称：西乡大汾墟一带，尚有荒山，已谕北乡司巡检汪学涛会同绅士张小山等，确查山主姓名、宽长若干、宜种何项树木。一俟复到，即亲往诣勘，设法种植。

二月表称：据汪巡检复称，该处仅宜种松。旋即捐廉为倡，饬购松秧，散给各业户栽种。

十月表称：据汪巡检面称，大汾墟一带荒山，饬种松秧，除将官办松秧发给乡民外，其余均由乡民自行栽种，隙地业已无多。复经该县于赴乡催征时，前往察看，隙地仅有十之二三，松树颇为畅茂。

工务

光绪三十一年四月，据罗令大冕表称：大汾墟所制油纸折扇，造法不精。迭谕绅士张小山，转催制扇各户，速觅浙江良工，来县传习。现经该县于省垣购买浙扇，发交张小山，饬令依式仿造。

七月表称：据该绅呈验仿造式样，其嵌螺钿及烙印山水人物花卉，大致可观。已饬竭力摹仿，务期美备。

十月表称：据增贡生郭振声等禀称，在上海聘来熬脑工师，请设厂试熬樟脑。业已批准。一俟办有成效，再行详请立案。

三十二年二月表称：增贡生郭振声等，在沪聘来脑师，试熬樟脑，因获利无几，将工师辞退。现在自能熬炼，所出之货，竟有广客赣客来厂争买。惟樟树无多，难期集股扩充。

十一月，褚令焕祖表称：增贡郭振声等禀称，集股三百元，设立开源公司，拟往万安买樟，就地设厂。业经据情转详请示。当经本局批饬厚集股本，划分地界。转饬遵照办理。

三十三年三月表称：据举人梁世淮禀称，集股在县城创立织布公司，并选派子弟五人，送往江南工艺局肄业；俟六个月毕业后，定购机器十架，回籍开办。

商务

光绪三十年十一月，罗令大冕表称：县属大汾墟地方，向造油纸折扇，行销下江一带。

十二月表称：本年茶梓丰熟，茶油甚多，乡民尽挑往广东售卖。

万安县

农务

光绪三十年八月，据王令作紼[①]折报：东、南两乡山地，均种茶、竹、柚、橙等树，隙地无多。查得东门外，有宽大旷地一段，原系武校场，因武试已停，堪以垦作试验场。惟地势低洼，畏水，宜种乌桕、荞麦。现已捐廉，雇工垦复，以为先导。

十月表称：东、北两乡，土宜种桑，已托友赴瑞州，订购桑秧数千株。

三十一年三月表称：该县捐廉所购桑秧三千株，业经运回。已饬令农民郭永锦等，免缴树价，先后领去二千余株，植于湖田、百嘉等处。其余，遂将都司署基一片，约二三亩，垦复栽种，以作桑园。

八月表称：城内所种桑秧，已活十成之八。乡民领种之桑，约活五成之谱。

九月禀报：东门外试验场之地，土名东湖洲，现经亲往勘丈，自西至东七十三弓，自南至北一百一十四弓，共三十四亩有奇；所种乌桕，发生一千三百余株。绘具图说，开呈清折。当经批饬加意培护，严禁戕害，以期成林，借收美利。

十月表称：现向民间订购桐种，拟俟明春布种。并拟于

① 紼（fú）：同“绋”；帝王诏书。

沿河一带，遍插柳条，以荫行人。

三十二年正月表称:已于南门外沿河一带，插柳七百余株。

五月，据该县绘图禀报：文明门外有官荒山地一段，勘丈计一十六亩有奇，土名潮泥坑，召工垦种桐秧九百六十七株。又表称：乡绅张杰三等联合农民，设立农务公所，垦辟门上岭等处荒山六嶂，种活桐秧万余株。

八月表称：廪生刘学渊等筹办蚕桑实业，拟从种桑入手，集股六百余元;并在城厢内外，相定荒旷地土多处，承租开办。已寄款往瑞州，订购桑秧。

十二月表称：廪生刘学渊等相定东、南两门城内荒地，砌筑围墙，雇工垦辟，俟桑秧运回，即行栽种。

三十三年二月表称：城内园桑，芟去繁枝，俾成拳式。并传知领种桑秧农民，一律照办。其刘学渊在瑞州订购桑秧一万株，乃以瑞州桑秧无多，仅购十分之一，批饬改种他项植物，免至坐废地利。

三月表称:刘学渊等以桑秧尚未运到，已改种萆麻、瓜豆。

四月表称：刘绅等购觅多数桑椹，在于观澜门内园中，择一部分试种。

工务

光绪三十年八月，据王令作绰折报：民间工艺，以制纸、榨油、编棕鞯、打竹缆四种为多，然皆窳拙已极。拟将南门外旧营房一所，改作工艺所，收集游民，各习一艺。

九月表称：修葺城内仓厫，设立工艺所，并将应用器具物料购置。一面谕绅筹集股本，设厂制造洋货。

十月表称:所内已收游民四人，学织草席。当以规模太狭，批饬筹费设厂，以开风气。

十一月表称：该县前次招商试办樟脑，已于土龙地方，设灶试熬。谕饬集资设立公司，俟组织有成，再行禀报。

十二月禀称：据职员孔宪双等禀称，集齐股本，议订章程，拟设务本有限樟脑公司。转禀批准试办。

三十一年六月表称：所出樟脑樟油，已由总理孔宪双转运沪上出售。工艺所内游民较多，添雇教习一名，兼令习织草履。

七月表称：工艺所已改为习艺所，购置砻碓两具，责令轻罪人犯舂米砻谷。并函托鄂友，购办毛巾织机两具。并据拟定章程，禀经批饬认真经理。

十月表称：鄂友代购毛巾织机，已经运回。复托省友延聘教习，来县教导。至务本樟脑公司，各股东均以本小利微，各存退志，议将停办。已劝其添集股本，重整旧业。

十二月表称：毛巾教习已将机器安配完全，织成毛巾数十条。惟捐廉供给，实觉难乎为难。当经批饬妥筹常年经费，力图扩充。

三十二年四月表称：民间需用土布，概须由外运来，屡曾劝谕绅耆，集股兴办纺织公司。业经在省购回机器三部及棉纱等件，已促各绅赶紧集股开办。

三十三年正月，谕绅集股兴办纺织公司一事，其应用木机、花车等件，业经购办齐全。现闻各绅在外设法组织，招集股本开办。

四月，据该县详称：务本樟脑公司总理孔宪双等禀称，添集股本，重订章程，照抄议约，并缴从前报效八十元。转详查核，当经批饬仍准试办在案。

商务

光绪三十年八月，据王令作綍表称：该县出口货物，以纸张、茶油及猪为大宗。惟城乡市镇冷落，仅有零星客贩来此收买，并无巨商大贾。

永新县

农务

光绪三十年八月，张令庆霖表称：县属南乡多山，向种松、杉、桐、柏、乌柏、茶树，本称繁盛。近年设立新政局，整顿农工商务，讲求树艺，乡间种植，尤胜于前。现据南乡生员万图庚等禀称，近有游惰偷窃戕害，乞示禁止。当经派该乡绅士四人为约长，随时稽查；并撰发条规示禁。

九月表称：八都、十一都，毗连山场，约三十里，向有萍乡、安福客民，结茅其上，种植桐、茶、竹木。每逢摘取茶子之时，常有成群男女，强行担取。现请该乡绅士，设会稽查，妥商条规，请县示禁。业经批准照办。从此推广，则县属荒山，不致旷废。

十月表称：四乡产木，以杉为大宗。而东乡义山、官背等处，所产尤佳，每年出产，不下万金。

三十一年正月表称：现饬新政局绅，劝民购种薄荷、车前子等类，以兴地利。

六月，张令善铎表称：查得城内关庙背，有荒地九丈有奇，当由该县捐给钱文，饬令业户垦种瓜菜。现已围筑土墙，以防人畜践害。

七月表称：西乡有荒土二大片，查明一系萧绅辉锦之业，一系贺绅赞元之业。劝据萧绅栽种杉木六千余株，成活二千余株。

八月表称：贺绅赴省未回，其荒地已否种植，尚未呈报。

九月表称：前次赴乡，查明西乡十一都尚有荒田五处，宽长二三丈五六丈不等。现经捐廉五千，饬令业主栽种菜蔬。

十月表称：查得西乡十二都尚有荒田四处，宽长三四丈五六丈不等。已谕绅前往考察土性，并允捐给钱文，劝令附近居民，合力垦种。

十一月表称：经绅查明十二都荒田，内有一处，沙石过多；其余均可栽种木棉、杉树。已批饬及时垦复，择宜布种。

三十二年正月表称：县署左侧，有县丞衙署空地一块，拟改作农务试验场。并前次奉发洋桐子，饬丁赴莲花厅购运，以备试验场试种。又西乡萧绅辉锦报称，该乡土性宜松，已种松秧二十余万株。

二月表称：洋桐子已由莲花厅运回。并购茶、桐种子，发给南、北两乡农民，先后领种。其试验场内，已将洋桐子布种。

三月表称：县署右侧，尚有隙地三四丈，业经雇工开垦，遍种茶、桐及洋桐子，每项约一百余株。

十月，石令守谦表称：前据乡绅面称，西、南二乡一带山岭，新种杉木数千株，经该县赴乡查勘属实。

十一月表称：官学堂屋后，有地一区，堪以移作农务试验场。

十月[①]表称：北乡小富岭地方，有山场一片，约二十余里，由廪生刘灿等，公商拨款，拟栽松树数十万株。

三十三年正月表称：西乡十二、三、四都，生员李秉兰、萧树勋、谭政瀛等，禀清厘三姓界内荒山旷土，招股种植。已据禀立案给示。

二月表称：北乡童生胡仁杰等禀称，集款垦种荒山荒田，

① “十”字下疑脱“二”字，即指十二月。

以便栽插树木菜苗。

三月表称：廪生刘学渊等，已于小富岭栽松五万余株。

四月表称：农务试验场移设官立小学堂后，现栽有洋桐子、薏米、石榴、棕树、木枣等件，以便学生考察，俾资实验。又县丞借住漕仓，后有隙地一块，经县丞潘淮沂，于去岁雇人垦辟，栽种鹅郎草，以备戒烟。迄今已栽有四五百株，均已长发。

工务

光绪三十年九月，张令庆霖表称：七十都廪生周盛唐等，创成纺织、吸水等机器，禀请招募股本，设立公司。业经批饬将所成机器送县考验。一俟送到，再行核办。又四乡均产苎麻，惟织造夏布，不甚得法。现饬新政局绅，购麻招工，设局织布。

三十一年五月，张令善铎表称：县属出产楠木、柏木，既多且佳。现由该县于省垣带往木匠，制出棹椅、几案、橱架等件，较为精致，购买为之一空。

七月表称：查得城内关庙，基址宽阔，且接连大士阁，约有房屋二十余间，可以改作习艺所；四围隙地，更可兼兴种植。据刘绅克家面称前情，亲往踏勘，尚属相宜，现在鸠工修葺。复由刘绅筹得百余金，刻日即当开办。

八月，据张令善铎表称：创办习艺所，已与绅士刘克家等拟定章程。其工业分为织工、木工、竹工、缝工四厂，俟经费筹足，即出示招工。

十月表称：习艺所款未筹足，骤难成立。

十一月表称：前遣木工赴省购买新式桌椅，以便依式仿造，现已造就，虽精美较逊，但较从前已有进步。

三十二年二月表称：木工王东生承修学堂工程，工作颇佳。

令其仿造省城学堂桌椅，精致合用；并仿造京城木片地球图，亦甚合式。已令其承办各学堂应用桌椅等件。

三月表称：武庙后进拟设习艺所，现因墙屋坍塌，工程愈大，尚须添筹经费。

十月，石令守谦表称：木工渐知改良，仿照靖安式样，造成茶几、坐椅，均能折叠，颇便携带。

三十三年正月表称：前县张令所雇之木工王东生，心尚灵巧，教其仿造学堂应用棹椅，颇能合用。辗转传授，城乡木工渐能仿制。

矿务

光绪三十一年正月，张令庆霖表称：县属惟产鉎铁，向有本地绅民，就近挖取，设炉镕铸，运赴省垣、饶州、广信等处销售。其余东乡所产之煤、西乡大江地方所产之锰，皆缘成本过重，无人筹款开采。当经批饬查明设炉几座、每月出铁若干，详晰报查。并劝绅商，集股开采煤、锰各矿，以辟利源。

五月，张令善铎表称：鉎铁一项，查明设炉五座，每岁约可出铁一百余万斤。锰养一项，土人先误为银，又误为铁，旋寄萍乡矿局矿师考验，定名为锰；惟筹款为难，未能开采。

七月表称：劝据商民在西乡添设铁炉二座。

八月表称：铁业一项，须设公司，方克广为采取。现由铁业公举贺绅赞元晋省，禀设铁业公司，改良冶铸。并据贺绅禀经本局，批饬妥议章程，并缴注册公费。转详咨部立案。

十一月表称：据绅民禀报，在西乡大江及林山地方添设铁炉二座。

三十二年闰四月表称：邑绅贺赞元等设立保富铁矿有限

公司。已奉前抚宪胡，批准刊发护照。当经照会该公司遵照办理。

六月表称：保富公司已于县城设立经理处一所，并于吉安府城及庐陵县所辖永阳市各设转运分局一所，又于省城广润门外设立转运总局一所。领到新刊护照，办理尚为妥协，铁业可期振兴。

十一月，石令守谦表称：邑绅龙国楚等，勘得九西村煤矿一处，经矿师考验，煤质甚佳，已谕饬集股开采。又十九都地方，查有锰矿，经天津讲艺学堂化学生傅松龄，奉委来江采运，饬为保护。已据该生等集股开办。

三十三年四月，据石令禀称：十九都排下锰矿，查系庐陵县职商周昺集资开采，所取锰矿，与天津讲艺学堂议定分期购运。现因周昺借矿招摇，屡滋事端，并据禀奉抚宪瑞，批准饬暂停挖。咨明直隶督宪查照矣。

永宁县[①]

农务

光绪三十年七月，胡令嘉铨表称：县属向鲜荒芜，其沟洫渠塘，足资灌溉。近河一带田亩，已谕添置筒车，以省人力。并于因公下乡，传集各乡识字老农，饬设三余学堂，将奉发《农学丛书》《农学报》，摘其浅近者，讲解演说，使人易晓。

八月表称：各乡设立三余学堂者，已有数处。县属多山，居民向以种树为本，畜牧为末。其所种金橘、柚子、山楂、柿子诸果木，民间咸知珍惜，培养合法。

十月表称：前谕各乡添种树木，现已查得添种茶梓、桐、柏、松、杉、枫、柏、桃、李、石榴、水梨、柚子、枇杷共十三种。惟柏、桐、桃三项，系从前所未有者。计成活茶子一万一千余株，油桐四千余株，乌柏七百余株，各项果木九百余株，松、杉、枫、柏难悉其数。其杂粮则添种洋甘薯一种。各乡共修浚水塘一百二十余口。

十一月表称：各乡又修浚水塘四十余口。

三十一年二月表称：烟叶一项，亦与土性相宜，已饬乡民购种多栽。

三月表称：各乡又挑挖开浚水塘二十余口。

① 永宁县：今江西省井冈山市。

七月表称：先后修浚水塘一百八十余口，各乡田禾均无缺水之虞。

三十二年正月表称：谕绅劝谕农民，将新旧淤浅各塘，以及田多陂少、不敷灌溉之处，匀派人工，协力修浚，以卫田畴。

二月表称：劝民栽种桑、麻，以兴蚕业。

七月表称：各乡陂塘，足资灌溉。晚禾收成，尚称中稔。

九月表称：茶子、甘薯，均已摘掘，收成尚丰。

三十三年二月，詹令光斗表称：各乡尚无荒田。惟种植为自然之利，现已谕饬各乡农民，在于己业山场，添植茶梓及松、杉、竹木、桐、柏、桃、李等项，以兴地利。

工务

光绪三十年九月，胡令嘉铨表称：县署左三班公所内，有空屋两间，稍加修葺，暂改为罪犯习艺所，令军流人犯，入所学习织草屦、编草荐等事。当经批饬筹款扩充，收养莠民，各习一艺。

十一月表称：各堡共有纸篷二十余户，每篷岁出小纸五六百担。皆本地男妇，自行工作，并未另延工师。批饬劝谕各纸篷，仿照万安、新昌花尖、表芯成式，力求改良，以博美利。

三十一年二月表称：造纸改良一事，饬据各纸篷禀称，俟新竹成料时，另换纸帘，改造表芯、花尖各纸。

三月表称：升乡各处，均编织粗草席出售，饬令改编细致，借可行远获利。

五月表称：近来布价昂贵，各乡妇女学绩细麻，与棉纱相间，织成布匹，冬夏皆宜。

六月表称：各纸篷现已改造花尖、表芯各纸，以冀畅销行远。

十二月表称：原设习艺所，屋宇太小，现择于典史署门右侧空地，建造房屋，已于二十日兴工。

三十二年正月，禀报改造习艺所开工日期，并呈送拟定章程。一俟工竣，即行延雇工师，将地方流氓痞棍拘入该所，学习工艺。

九月表称：各乡榨油之户，榨取茶、桐、柏油，槽内器具改用细草铁垟桐板，所出各油，清澈坚白。油桶竹篓，工料坚细。邻境商贩，咸来收买，堪以运远，获利较厚。

十一月表称：改造习艺所房屋，现已完工。俟雇定工师来县，即行开办。当经批饬将所内可收人犯若干名，拟制何项货物，通禀立案。

商务

光绪三十年八月，胡令嘉铨表称：县属出产，以茶油、杉木、草纸、稻谷为多。其杉木每遇水涨，居民以数百根扎成木排，运往吉郡销售，并无巨本木客来县贩运。至茶油、草纸、稻谷，均由农民挑赴永新、莲花厅及湖南酃县等处售卖。

【临江府】

清江县[①]

农务

郡城农工商矿局，于光绪二十九年，在万寿宫设局开办。嗣于三十年，经沈守璘庆迁于西门育婴局房屋开设。是年八月，据沈守详报：据清江县刘令采年详称，府城东门外，清江县属芦洲地方，有官荒一段，如人字形，自东至西，上段计宽二十弓，中段计宽四十二弓，下段计宽六十一弓；自南至北，计长四百五十九弓。请拨给廪生邹钦爵，试办种植畜牧各事，获利之日，树木值百抽十，牲畜值百抽五。并将邹钦爵所拟办法十二条，开折呈送，绘图贴说，详请立案。当经本局批准照办。

九月，据孙令增表称：县属土性所宜，种橘为最。前县刘令采年，于南门天宁寺侧及钟鼓楼边荒地所种乌柏、枳壳等树，中洲地方所植甘蔗，均尚畅茂，已著成效。

十月表称：前据职员关洵冉等，以横梁团内堤垱单薄，各户延不兴修，禀经谕饬团绅筹议，及早加高培厚。日前便道查明，一律兴工，尚未完竣。

十一月表称：横梁团堤垱，已据禀报完工。又查得永康团堤身单薄，饬据团绅周缙绅等，禀经批饬查明向章，按粮派工挑土，一律兴工。

① 清江县：今江西省樟树市。

十二月表称：饬修永康团堤，已于本月中旬，查明工竣。其余各处塘堰，亦无另行修浚之处。

三十一年正月表称：邹钦爵领垦东门外芦洲荒地，股未集齐。该县饬令筹集三股，每股计三十元，并捐廉认股一分，以为之倡。

二月表称：据邹钦爵禀称，现已筹集资本，购就各种树秧；并购有马牛羊，就地畜牧。业经出示严禁砍伐，犯则责令赔偿。

三月表称：各处堤垱，去冬业经加修完固，今春雨水过多，仍有塌卸之处，随时饬令堤绅，雇工抢筑，并无大患。

六月，据孙令禀报：邹绅钦爵领垦东门外芦洲，集股一百二十元。现已垦出一半，试种土桑四百余株、橙树十五株、柏树三十余株，收养马一匹、水牛四只、黄牛九只、大小绵羊五只。合将查勘情形，开折呈送查核。又经批饬传谕邹绅，添筹资本，一律垦种，多购牛羊，以期生息繁衍。

七月表称：邹绅集股不多，未能全行垦种。饬令再行集股，添种乌桕、茶、桐等树。兹据邹绅面称，乌桕与土性不宜，现拟添种茶、桐、松、杉各树。该县查其种植未甚如法，将《农学丛书》内种植一门，刊刷单张发给，令其仿照办理。其各处冲塌堤垱，亦经随时修补完善。

八月表称：境内山场，每多荒废，田亩于秋收后亦多不种菜麦，实因牲畜践食，萌芽未能滋长。督饬邑绅，各乡设立公会，劝民多种树木杂粮；议定禁约，不准纵放牲畜残食践害。

十月，胡令惟贤表称：邹绅领垦官地，已谕添招股本，多种树秧。惟种植为农务要图，若仅一二人集股试办，不足以推广利源。现将前在乐安任内，所撰《劝民说》中树艺各条，刊印三百张，分发张贴，以期家喻户晓，逐渐推广。

十一月表称：兹有中学堂周教习列爵，在文昌宫傍隙地，设立农业试验场，购买各种果树秧苗及挖土舂泥器具，集资试办。亲诣查勘，规模尚觉可观，俟有成效，拟饬各乡绅董，一律仿办。

十二月表称：邹绅钦爵所办农业公司，股少难以推广。现据禀称，所种各树，成活甚多；拟明春添集股本，多购树秧补种；并请加拨洲地。已经谕令多种有利之树，以免亏折，仍俟勘明是否尚有余地，再行拨给。

三十二年正月表称：据邹绅禀称，该处附近村人，间有纵放牛羊践食菜蔬树秧之事。业经出示禁止，以杜戕害。

二月表称：查勘邹绅领垦洲地，滨河太近，水涨即淹，种植恐无大利。其较为高阜之区，均系有主民业。谕令邹绅自向地主租买钉界，以杜争执而便推广。

三月表称：各乡多种橘树，并不勤加培植，近数年来，出产日少。谕饬各乡绅耆，劝令种橘之家，讲求壅肥培土各法，加种橙、柚等树，以补不足而收地利。

四月表称:邹绅于东门外洲地，曾经筑以土围，冀免水浸。乃本月上旬，袁、赣两河水涨，以致土围冲坍，长大树木虽无损坏，惟树秧浸没殆尽。现已饬令于水退后，设法培护补种。

闰四月，林令向滋表称:县属土性，宜于种橘，获利良多，为土产大宗出息。与其试种他种，成效难期，何若就本有利源，力求推广。每于接见绅耆，及因公赴乡时，劝民广栽橘树，实力培护。

七月表称:谕催邹绅添购民地，设法集股扩充，尚未具复。奉发《农学丛书》及《农学报》，前经摘钞种树培护各法，分发四乡。调查各乡所种橘树，近因参酌新法，培护结实，颇行硕大，成效不无可观。

九月表称：现据生员王壬庚禀报，伊族祖遗众地，无人经理，日就荒芜，致令族众摊完钱粮。现拟由族雇工开垦，或散给族内贫人自垦，归众收租完粮；如有余利，悉充兴办族中初等小学堂及修谱之用。请示禁戕害等情。当经出示严禁。

十月表称：本年春末夏初，赣河水涨，冲决横梁、长丰、永丰、中洲各处圩堤二三十丈不等，均经逐堤诣勘，谕饬堤绅，照章劝捐修筑。惟横梁堤决口最大，亟应绕越迁筑，修整石矶。该绅等按照向章，富者出资，贫者出力，陆续具报兴工。

十一月表称：横梁堤工，向分三段，岁修小工，各归各段承修；遇有大工，则三段通力合作。今所修之地，虽在上段，而中段应帮修费，观望不缴。现已谕知中段堤绅，照章帮费；限令上段堤绅，务于年内修筑完工。所有一带圩堤，亦饬堤绅加高培厚，以防春汛。

三十三年正月表称：横梁堤工，因上、中两段堤绅争执修费，未报完工。其余各处，均报工竣。又下东乡菜市堤，连年失修渗漏，亦谕堤绅赶紧集款兴修。

三十三年二月，据该府联守震，禀复前府任守贵震，就农工商矿局改办实业学堂，及附设农务种植厂、试验场、畜牧场，查明实在情形。任守虽将该局改办学堂，但教员难得，经费不足，仍属有名无实。拟俟劝捐集成巨款，再照定章另行创办。并开折呈报：郡城万寿宫侧荒地十余亩，已开垦栽种桐秧四亩、棕秧一亩二分、乌桕秧三亩、枳壳秧二亩八分、薄荷秧二亩，以便长成散给乡民分栽。又于东门城内府仓旧址周围，开垦三百九十九弓，分栽桐树一千四百余株、乌桕五百余株；因离局颇远，照顾难周，不免牲畜戕害，成活约半。又于南门内，开垦天宁寺崇雅堂荒地，周围二百六十四弓，由局建筑围墙，内栽桐树五百余株、乌桕百余株、棕树六百余株、枳壳百余株，约计成活十之七八；种薄荷地五亩、芝麻地三亩九分。薄荷蒸油，试有成效。又于局所后园外，添筑围墙，开垦荒地，遍种红瓜子，以备沿河沙洲乡民领种。又府署东隅旷地，分栽乌桕四百余株、桐树五百余株，因无围墙，仅活十之四五。又开垦局所前面荒地二百四十余弓，周围筑有土墙，广种乌桕、桐子等类，以备外县乡民领栽。又于局所后园，添设食牛公司，畜有牛十头、羊二十头。

四月，据该县林令向滋表称：邹绅钦爵创办农业公司，查明成活土桑五百六十余株、橙树二十余株、乌桕四十余株，均属畅茂；今春添种桑秧数百株。生员王壬庚禀开祖遗荒地，逐渐开垦，已种橘秧五十余株、柏秧二十余株。迭经谕饬该生，择宜种植，以期林木繁茂，获利丰厚。

工务

光绪三十年七月，刘令采年表称：现于待质所旁，修葺闲空房屋数间，以为工艺院。捐廉买备禾草、苎麻等物，凡窃贼、强丐、游民，即责令织草履、搓麻绳。如素习有业者，准其自行报明须用何项物料，由县捐廉购备。

九月，孙令增表称：工艺院内，系以在押人犯，责令作工，现准无业游民报名入院。并经核定简明赏罚告示，张贴院首。

十月表称：现查在院之人，有善织篾器者，已经捐廉购竹，饬织贮橘篾篓。

十一月表称：院内人犯，现又饬令添制烘笼、簸箕。其原织履、搓绳者，即令学织橘篓。

十二月表称:所制烘笼、簸箕，销售甚速，赏给钱八百文，以示鼓励。拟俟明春添制米箩、竹箱等件。

三十一年正月表称：开年天雪甚冷，购买棉衣，发给院内各犯，以御寒春而示劝工。现在一律添作米箩、竹箱、菜罩等物，均已销售无存。

六月表称：院内所制竹器等件，概系粗用之物。现拟再招教习，购置毛巾木机，饬令仿织毛巾。

七月表称：招募艺师一人入院，先将竹器讲求精美。并捐廉购置毛巾木机，以备扩充艺业。

十月，胡令惟贤表称:工艺院内，拟再添雇艺师，推广制造。调查民间工艺，向有纺纱、织布、织席、造纸等项，谕饬各乡绅耆，劝令工作之家，力求进步，俾广销场。

十一月表称:工艺院所织毛巾，货少未能畅销。拟雇刻匠，用木刻而仿排印铅字之法，刷印蒙学应用书籍课本，分发城乡蒙学教员，兼为创兴工艺基础。

十二月表称：木工漆匠，泥守旧式，因绘给新式图样，饬令仿照。现在所造学堂书案以及洋式厨椅，价廉物美，大有进步。

三十二年闰四月，据胡令详报：据该县教职孙葆辰禀称，集股一万元，在距城七里之中洲地方，创设织布机厂，牌名金凤有限公司，专归商办，已由上海聘定头等机匠六名，专教组织柳条各式洋布，仍用本地女工，每日赴厂学习工作。详请立案，给示保护。当经本局批饬遵照公司条律办理。

六月，据该县林令向滋详复，请俟该公司试办三年后，如果有效，再行遵章注册。并将章程及股友姓名，并股票式样，开折呈送。又经批饬俟开办时，由县保护在案。

九月，据林令表称：金凤织布公司，购有机器五十余架，每月可出布十余匹。现已织成二百余匹，即在本地售卖；将来出布较多，拟运往吉、赣、袁州一带销售。是月，并据该公司教职孙葆辰等禀报，于八月初一日开办，业已织出柳条洋布，请援照临江土布完税章程，每筒二十匹，除包皮二匹不计外，仅完税十八匹，量予核减，从轻酌定等情。当经批饬俟移商税务总局核夺在案。

十二月，林令表称：金凤公司请减布税，前经据情禀奉税务总局批准，仿照临布税则章程，核减税厘，即经转饬遵办。工艺院仍照常工作。

三十三年二月表称：金凤公司于正月下旬开工，所织之布渐多，拟运出境销售，能否畅销获利，尚无把握。工艺院亦于上月下旬开工，业经谕饬工头，设法改良，力求进步。

二月，据该府联守震折报：郡城旧设农工商矿局，延雇工师，制造货物，借开风气。现在所出有毛巾、罗巾及全红爆竹。又以薄荷熬油。其簟纹花布一项，因滞销停织，约计成本百千，可获利二十千文。是月，据南昌县职商陈鸿宝，禀请于临江府属购树设厂，熬炼樟脑，每年认缴报效二百五十元。当经批准照办，饬县保护。

四月，据该县林令申称：该商集资三千元，牌名志成公司，择定本月初一，开灶熬脑。并豫缴夏季报效，申解验收。

商务

江省各处市镇，除景德镇外，以该县所属之樟树镇为最盛。昔时江轮未兴，凡本省及汴鄂各省贩买洋货者，均仰给于广东，其输出输入之道，多取径江西，故内销之货以樟树为中心点，外销之货以吴城为极点。自江轮通行，洋货之由粤入江、由江复出口者，悉由上海径运内地，江省输出输入之货减，樟树、吴城最盛之埠，商业亦十减八九。樟树距临江府城三十里，自吉安以下至省，以此镇市面为大，其贸易品以药材为多，岁额数十万元，产瓜子岁值二十余万元。三十三年，始有设立商会之议，将来可望振兴。

矿务

该县前马令肇修开采枨塘，即曹塘煤矿，已志前略。

光绪三十年十月，孙令增表称：马令开采数月，见煤甚稀，且火焰不旺，难以行销，时停时挖，尚无成效。又马令专案开折禀报者，计有九处。其王彩岭一处，已经高安县禀奉前护抚宪柯，批准循旧封禁，以杜后衅。其余八处，俟访查得实，再行禀办。

十一月表称：麾塘铁矿，前经马令饬据典史刘家琳，会同附生敖步云等，息借公款，启炉鼓铸。嗣因刘典史回避离任，禀请销委，遂至中止。

十二月表称：俞家洲、雁鹅滩两处地方，出有沙金，已据绅士邓立功等，禀请集资开淘，股未集齐，尚难开办。其麾塘等处铁、煤各矿，不敷工本，未能再开。

三十一年二月表称：邓绅立功于本月初雇工往淘，被附近袁、廖、吕三姓，以金沙保护堤垱，出而阻止。仍饬邓绅与该处绅董妥议禀办。

七月表称：邓绅拟淘金沙，其与该处绅董如何妥议，至今未据具覆。

八月表称：麾塘等处矿产，现由两江查矿委员向令传桂，带同洋矿师到县查勘。据云“矿质虽佳，惟矿界浅狭，且不通河，未便开采”。业经会同另行禀报。

三十一年二月[①]表称：麾塘煤矿、杬塘煤矿，现奉两江矿政调查局札饬，不准民间私售，业经出示禁止。

三十二年十二月，据该县耆民孙炘七等禀称：民族旧有祖遗王彩岭山场，因二十八年前县马令勘有煤矿，忽被高安敖姓，禀由高安县陈令朦禀前护抚宪柯，批准永禁开采，蓄心栽害，已可概见。今春见民族在界内种植松、茶、桐、桑、乌桕等秧，纠众越境，毁碑拔植。已禀县主胡令，会同高安勘界讯断，禀乞发委履勘清界等情。当经本局批示：卷查清江与高安连界之王彩岭，及高安所辖之虎形山，曾于二十九年闰五月间，据高安县陈令瑞鼎，以“会同勘明，开挖煤矿，不免事端”，禀奉前护抚宪柯，批准永远禁止。业由矿务公司转行清、高两县遵照办理在案。现在时阅数年，该民等何得仍于封禁山内种树，图翻旧案？即使敖姓实有纠众越境、毁碑拔植情事，亦该民等不遵禁令，自启衅端。所请委勘清界之处，碍难照准。并由本局分行清、高两县，仍遵前案，照旧封禁，不准孙、敖两姓违禁挖煤种植，以息争端而靖地方。

① 据上下文意，此处疑指“三十二年二月”。

新淦县[①]

农务

光绪三十年十二月，刘令芳表称：曾家坡、拿埠两处山场，现种乌柏树，共有十余处，多则有百余株，少亦五六十株，尚属畅茂。

三十一年政事总表内称：已将二、三、四、七都荒地，一律垦种乌柏，现均成活。一都福江谢姓荒地，垦种桐子树五百株、桑树三百株，已长一尺有奇。

三十一年九月，周令宗洛表称：福江地方谢姓荒洲，业经前县刘令劝谕开垦。现经亲往查勘，该洲计长二里。已经开辟之处，计长一百二十四弓、宽五十四弓，系属沙地，极其松浮，前种桑树三百株枯槁尽净，惟桐树已成活四百株；其未经开辟之处，满地荆棘，无从勘丈。

三十二年十月，据周令衔祜表称：福江谢姓荒洲，所种桐树，因亢旱日久，缺水滋培，类多枯槁，查看成活仅有六十株，俟来春再行补种。

① 新淦县：今江西省新干县。

工务

前署该县张令捐廉将差房改造工艺院，以备收留无业游民，饬令学习工艺。上年业经汇报。嗣于光绪三十一年正月，据刘令芳报称：业已收养犯事游民，教以卷烛芯、编蒲鞋、搓棕麻各绳。需用器皿，并捐廉买给。

新喻县[①]

农务

光绪二十八年，据该县石令长祐报称：查有东乡龙湖徐方等处荒田二百三十余亩，南乡金沙寺荒田二十余亩，西乡莲花墓湖边乡等处荒田八十余亩，东乡龚家塘等处荒田共七百三十余亩。以上各处荒田，已垦若干，种植何物，未据禀报。

二十九年十一月，据该府陈守振瀛派委查勘，开折禀报：该县于上年十二月间，在城内关帝庙内，会绅设立农工商务局。并在玉几山官地栽松秧二千二百一十余株,成活二三百株；又东门外章姓茶子园种松六百余株，被火燃烧，尚存一二百株；接官亭右边栽松一千五十余株，均与原报数目相符。又万姓傅家山已活松秧三千三百余株、枫树一千零七十余株，万姓云岭山已活松秧二千三百三十余株、枫树三百二十余株；查勘仅活一半，余被牛羊践食。东乡山塘田铺等处，已活松秧三千四百六十余株；南乡磨石港郭姓、石山各姓，已活茶树三千三百二十余株，亦与原报数目相符。河背园已活松秧二千五百六十余株、橘树五十余株；据委员勘报，该处地土太坚，枯萎甚多，仅存三五十株。城内周姓屋背山，已活松秧三百三十余株，查勘数目相符。西乡大脑埈瓜土山等处，种松

① 新喻县：今江西省新余市。

九万九千九百八十余株；据委员勘报，该处树木，多被火焚，现存十分三四。竹山坡官地，种松二千六百七十余株；据委员勘报，枯萎甚多，仅活二三百株。南乡潭丰孙姓，已活茶树三千八百余株；查勘畅茂，数目相符。已志前略。

三十年七月，石令守谦表称：前月查勘拓湖等处山场，均栽有枳壳树；西乡各乡之山，多种松、茶各树。因公复往东乡，察看高湖上至泗溪一带，已垦沙洲，遍种靛青、棉花、瓜子、萆麻子各种，收成均七八分。已将萆麻子购回，于署内种子园试种，都已成活。又查得竹山坡等处，有杂姓荒芜田地，谕饬局绅，劝据各业主，自认于农隙垦种乌柏等树。

十月表称：东乡农民筹设筒车四座，于水利不无禅益。

十一月表称：竹山坡荒芜田地，兹于因公下乡，便道查勘，各业户已一律兴办。至培修圩堤，疏浚塘堰，各乡农民尚知遵办。并劝谕购买筒车，以备灌溉之需。

十二月表称：署后玉几山，尚有荒地，拟垦种萆麻子、枳壳等树，以辟地利。又西门外沙洲一片，饬绅查明，系胡、李、陈等三姓之业，该三姓情愿垦种树木，共享其利。

三十一年二月表称：现因下乡催粮，查勘各处堤垱，均已培修。惟东乡尚有数处，以筹款维艰，仅事补苴，聊御春汛。仍饬赶紧筹款，修筑完固。

三月表称：考察县属土性，桐、柏随处可栽，干地宜种苎麻，沙地宜种棉花，肥地宜种桑，硗地宜种松，茂林之下仍可布种芝麻。谕饬各乡绅耆，劝民择宜种植。

五月表称：南门外沙洲，土名下中洲，亲诣勘丈，直约五百数十弓，宽约四十余弓。前由该业主试种桐、柏等树，现均枯萎，劝令随时择宜补种。

九月，石令长祐表称：晚稻现已收获。惟县属产麦甚少，已示谕各乡绅耆，每户种麦数亩，以备春荒而尽地力。前任移交“东村张发生等控山湾张发恒等，挖陂绝荫”一案，讯明山湾港内上首原有泉陂一座，山湾、东村两处共修该陂，开圳荫田；张发恒等新开小圳，挖倒旧圳，阻绝下流水源，以致田禾枯槁。断令两造率由旧章，上下港场，上流下接，新开小圳永远堵塞；仍将旧圳照原疏浚，以便灌荫田禾。又前县移交“上汾地方，下屋张廷轮等控上屋张树德等，断流绝荫”一案，亦经讯明。该处洋潭下首，筑有城陂一座，陂左开有水圳，过下屋张姓田，曲折达于上屋张姓田亩；上屋张树德等于水圳中插板截流，下屋张廷轮等有田千余亩阻断水源。现经踏勘，该陂来源甚旺，上屋张姓田居上首，即不插截，亦足灌溉，第知安设插板以图水聚省费人力，而不知下屋张姓田亩荫水绝矣。断令仍照向章，上流下接。均各遵断具结完案。

十月表称：南门外沙洲，业主已垦种树木。前据民人陈久大，以该洲系陈姓粮业，与胡、李二姓之地毗连，前与胡姓因争洲界，曾经凭中钉界立约；因荒废未垦，听凭胡、李等姓公共铲牧；今以垦种树木，胡姓忽思争执。旋据民人胡旬典等，以该处只宜种树，则与铲牧无碍，未便耕种，致贻后患各等情，控奉批饬集证讯明。二姓争控之处，名下中洲，实系陈姓粮业，先年争界涉讼，曾经立界竖石，议明胡、李、陈等姓永远不得开垦，听凭众姓放牛铲草。惟今昔殊形，勘明胡姓界内，久已垦种；陈姓界内，仍属荒土。访查胡姓附近，无地锄牧。断令陈姓于界内让出一百二十弓，与胡、李等姓作为锄牧之地；一百二十弓外，由陈姓挑坝栽树为界，听其自行垦种。两造各具遵结附卷，另详销案。

十二月表称：竹山坡荒芜田地，已谕垦种乌桕等树。嗣将《农学报》所载耕牧诸法，择其简而易行者，摘录多纸，发给各绅，一律劝导仿效。署内种子园所种萆麻子，一律收割；其无刺者，与奉发草本桐子相似，拟于明春分发各乡布种。

是年，据该府申送政事总表，该县各处所出物产，如萆麻、草本桐子、枳壳每年约出五六十石及三四十石不等，红瓜子每年约出八九十石，乌桕则数百余石，松、杉十余万株。

三十二年二月表称：萆麻子及草本桐子，已发各乡布种。查看玉几山等处，树木一律发芽。

三月表称：城乡种植处所，已经撰就告示，严禁纵放牲畜践食。

闰四月表称：果木之利，胜于五谷。每于接见绅耆时，勖以种树至二千株以上者，报县勘明，从重给赏；万株以上，详请赏给顶戴功牌，以示鼓励而期收效。

五月表称：据绅耆来县面称，各乡荒山隙地，均已种树不少；乡民一闻立格奖赏之谕，各相劝勉，有议集股垦种者，有议按图派种者。现拟宽立赏格，通贴四乡，以资取信。

七月表称：各乡如何集股派种，业经邀集各绅，饬令各抒所见，妥议章程，以便及时兴办。

八月表称：署内种子园以及玉几山等处，所种萆麻、枳壳等项，均皆结实丰盈。

十月表称：劝民开垦种植，已将所拟奖赏条款出示张贴晓谕，并另文申报。

十一月表称：邀集各绅来署，商议集股派种办法。并饬各按各村，查明荒山隙地，限三个月内，绘图报县，以凭召人承领垦种。

三十三年二月表称：署内种子园以及玉几山等处，业派勤慎亲兵，督雇粗工，将蓖麻子等项分秧布种。

工务

光绪三十年七月，据石令守谦表称：县属各乡，仅知织布。间有织成格子、柳条各式者，系用洋纱织就，仅供本地服用，有余则运往袁州、吉安销售。

十月表称：现将旧有考棚房屋修理，设工艺公所一处。购到毛巾织具，并制雨伞等项器料，谕令民间来所学习，已雇工师教导。

十二月表称：兹拟添制织棉纱带一项，学习既易，销售非难。

三十一年三月表称：所出毛巾渐多，尚易行销。

四月表称：学成织毛巾者，已有三四人。又经添置织具两架。

五月表称：所内每日可织毛巾二十余条，销路尚广。

七月表称：所内除管押游民，已有四名学制外，民间来学者仅止一人。当再出示广招学徒，俾资推广。

十月，石令长祐表称：试织毛巾，渐觉精良，经纬缜密，尚堪久用。惟价不如本地布巾之廉，销路不见甚畅。

是年，据该府申送政事总表，该县工艺公所改名工艺院，因未筹足经费,仅止纺织毛巾,统计一年所出,约一千七八百条。

三十二年二月表称：现拟加筹经费，添裱布壳及捆屦织席等类。

四月表称：现就工艺院房屋，重加修葺完固，分作前后两厂，仍旧纺织毛巾。

八月表称：奉发织布机器图式，价廉工巧。已谕各绅帮筹经费，拟购买一二架，教令仿照织造。

十一月表称：现拟添改房屋，已饬帮同办理。绅首章文炳采买木料，即日兴工。并令设法筹款，兴办实业学堂。

三十三年二月表称：工匠纺织如常，尚称勤慎。惟毛巾一项，获利甚微；欲令加造别项工艺，实苦经费难筹，迭与诸绅商议筹款扩充。

四月表称：工艺院内，本月所出毛巾，约一百五十余件。俟款筹足，即行添制各项艺业。

矿务

光绪三十年十月，石令守谦表称：北乡三十三坑山内，出产煤炭颇旺。惟皆乡民集工开挖，既无资本，亦无章程，采辍靡常，获利甚微。

十一月表称：西乡塘尾、瑟下两村交界地方，山内亦产煤炭。劝据邑绅胡荣甲等，情愿集股前往试采。

三十一年五月表称：胡荣甲等试办塘尾、瑟下两村煤矿，兹经查明开挖将及半年，并未见炭，资本不敷，亏折停歇。

六月表称：北乡各煤矿，已因农忙停挖。西北乡尚有煤矿数处，亦系就地绅民，集工采挖，以供炊爨，开辍并无一定。已谕绅民集股议章，禀报开采。

三十二年十月，石令长祐表称：各乡矿产，现经两江矿政调查局委员矿师来县诣勘，所有苗质如何、矿场大小，业经委员自行填单禀报。

三十三年正月表称：县属矿产，以花鼓山为最旺。前奉饬查，业经申复。现仍谕饬各绅，务期开导乡民，赶紧领照开采，不许再行私挖。

四月，又据该县折报，各乡矿产三十五处。有已开者：北乡曰延昌口、曰蓬巢山、曰大边塘、曰上铁山，共煤矿四处。西乡曰鸡坑口、曰红土埈，共煤矿两处；曰芜坡、曰昌坊，共磺矿两处。有停挖者：北乡曰花鼓山、曰毛里坡、曰桃子树、曰新巢山、曰善行巢、曰天龙、曰金山埈、曰老山里、曰凤形山、曰木村山、曰梅杨岭、曰下铁山，共煤矿十二处。西乡曰湖九洞、曰炭山口、曰老鼠盘仓、曰高壁上、曰桐树坡、曰莲花墓、曰老樟坡、曰山牛坡、曰塘尾瑟下，共煤矿九处；曰茶山、曰醴泉铺，计铁矿两处；曰石冈山，计磺矿一处。南乡曰银铜坡铁矿、曰横坡里磺矿。以上三十四处，皆系民地。又三十三坑官地煤矿，矿场甚大，前由两江矿政调查局札饬禁止私售，现尚封禁未挖。其余各矿，迭经谕饬各乡绅耆，集股领照，购买机器开采，以免时挖时止。

峡江县

农务

光绪三十年七月，周令景祁表称：现于武庙内，设立农工商务局，以为绅士会议之所。各乡种橘最多，味甘而销售速。

十一月，陈令惠麟表称：饬据局绅查明，城内西隅有荒地一处，东乡有荒地五处，西乡有荒地三处，各业主无力垦种。已饬局绅雇工垦复。

十二月表称：据局绅具报，东乡开塘四十五口、井三十三口，西乡开塘三十四口、井二十五口，一律工竣。

三十一年二月表称：该县东、西两乡，均设分局。绅首劝导种植畜牧，城内东隅及附城一带，均已栽种桃、李、橘、柚等树。

三月表称：上月购运湖桑万株，分给乡民领种，成活八成。西乡九都地方，已据民人垦荒试种靛青。

七月表称：城乡领种桑秧，均尚长发畅茂。惟城内东隅以及附城一带，所种果树，现值天旱，成活颇少。

十一月表称：种植最忌戕害，保护不可不严，现经出示严禁。并邀城乡绅董，妥议条规，严立禁约。各乡向有栽种茶、棉、靛、苎等物，仍饬局绅劝令讲求培养之法。

三十二年正月表称：周令上年购到浙桑，各乡尚未领完，均栽种都督岭地方，现谕局绅于二月内具领分种。

三月表称：上年奉发草本桐子，布种署左隙地。分饬陈绅炳图等，于节孝坊后栽种桑秧。又贡生陈金川亦在学背荒地栽种桑秧。

四月表称：陈炳图及陈金川所种桑秧，成活在八成以上。

六月表称：红瓜子栽种得宜，产瓜颇富。将来收子销售，定可获利。

七月表称：亢旱日久，花生、薯芋、蓝靛等项，以及高阜晚禾，不无微受损伤。惟红瓜子正值收摘之时，收成颇好。

十月表称：现在派人至该令原籍信阳州，捐廉购买各种树秧，分给农民试种。

十二月表称：本年春雨过多，夏后多旱，桐子、茶子、橘子收成均属歉薄。

三十三年正月表称：薄荷一物，取叶蒸油，为种植良品。本月有余干县种植公司，遣人远来购种百数十斤，足见大有利益。刻正挖根布种之候，劝谕乡民广为栽种，以收厚利。

二月表称：大东门内有荒地一区，宽广约七八亩，现据陈绅金川雇人开垦，试种各项植物。

三月表称：北门城内节孝坊、上湖，东门外沿河一带，又漕坑村，城内北门空地，东、西乡各村，栽桑二万一千余株。又东、西两乡，岁出花生一万六千斤、瓜子三百石、薄荷叶一千担、靛青一百五十石、苎麻九十斤、棉花六千斤，桐、茶、柳、橘莫计其数。当经本局批示：城乡既种有湖桑，饬即谕导乡民，妥为培壅，并讲求育蚕缫丝之法，俾得织造丝绸，借收美利。仍将已否育蚕，出丝多寡，查明具报。

工务

光绪三十年十月，周令景祁表称：各乡所织土布，本重而行销不畅。局绅前已租屋开织土布，继因房屋窄狭，业将所购纺车机器，暂行分散城乡各织户。

三十一年二月表称：上月由省雇到机匠二名，织造毛巾二百余条、土布二十匹。各乡新设粉坊八户，制造粉干，洁白细韧，商贩争购。

五月表称：前经延订蚕师六人，在署内养蚕，本地土桑甚少，不能多养。一面派人赴丰城一带，采买土茧八百斤运回，由蚕师依法缫丝。业令乡民从事学习，俾开风气。自养之蚕，出丝一百三十两。在丰城所买土茧，发交蚕师，仿照新法，先行烘焙，然后煮缫，所出之丝，洁白细嫩，颇堪适用。

八月，陈令惠麟表称：上年在任时，查得东乡陈姓采薄荷叶熬油，每年运销粤沪，尚能获利。现令陈姓雇用艺徒，依法传授，以溥利源。

十二月表称：饬据局绅陈焕身等，招邀漳州熬脑工人，先将西乡八都樟树一株，设灶试熬。

三十二年二月表称：现由漳州脑师复邀二人来县，一俟晴霁，即行设灶兴工。

六月表称：樟脑一项，现仍照旧制熬。随时饬令认真讲求，逐渐推广。

七月表称：熬脑商人，因病停工。

是年，据该府申送政事总表：该县工艺，并未设立局所。民间所制土货，计薄荷油一百数十斤、土布四千匹左右、米粉干五千数百斤、茶油一千余石。

三十三年二月表称：东门外建造房屋，将次落成，原议为工商萃聚之所，毗连约有数十间。惟应办何项工艺，应兴何项商业，容当邀绅议定，以免临时匆促。

商务

光绪三十年八月，周令景祁表称：本地所产，以米谷为大宗。现因谷贱伤农，招商贩运出境售卖。各乡产橘，纷纷登市，商多贩运。

十一月表称：乡民际此农隙，多以烧炭为业，质坚价廉，商人分运各处销售。

三十二年十月，陈令惠麟表称：东门外临河荒地，建造房屋，为兴办工艺讲求商业基础。各绅商认定地段，现已陆续鸠工创造，毗连建筑粗具规模。其地址、间数，应俟竣工，造册验报。

【广信府】

上饶县

农务

光绪三十年八月，据该县周令邦翰表称：县城西四十里，槠溪地方，向有石羁，约灌田租三千余石。因六月下旬被水冲决，纵横约计三十余丈，当经该县往勘，谕饬该都绅耆，筹款修复，以资灌溉。兹据举人潘行道等会议，所需工资，以受荫之田，按租派捐，每租一石，出谷三斗;除修费外，所余之款，存放生息，作为善后之需。

十月表称：槠溪石羁，现报工竣。县属三十九都周田卷桥山、葛家山、打禾石等处，民荒山场，约共四五亩；又水南南屏山、三十三都郭坟山、四十都落家山等处，民业荒山，共计三十余嶂，均经该都绅士，分别集股开垦，栽种松树等类。又常平仓、大校场两处官业荒地，业已垦植麻兜。又民间荒地，计南乡浆里，约十余亩；茶山寺后，约十余亩；背山中洲、横溪苏家山、山角、鸟口等处，约共二十余亩，亦经该都绅士，分别召佃承垦，或自行集资垦种。惟玉屏山、坑口、射圃等处，尚未开垦。

三十一年三月，据周令折报：查得南乡周田卷桥山、葛家山、打禾石等处，垦种松秧三十余万株，前县令种过松秧二十余万株,现在共成活一十二万余株;水南南屏山、徐姓钟山、黄荆山、祥福寺、景德寺、猊儿山、刘家坞、琅琊山等处，栽种松秧一十四万六千余株，现在成活一万余株；浆里等处，种植桐、茶、松木等树八千余株，现在成活三千余株；西乡郭坟山，栽种松木一十余万，现在成活一千余株；北乡落家山、前门山、下山、大岩前、金秋坪等处，共种松秧九千余株，现已成活八百余株。以上统计，栽种各树六十余万株，成活一十三万余株。

是月，又据表称：玉屏山及塘口、射圃等三处，已将购到桑秧二千五百株择地栽插。

四月表称：监生郑献瑞等，在南乡四十三都南塘地方牛角坞、牛栏坞、高坞岭、竹坑等处，民荒山场约四十余亩，业经先后垦种松树，共计七万余株。因被春雪压伤，复经栽插，存活三万余株，可望成林。

六月表称：职员盛铭新等，禀垦西乡四十七都虎形山各处，计山十余嶂，均属民荒，督同农民人等，各清山界，逐一栽种松、杉、杂木，已成活七万余株。职员姚培元，在东乡一都陇防山、葛藤山等处，均属民荒，业经垦种松木三万余株，高有二尺，大已合把。

三十二年十一月，据赵令峻报称，查有北乡荒山二段，当经批饬亲诣履勘，分别官荒民荒，丈明广袤若干弓数。尚未据造册禀报。

工务

光绪三十年八月，据该县周令邦翰表称：县属素产夏布。其工之细密者，名曰千扣女儿机，如年逾二十之女子目力不及者，即不能织。惜乎所出不多，已饬乡民加工多织，以收利益。

十二月，据周令禀报：集股置办织布土机三十架，并色布绒巾之机十架，购办洋棉各纱，在郡城文昌宫东庑门内，设局试办，名曰开智工艺局。拟议章程各条呈报。并据禀奉抚宪批局核明立案。当经饬将股友姓名、银数造册，并合同、股票式样申送，至今未据禀复。罪犯习艺所，于三十一年十月，周令邦翰任内开办。习艺者五人，仿织毛巾土布、纺纱及编制竹器等项。

三十二年九月，据赵令峻表称：该县向产夏布，已饬令工艺局教习，授以漂麻绩苎诸法。惟因资本不敷，规模遂致狭隘。现已会绅设法招添股本，以冀扩充。

商务

光绪三十年八月，据该县周令邦翰表称：该县商务，以纸为大宗，年终总核，价值约银一十一万两有奇；夏布每年约销二千八九百卷，总核价值约银八万余两。已饬绅民多种竹、麻，加工制造，以期商务日有起色。

九月表称：各行分设行董，并将前设之农工商局改名农工商矿分局。凡地方何利可兴，何弊宜除，概由各行董会议，以期尽善。

矿务

光绪三十三年四月，据该县赵令峻禀报：职员过体乾等，禀称烂泥湾地方，有煤矿一处，请照开采。经该县查勘，与田园庐墓尚无妨碍，业经发给执照，准其试办。并据过体乾等请派委员督办，当经派委江令谱薰前往。嗣据江令禀报，现已开工。

玉山县

农务

光绪三十年九月，据曾令森溎禀称：曾于六月在县城云台寺内,设立农务局,委黄县丞海涛协绅劝办,集股购种,推广种植。

十月表称：在城业户，乐认股本洋三百二十余元；又经员绅赴乡，劝得农民股本洋三百五十余元，共洋约七百元之谱。由在局员绅，租定城内宝星桥民荒园地、小东门外河边地两处，试种棉花、豆芋。收获后，售钱二十四千六百文，除工本之外，尚余钱五千文，拨充局费。又农务局后之太保山公山及大西门外郭家洲官荒、万柳洲公地、东大门外五里杨姓荒地一块，以上荒地四处，惟万柳洲业经插柳成林，尚有空地拟俟春初栽桑，其余三处亦拟栽桑。

三十一年七月，据杨令承曾折报该县四乡地方土名、种植各树、成活株数。西乡舒村、清底大洋口、陈头岭等处，舒、黄、郑、王、陈、范各姓集股栽种，现已成活桐树一千一百三十余株、毛竹三十余株、香樟树七十余株、柏树八十余株、柏树四百余株、松树四千余株、苦株树八十余株、柳树三百余株；又舒、徐二姓续种松树一千五百余株。北乡樟村、雁底门、江口、大徐村、大举等处，徐、张、吴、凌、萧、黄等姓集股栽种，现已成活茶树九百余株、杉树一千五百余株、桃树八十余株、李树七十余株、梨树七十余株、桐树九百余株、柏树三百余株、松树二千五百余株、香樟树八十余株。东乡石牌、山背、溪口等处，李、黄等姓栽种，现已成活杉树一千一百余株、松树一千余株、桐树柏树茶树各二百余株。南乡白石、前坞陂、头下等处，张、祝等姓栽种，现已成活杉树一千余株、松树一百余株、桃李树各六十株。以上成活各树，由局绅张念劬、周澍、黄婫恩督率四乡分局各绅，随时稽查，补种各树约计仅抵成活复萎数目。

十一月，据徐令允升表称：该县一都杨宅地方，有土名宅树垄荒洲一片，原属杨姓公业。前由廪生杨冀等，以该处开办蒙学堂，经费不足，禀请开垦，租人种作，抽租抵用。经前县杨令亲诣勘明,准予开办在案。昨该廪生禀称,业已一律开竣，计地九十九亩零，分布各佃种作，每亩岁纳租洋一元，每年可收租洋九十余元。造具各地号亩簿二本，由县盖印，分别存案。

三十二年十月，据徐令表称：前县所垦西乡荒地三百三十余亩，北乡荒地二百六十余亩，东、南两乡荒地四十余亩；所种茶、桐、乌桕、棕、樟、松、柏、杉、桑、梨、柳、桃、李等树，计成活约有七八成。习艺所后空地，前种桑树二百余株，均已成活。

三十三年四月，据俞令省三表称：重印《种植述要》一百本，分发各乡，讲求试种。

工务

光绪三十年九月，据该署县曾丞森湝表称：该县工艺院，于是年二月余令靖任内开办，置有土机二十架，仿织巴河白梭布。

十月表称：添织柳条及各色花布，并大小洋毛巾、阔幅夏布。

十一月表称：于工艺院旁常平仓屋基，改造恤囚习艺所。

三十一年六月，据杨令承曾表称：工艺院现刊楠木、银杏板对等项，颇觉精致，一俟刊制稍多，即行申送陈列所陈列。

八月，据徐令允升禀报，习艺人犯共十二名，仿织布带辫线，编制草履、草帽、草扇等项。

三十二年八月，据上海科学仪器馆经理虞辉祖，禀请在该县西坑坞山，取石制造石板，以供学堂缮记功课之用。曾经商部咨饬保护。

三十三年夏季，据徐令允升表称：工艺院因资本亏折，暂行停止。嗣后复筹款开办，拟购东洋制造挂面机器，就本地所产麦粉，制造挂面。

矿务

该县风扇扭煤矿，于光绪二十八年十二月，请照开办。曾登前略。

三十年十一月，据该署县曾丞森湝表称：因原开之洞出煤不旺，复于该矿左右加开子矿，出煤颇多，每季有三四十万斤，系洪绅经理。

三十一年三月，据杨令承曾表称：汪典史兴鑑查得叶家坞煤矿，集股先行开采，每日出煤一百石左右。

三十二年二月，据徐令允升表称：叶家坞煤矿，因雨水过多，难以开挖，迄今未据领照开办。

三月表称：风扇扭煤矿，亦因出煤无多，以致亏本停挖。

弋阳县

农务

该县前于真如寺山场，购种松秧二千株。已志前略。

光绪三十年七月，锺令元赞表称：上葛坝坝工，正开工兴修间，缺口复被水激，勘估工程加倍，需款更巨。集绅定议，暂行累[①]石堵口，以截余流；仍俟农事告竣，再行筹筑。又勘灾至中港坂地方，查悉该处原有咸丰三年所筑老坝旧址，坝下沿溪两边，乃汗墩方姓之田，以前原有石垱捍御；由老坝址而上，约半里许，有柴坝一道，自筑柴坝，而老坝遂废；今柴坝被水冲坏，地当转角顶冲，刻下难以施力，坂上方寿元等拟循老址改筑于下，则汗墩方姓近溪之田逼近坝下，必受急溜冲击，与之力争。第筑坝关系一方水利，邀集邻村文绅藻修及张、陈、李、董各首士，持平妥议，仍照咸丰三年老坝旧址，饬坂上方姓赶紧兴筑；其汗墩近坝之田，亦照旧自筑石垱，借捍冲溜。两造均各允服，已据具结立案。本年被水冲废之田，业于履勘时，凡淤浅者，饬令挑复补种；其沙泥厚积者，亦谕树艺桑、柏等类。

八月表称：东、北两乡，向以种松易长利速，种植最多。东乡间亦产竹，可以造纸，惟纸质不佳，已饬加工制造。

九月表称：夏间水冲各田，易垦者已逐渐垦复。至被水

① 累：堆集；积聚。

堤坝，并谕绅耆乘此农隙，协力修筑。

十月表称：前议修筑上葛坝决口，业于奉拨赈款内酌提二成，复由绅士筹议集资，早已开工。该县亲诣督修，年内计可竣工。又渔江堤即叶家坝，保卫民田万余亩、村屋二千余家，六月被水冲塌不多，亦经饬绅集资，及时堵筑。此外各乡冲损堤坝，均饬赶修以护粮田。民间树艺，向以种竹作纸、植桐梓榨油为务。此外，棉、蔗、桑、麻种植不多。每于下乡之时，招集父老，劝令于荒废隙地，试种各项秧种。

十一月表称：马鞍山七里冈民业荒山，已令垦种松秧。

三十一年正月表称：去冬修筑之上葛坝，已报竣工，诣勘尚称完固。渔江堤工，尚未蒇事。又里北乡之伏兴坝，亦于去腊诣勘，倡捐洋二百元，余由绅董分筹；日内始行开筑，分秧以前，工可告竣。

二月，王令易表称：伏兴坝现已竣工，足荫田八九百亩。民间种植，大都松树、席草、甘蔗等项，而以苎麻为最多，惜尚不知培壅诸法。现拟将滁州黄厚裕所著《栽种苎麻法略》，刻印多本，发给各乡，俾知依法考求。

三月表称：《苎麻法略》，已刻印二百本，分乡散给。并谕乡绅随时演说，使人周知。

四月表称：月内奉本府委员，赴县考察树艺，会同驰赴各乡，周历查勘。前县李令购种湖桑，因地土不宜，枝疏叶小，几类野桑。其锺令上年所种松秧，甫经栽种，被水淹拔，其高阜之区，大都成活，惟历时未久，尚未成林。北乡上葛坝堤岸，石块间有损坏，已请上年监修之贺委员，督同原办绅首，赶紧修补，培厚加高，一律工竣。

六月表称：前县所报真如寺种松，昨经亲往查看，生发茂盛者，约一百数十株；又天师墓后，约有一百余株；又东边饶姓承领，约有六七十株。当饬剔去横枝，俾得干直成林。又四十八都邵家坂地方，向有柴坝，咸丰年间，因刘姓改筑石坝，与邵姓酿成械斗巨案。县卷虽已毁失，尚有前官所断禁碑可凭。近来该坝年久失修，刘姓又欲改砌石坝，有碍邵姓沙堤，彼此将至纠众滋事。当经会营前往弹压，随即秉公钉桩定断，仍照旧章拆筑，所需工料，捐廉给发，以免两姓派费争执。现已柴坝完工，两造各具结完案。又据另申将所刊《栽种苎麻法略》，呈送查核。

九月表称：晚稻现已刈割，收成约有八分。尚有大禾米一种，系该县独有之产，虽不及晚稻之多，收成当不少减。各山茶子，已多成熟，下月即可摘以榨油。

十二月，孙令增表称：奉发草本桐子，已拟择地播种，以为民倡。一面出示劝令民间照式购种。

三十二年三月表称：在县署西首荒地一片，雇工辟土，砌篱筑堑，捐廉种植苎麻。

四月表称：署内所种苎麻，雨多未见发生。考察苎麻喜燥，拟即赶植二道苎麻。

闰四月表称：二麻仍用土法培植，业已长发。

五月表称：二麻已刈割八百五十余株，饬工取剥晒干，发归工艺院沤绩，织造夏布。

六月表称：所种三麻，长发畅茂，与土性尚属相宜。现集各乡绅来署，面加劝导。并刷印《苎麻法略》多本，发给谕令照办。

九月表称：三麻均已收割，俟来春再行培植。

十月表称：各乡晚稻收齐，均已布种菜麦。署内种麻之地，用草壅培，俾春间易于长发。各乡栽种之处甚多，将来可获利益。

三十三年正月表称：署内所种苎麻，现已萌芽。此外尚有余地，俟届清明节候，再行布种花生等类。

二月表称：种麻余地，已雇工开垦。并谕令各乡绅督劝农民，遇有隙地，一律开垦种植。

三月表称：头麻长发，极为畅茂，较之上年，可望倍收。现谕绅董仿行，以拓利源。

四月，钱令志铭表称：农田水利，种树垦荒，均为地方之要务。接见绅耆，时加劝导，遇有隙地，迅速开垦；察其土性，广种杂粮，或植树秧。署内所种苎麻，出产甚好。现仍加意培护，以期剥麻渐增利源。

工务

光绪三十年八月，锺令元赞表称：北乡间有栽种苎麻、织售夏布者，货少而质亦劣。迭次谕绅劝民，讲求种植之法，雇匠加工组织，以期出货精良。

九月表称：县属工艺，仅有纸槽、油榨。纸张一项，销场尚广，油则仅敷本地食用。间有织土绢、葛布者，组织未精，销路不旺。随时劝令织户，务求精美。

三十一年二月，王令易表称：调查各乡所种土桑，叶小质粗，饲蚕颇不相宜，急须先种湖桑。前县锺令虽告知绅耆以种桑、育蚕、缫丝、漂练诸法，究因桑叶之故，难期抽丝细白。现谕绅耆博采织布、造纸、榨糖良法，力图振兴。

四月表称：县属产丝不佳，固由食叶不宜，加之煮练均不如法，织绢成后，又未练熟，故质硬而不受染。现在试验练丝之法，加工精制，以求丝质纯熟。

六月表称：本年所出土绢，因将生丝煮练，虽光洁不如川浙之绸，究因丝熟可以受染。现在接见绅耆，佥称销路较往年为广，价亦稍昂。

七月表称：县属种蔗者多，惟煎熬不得其法，仅有沙糖一种。本年甘蔗畅茂，拟派人赴赣州考察熬糖之法，预备改良熬制。

八月表称：屡欲创办工艺院，绅董俱称上年被水，难以筹款。兹经首先捐廉，以为之倡，务期事底于成。

十月，据王令禀称：该县捐廉百元，典史问作周捐洋五十元；择定城内东街充公当房一所，改设工艺院，并附设习艺所，购备木料，添建房屋，于九月十二日兴工，本月十七日工竣。并发劝捐印簿，尚未收缴，将来以之置办器具，支付艺徒火食用费。惟因交卸在即，不及议章开办，移交后任收捐开工。禀报查核。当经本局批示奖励，仍饬接任孙令，妥议章程，通禀立案。

三十二年三月，据孙令增禀呈所拟章程，暨垫款购置木机、纱料器具，已于初四日开办。现在除教习外，习艺者五人，纺织东洋花布、大布、夏布、毛巾等项。当经本局查核章程，以“按都派捐”一条尚欠斟酌，余堪照准，批示遵照在案。

四月表称：工艺院自开办以后，织成东洋花布、大布、夏布，共一百余匹，毛巾、平巾一千余条。所有销售价目，均照市价酌减。仍督同问典史，招徒学艺，以期推广。

闰四月表称：工艺院所织夏布，未经漂白，不合制衣之用，销售甚滞。督饬教习漂洗洁白，以利行销。

六月表称：现将管押人犯收所习艺。所有制造各项巾布，日渐加增，尚须设法使其畅销。

九月表称：织出布匹，尚能销售，惟经费不足，以致货少利微。将来捐款收齐，多招艺徒，或可稍得利益。

十一月表称：制出毛巾，宽大绒厚，乡民喜于购用，抵制外来之货不少。惟颜色未能雪白，督饬艺徒，善用漂粉，务求精美。

三十三年二月表称：工艺院自年底歇工，于本年十五日开工。现饬司事购买洋纱，将所织布匹、毛巾，逐一改良。

四月，钱令志铭表称：工艺院内，织造毛巾、布匹，业经至院调验，谕令力求改良。但经费尚须宽筹，乃可徐图扩充。

商务

光绪三十年九月，锺令元赞表称：西门外有石桥一座，为往来通衢，夏间被水冲倒五洞，即经倡捐雇舟，作为义渡。近值水落，舟渡不便，商旅踟躇，因再集绅筹议，另筑木桥以济行人。石桥旧基尚在，仍劝集资修复。又西乡栗壁岩下，系往来广、饶孔道，自被山水冲刷，石崩路断，约二百四十余丈，亦经倡捐，劝令绅商醵资估修，下月中旬可以告竣。

矿务

光绪三十一年二月，王令易表称：县属并无矿产。惟境内之山，多产红石，仅堪采取以供本地砌墙铺地之用。

贵溪县

农务

青云冈、龙井冈荒山，白芒洲、放马洲荒洲，垦种树木、芦苇。已登前略。

光绪三十年十一月，据邓令贞琳表称：亲诣勘丈青云冈民荒山一处，袤长约四五里；龙井冈民荒公山一处，袤长约四里许，宽约二里许，均栽种松秧。白芒洲民荒地一处，纵横约计六百余亩；放马洲民荒地一处，纵横约计五百余亩。该二洲皆因地处水滨，河水稍涨，即被淹浸，惟有栽插芦苇，取干制作烛芯。

三十一年十二月，据秦令镕表称：奉发湖南草本桐子，已交绅民试种。

工务

光绪三十二年四月，据秦令镕禀报：在县署头门内，修造房屋，设立工艺所，并附设罪犯习艺所，教养罪犯流民，先习织带、织布、打辫子、搓棕绳、编草履、搓纸煤六项，徐图扩充。

七月，又据报称，在县署春秋阁内设立劝工陈列所。

矿务

光绪三十年十月，据邓令贞琳表称：该县盛源洞山出产滑石。该处附近居民挖取售卖，每年约出五六千斤。拟谕商集股开采。

三十一年二月，据邓令禀报：商人杨保康等筹集股本洋三千元，在县开设生记滑石矿务公所，买定四十九都瑶墟地方李姓民山，禀请开挖，每年认捐六百串。

三十二年正月，发给印照、税票，由该商人具领开办。旋据监生赵联璧，禀请集股在该县三十六都五图马鞍山地方开采滑石。因与杨保康所开之矿相距数里，彼此争讼。九月，杨保康以办理棘手，禀请停办，并缴销印照。其马鞍山矿，即由赵联璧开采，捐钱照旧。嗣据刘令光贲，请给印照开办。

铅山县

农务

光绪三十年八月，据梁令树棠表称：前所报垦之旁罗官洲、校场官地，业经据报勘明。已由该县捐廉，发给农民，一律播种苎麻、荞麦。

九月表称：本年旸雨应时，通县收成，约有九分。

十月表称：前垦陈坊荒山一嶂，曾种松秧一百余株，因土地瘠薄，多不长发；现将未垦者一律开辟，以备来春栽种茶、竹。所有沿河堤岸，六月间被水冲缺十三处，已于八月照旧修筑。城乡塘堰，共修浚二十一处。

是月，梁令禀呈农业表。据称县属山多田少，其民间私业，无不垦种禾稻、杂粮、菜蔬，各自收取利益，故无荒废之土。山场亦皆栽植茶树、毛竹。惟松、杉、柳、柏等类，皆因山土瘠薄，长不成材，只能伐作小件器具，及供炊爨之用。其杂粮如豆、粟、薯、芋，出产无多，仅敷邑民自食，从无运出销售。

十二月表称：旁罗及校场两处官地，荞麦已经收获，布种油菜、二麦。陈坊荒山，石多土薄，所垦之地，前次壅有肥料，现时雪未融化，碍难栽种。

三十一年六月，朱令炳光禀报：县属向分九乡，田少于山，民食米谷杂粮，尚赖邻县接济，故无不种之田。惟高阜既虞亢旱，低区又虑水淹，地势夷险不匀，难以筑立堤垱，所幸水涨即退，田禾尚无大碍。现有生员郑凤翎等，禀报二都杨家桥，向有水堜一道，坍塌一百余丈，业经示谕劝集兴修。又十九都向有土坝，蓄水灌荫。其地与上饶接壤，亦已会同上饶县出示晓谕，按照旧章兴筑，以备亢旱。各乡山岭丛杂，向皆种竹以充造纸原料，故商务以纸张为大宗。惟石多土薄之山，未能垦种树木。仍随时劝导农民，尽力田亩，以期地无弃利。

六月，据朱令禀报：奉饬选绅设局，兴办农工商矿诸务。该县邀集各绅至署，再三劝谕，兹于五月二十九日，据各绅公举岁贡蒋梦奎、刘嗣向、副贡刘子泰、廪生韩道禹等，作为局董。在城内文昌宫设立农工商矿分局，以为集议办公之所。仍由该县督饬将应办各事，次第举办。

八月表称：梁令所报旁罗洲、校场两处，所种荞麦、菜蔬，获利甚微。又陈坊荒山，砂石太多，地土甚厚，委难种植。前奉札饬劝民种植桐、茶、杉木、乌桕等树，早经劝谕豫为筹划，及时种植。

九月表称：劝民种树一事，刻下虽非其时，会绅劝导乡民，令其先认地段，拟植何物，呈报查核。

三十二年正月表称：奉发草本桐子，春寒未能栽种。已将署内隙地，先行雇工锄松，稍俟晴暖，即行试种。如果土性相宜，秋后即可发交四乡遍种。

三月表称：旁罗荒洲仅宜种荞麦，校场荒地仅宜种菜蔬，现均循旧种植。至陈坊荒山，前奉批饬劝民于山石磊落之区，略有土泥，遍栽毛竹，以为纸料。询据该处土人声称，陈坊一带，凡可种竹之处，实已栽种无遗；前县所报荒山，委系难以种竹，皆恐徒费工本，无人承领垦种。

闰四月表称：前种草本桐子，因天雨过多，仅活四株。

将来结子以后，再行分发播种，傥能逐渐加多，于乡民大有裨益。

八月表称：草本桐子，每株仅收数粒，外实中空，无从再种。各乡以竹易长成，咸皆种竹。若树木获利，须在十年以外，故无愿种树者。

三十三年三月表称：县属种植，本以茶叶为大宗，现在红茶不销外洋，仅制绿茶以销浙、闽。种茶无利，难期推广。各乡竹山，种植照旧。其树木森林，惟茶子树为多，其子可以榨油，农民颇愿种植。

工务

光绪三十年八月，梁令树棠表称：河口镇地方，向出竹器，有兜舆床、榻、椅、凳、面盆架等类。竹皆产自本地。其物之细者，则镶嵌紫竹，为万字纹各花样，尚称精致，价亦不昂。现在该镇开设五十余家，大都本省购买，约仅得价五千元上下。又有柳木提盒、扇匣、面盆、托盘等器，木料产自福建，刨作薄片，围箍成器，外饰朱漆，加绘金边，鲜艳夺目，闽浙亦来贩卖。但因价值昂贵，生意遂难发达。该镇共开铺店九家，进款不过三千数百元之谱。又纸张一项，从前洋纸未行时，每年可售银四五十万两。其名目则有连泗、贡川、竹纸等类，皆以新竹为之。草纸则以禾草为之，原料产自本地。乡间纸槽，共有二百余处，虽色黄质脆，不及闽纸，但其价较贱，江浙绸绢布匹各店，均用铅邑纸张包裹。乃因近年洋纸盛行，不免滞销亏折，槽户因而偷工减料，销场愈形迟滞。县属原本产茶，从前茶庄林立，自光绪二十年以后，茶商歇业殆尽，前经两次会绅集议，力图挽救。闻各绅已在文昌宫邀集同业，议将陈货售尽，明春所出新货，加意改良制造。

九月，据梁令禀报：该县向无棉花，历系鄂省贩来。本年八月，据典史张赞霖、邑绅分部主事饶曾春等禀称，集股龙洋四千余元，创设鼎兴织布公司，赴沪、汉购办织机、纱棉；详请在沿境三百里内专利十年，免出厂税五年等情。开具章程及执事姓名清折呈送。并据该县禀奉前署抚宪夏，批饬派办政事处，会同本局暨统税局核议具复。嗣经会议，准予专利五年。该公司织出棉布，比照进口税则，以尺幅长短阔狭分别征税。行销二卡以外，应收全税；二卡以内，准收半税。所请邀免出厂税五年之处，应毋庸议。详奉抚宪批准照办，业经转饬遵照。并饬该公司加意制织，以畅销路。

十二月表称：纸、茶两项，已经绅商会议，骤难设立公司。现拟雇募上等工匠，于来春加意制造，以广销路。

三十一年二月，朱令炳光表称：鼎兴织布公司，查有机匠二十余人，织就各布，加以染色，尚有可观。如能日就精良，获利当必甚厚，惟须多招股本，方有把握。

四月表称：茶业一项，早已销败。现惟篓茶、绿茶，销场仍不畅旺。惟纸张尚称大宗，已谕各槽户加工精制。

七月表称：造纸、织布两项，均用土法制造，并无外洋机器。河口镇所制柳木提盒、竹椅等件，业经前县梁令解呈，发交陈列所，考验比较。

九月表称：鼎兴织布公司，因销场滞钝，且股本支绌，不敷周转，暂行停织。

三十二年正月表称：上年纸业，滞销亏折。造纸虽尚未届时，早经劝谕加工改良。织布公司，旧岁停织，虽经招集股本，刻尚未能凑集。

四月表称：现届初夏，造纸者逐渐兴工，能否改良，仍当随时劝导，不敢稍宽。

六月表称：茶叶自洋庄不销，历年商务减色，现仅焙制篓茶，行销江浙等处，不及从前十分之一。纸张因洋纸盛行，尚难骤期改良畅销。当经批饬劝谕茶户、纸槽，改用西法焙茶、造纸，招聘工师，力求改良，以广销路而挽利权。

七月表称：河口所出柳木器、竹器，工艺虽属微末，亦本省特出之产，仍劝导广为制造，于利源不无小补。

八月表称：欲图规复茶叶之利，必须设立公司，购买制茶机器。屡与绅商筹议，均无毅然任事之人。

三十三年正月表称：茶叶久不行销外洋，纸槽亦复逐渐歇业。商议补救之方，非用机器不可，而谙用机器工师，一时未能招募，是以咸怀观望。当经批饬将茶、纸两项，合资设立公司，购机制造，力求改良，勿得拘守旧法，听其日见窳败。

四月表称：焙茶造纸，须用机器，惟延雇工师，实难其人。求之外洋，薪资太重；求之中国，更属不易。只有暂从土法，督饬精益求精。又经本局批示，谙用机器，虽以洋人为最，但中国亦未始无通晓之人。饬即筹款购机，延雇中国工师，以期茶、纸日有起色。

商务

光绪三十年八月，梁令树棠表称：纸张一项，昔年可售银四五十万两；近年洋纸盛行，售价不满十万之数。至茶叶向为大宗出产，从前河口镇开设茶庄四十八家，可售价四五十万元；近年一蹶不振，刻下河口仅止茶庄一家。曾集河口绅商，询其弊之所在，佥谓日本、印度出茶多而价廉，华茶是以滞销等语。窃思日本、印度产茶，味远逊于华产，劝令转嘱各山户，加意焙制，务使色香味三者俱佳，如用机器，更为佳妙。山户虽仍用旧法，今年焙制稍佳，较之往年，通县多售二万余元。现拟选派商董，设立公会，讲究制造之法，以冀仍复旧观。

三十一年三月，朱令炳光表称：河口茶庄，上年尚有一家，后因亏本歇业。今年时届暮春，尚无开设茶庄之人。欲图挽救，颇费经营，仍当劝谕商民，逐渐振兴。

三十三年三月，据朱令以县属产米，不敷民食，全赖外县之米，贩运接济，乃因有禁止米谷运出湖口之文。内地各属，反私禁米谷出县，洵为恶习。该县恐于青黄不接之时，民以艰食受饥，劝令殷实绅商，购运米谷回县，平价粜卖。一面移会产米之弋阳等县，严禁乡民私相沮遏等情。禀奉抚宪瑞，批饬劝谕绅商，务将平粜事宜，认真妥协办理，以顾民食。仍将农务等事妥筹举办，禀报查核。行由藩司移会本局转饬遵办。当经本局饬即会绅筹办，务使已垦之田，增加收成；未垦之田，尽数开垦，以兴农业而裕民生。

矿务

光绪二十九年，崔道佛荫开采佛母岭煤矿，设立同孚煤矿公司。嗣由其子候选郎中崔致恭，开采揭家坞煤矿。已志前略。

三十年九月，梁令树棠表称：同孚公司，每日能出煤百余担。

十二月表称：佛母岭出煤无多，已经停挖。揭家岭出煤尚旺，年终现亦停工。

三十一年三月，朱令炳光表称：同孚公司，仍在揭家坞原开窿口挖煤，前已示谕居民，不得借端阻挠。

十月表称：同孚公司挖出之煤，仅能为炊爨之用，不能供机器制造之需。此外尚未查有矿产。

三十二年七月表称：同孚公司每年出煤若干、售价若干，据该公司声称，已自行填注调查表，呈送查核。

十月表称：本月二十一日，奉两江矿政调查局委员张县丞崇德，偕同矿师到县，查勘揭家坞、佛母岭两处煤矿。于二十五日勘毕，径往上饶。其查勘如何情形，未准移知，无从得悉。

广丰县

农务

光绪三十年三月，据吕令用宾表称：县属山多田少，乡民于山地遍种烟叶。所产米麦，不敷民食，全赖下游运济，岁出约十数万金，幸有烟叶利息，足以填此漏卮。此外豆、粟、杂粮，遍地皆是，尚无荒土。本年清查二十八都博山佛寺庙产，其坐落水门地方，粮田数十亩，从前被水成荒，均已逐渐开垦，竟无遗地。十五都出产青茶、红茶两种，历由邑人贩运苏、浙销售。本年新茶尚丰，闻有教堂洋人，赴山采买，价值陡涨，地方增益入款，贫民咸歌鼓腹。

四月表称：今年油菜减收，油价稍昂。幸麦秋中稔，无碍民食。

五月表称：本月初旬，阴雨连朝，河水骤涨，沿河田亩，多被水淹。当即禁屠祈晴，旋获开霁。而狂风不息，早稻正在扬花，稍受损折。惟山地烟叶得雨，异常畅茂。茶叶现已收庄罢运。

七月，晏令蔚琦表称：沿河田亩，被淹未久，新谷现俱刈获，收成尚有七分。各乡烟叶，收割齐全，红种最佳，白者稍逊。本年雨水过多，稍形歉色，江浙商贩，陆续采办，价值日涨，业户获利较丰。

八月表称：桐、茶等树，结实繁多，可卜丰收。

九月，吕令用宾表称：县属地势甚高，平畴多开塘堰，近山则有溪涧灌荫，历无水旱之虞。

十一月表称：各乡茶、桐、竹木，随处栽种成林，近年补种多株，现俱畅茂。

三十一年五月，刘令昌言表称：各乡种植树木，间有偷窃践害情事，俱经随时查禁，力予保护。

六月表称：现经照会绅董，将某都栽种成活树株，查明折报；如有旷地，亦即劝民随时补种。

十月，据刘令开折禀报：查明各乡栽种竹、茶、桐、松等项，约计成活共有一万二千余株。当经批饬加意培护，如有枯萎，择宜补种，以收地利。并据禀奉前抚宪胡批示，一县之大，仅添种树万余株，何足以尽地利？饬再劝民广种，以期野无旷土。行局转饬遵照在案。

十二月表称：奉发草本桐子，当即转发乡民，赶于春间试种。若果土性相宜，再多觅子，随地种植。

三十二年四月表称：试种草木桐子，虽已长发，未见畅茂，似与土性不甚相宜。至土产植物，前奉札饬选取佳种，即经选购烟叶、茶子、花豆各项子种，交由委员李令继纲带呈在案。现仍饬农民添种树株，以兴地利。

八月，邵令启贤表称：该县莅任以后，晚稻业已登场，谕绅劝民，趁此农隙，议开半日学堂，考究土性，讲求培植之法，以开农民知识。

十月表称：各乡半日学堂，因经费无出，未能一律开设。

十一月表称：入冬以来，晴多雨少，迭次谕绅劝民，多开塘堰，引水荫田。

十二月表称：本月连得透雨，四乡原种茶、桐各树，可期一律畅茂。

三十三年正月表称：月初乡绅入城，劝谕广种苎麻。现将《种麻法略》，排印千余纸，由劝学所学董赴乡劝学之便，散给各乡，俾其仿行。

二月表称：散布《种麻法略》以后，闻有豫备栽种者。

三月表称：原种茶、桐、杂树，培护尚为得法。新种苎麻，亦均长发，各乡种者渐多。又将《种麻法略》，排印分散。

四月表称：本年雨旸适宜，烟叶一律畅茂。现奉通饬清查栽种莺粟[①]地亩，会绅调查，西乡间有种者，现已出示劝禁，改种谷麦。

工务

光绪三十年九月，吕令用宾表称：县属女工，勤于纺织，夏布土机约有三十余具，每年所出夏布，可敷邑人应用，间运邻县行销。又十都地方，向有纸槽，制造花尖纸，其质虽粗，适为市廛利用，销数尚旺，已谕设法改良。

三十一年六月，刘令昌言表称：前月集绅筹议，拟在城内设立工艺局，收养游民，制造土货。容再会绅设法，务底于成。

十一月表称：据绅禀称，考试已奉文停止，议将考棚两廊号舍略加修葺，改作工艺所。现已购买织布机器，延雇工匠，即当议章开办。

三十二年二月表称：工艺所已于本月二十日开办，但因经费不充，仅招工匠教织夏布、巾带。仍会绅筹款，逐加推广。

① 莺粟：即罂粟。苏轼《归宜兴留题竹西寺·其二》："道人劝饮鸡苏水，童子能煎莺粟汤。"

四月表称：工艺所招致工匠八名，刻尚未能扩充。一俟筹款就绪，再行议章禀报。

八月，邵令启贤表称：县属素产烟叶，现已会商绅士，谕令集股雇工，制造雪茄烟，以冀抵制外洋输入之品。

九月表称：廪生吴国士倩人往上海，考查雪茄烟制法，计算工本如何，再雇工师开办。

十月表称：据廪生吴国士禀称，据沪友言，“红色烟叶一种，最合制雪茄烟之用。惟质料须先焙制，卷造尤须机器”。现查有绅士俞凤琴，熟悉沪上商情，劝令函致沪友，考求焙制之法，并探询机器价值。如其工本尚轻，再议筹款试办。

十二月表称：调查雪茄烟制法，须先将烟叶煮透，去其烈性，焙干卷成，始能适口。惟烟叶肥薄，必用机器，方无破损。核计成本，恐难获利，未敢集股试办。

三十三年正月表称：现拟在警察局内，附设工艺院一区，专收流民，责令织造布带、编制篾器等物，以期化莠为良。

二月表称：工艺院织造布带，仅供本地销售。本月雇定编制麦草器物工匠二名，试制学堂应用麦草操帽。如能精致合用，拟令收徒多制，运出外销。

三月表称：工艺院编制麦草操帽，即日出货，拟发各学堂应用。一面仿制玉山草扇，力求扩充。

四月表称：麦草操帽已发各学堂备用。惟仿制玉山草扇，事属初办，尚欠精致，仅供本地粗用，未能运出外销。此外仍制造竹器，及搓棕绳等物。容再竭力提倡，务臻完备。

商务

光绪三十年九月，吕令用宾表称：烟叶一项，为土产大宗，向由江浙及本地商民采运各埠售销，极为畅旺。烟土、布匹为外货销场大宗；其次如广货药材等项，均尚畅销。

十月表称：各乡所种烟叶，岁入值银三四十万两。东乡所出茶叶，色味俱佳，博利亦厚。惟十都出产花尖纸，每年约五六千块，因山道难运，外销殊难。

三十二年闰四月，刘令昌言表称：东北各都，与闽、浙接壤。现值米价异常翔贵，诚恐外匪勾结饥民滋事，除移请巡防队哨官，带勇驻扎十一都地方，随时巡缉外；一面发给护照，饬各都绅董，醵资赴河口镇，购回米谷，减价出售。并定期开仓平粜，免致饥民失所。目下地方安静，商贾照常贸易。

三十三年四月，邵令启贤表称：入夏以来，雨旸时若，菜麦丰收，米价平减，商旅无惊，民情安谧。

矿务

光绪三十年四月，吕令用宾表称：州属产煤尚旺，惟烧成白色，有油多渣，仅堪炊爨之用。且山多硗石，仅能挖井二丈余深，获煤无多，甚至被水停挖。现在开采日多，居民咸赖济用；穷民挑贩出售，亦可借资糊口。

九月表称：县属屏风山、大塘坞、排门山、枫树塭、羊角山、石门砖、小青山等处，皆产煤矿，向系土民集股开采，仅敷本地居民应用。又勘得桐山、花厅、观音阁、横埲塭、桐子坟、樟树塭等处，似曾挖有煤洞形迹，都系早年停挖废矿，现未开采。

十一月表称：近日粮价平贱，入山采煤者少，出煤无多，价遂增贵，每百斤至售钱三百文。

三十一年五月，刘令昌言表称：各处煤矿，均用土法开采。虽经会商绅富，劝集巨资，购机开办，尚无端倪。

三十二年十月，邵令启贤表称：各乡煤矿，现经邑绅探验，其质不能炼焦。俟觅得佳矿，会绅筹款开办。

十一月表称：各处煤矿，质既不佳，滩河水浅，输运不便，仅供本地炊爨，获利甚微。当经本局批示，访闻该县产煤甚富，煤洞有三四十处之多，有因挖煤致成巨富者，竟无一人请领矿照。饬即传谕矿商，领照开采。

三十三年二月表称：各乡煤矿，运道不便，殷实之家，不愿开采。其有主议兴办者，并无分文资本，人皆不愿附股，辄欲由县出示，又不请领采照，意在垄断，未能遽准。

兴安县[1]

农务

光绪三十年十月，据周令绘藻报称：前垦东门外荒山，栽种松秧九万六千余株，已成活者，九成以上。

三十一年三月，据周令表称：又补种七百余株，可期成活。

五月，又据报称：该县局绅滕诚等，在南门外窑口地方起，至滕家坊止，长约八里，横亘五里，一律栽种松秧七十二万余株，现在成活四十三万余株。又在城东北迎春亭、岭山、天台峰等处，添种松秧三万六千余株，现在成活二万四千余株。又在署旁栽种桐子六十余株。又于附近栽种桐子一千余颗，已成活四成以上。现均枝叶青葱。境内并无废地。

三十三年三月，据罗令文昭表称：滕姓所栽松秧，枯萎者一律补种，已成活八万五千株。

工务

滕绅诚集股设立复古窑厂，已志前略。光绪三十年九月，据周令绘藻表称：先后集有三百股，每股洋银一百两。已饬令该绅，遵照商律及商会条款，明定章程，刊刻股票，以昭信守。

三十三年，据罗令文昭禀称：该窑集股开办时，应用土

① 兴安县：今江西省横峰县。

釉颜料等件，及制造窑坯各匠，均往景德镇购办定雇。货色原仿该镇制造，不意连年耗折，兼又被水冲坏，除原集之股不计外，尚亏累不下数万金。近来大窑已停，小窑厂所出之货甚粗，势难再振。

矿务

该县雄岭等地方煤矿三十二处，已志前略。现均照旧开挖。至每月出煤若干，未据该县查明禀报。

【饶州府】

农务

光绪三十二年十二月，据张守检禀称：农林为养民生财之源，即国家赋税之本，富国裕民，利莫大焉。但兴办农林，非官为之倡，则民间不知垦种之利；非官任保护，则民间不绝侵害之弊。饶州居彭蠡之滨，川汇山环，土壤腴美。曾经吴前守祖椿兴办蚕桑，禀请候补从九品潘祖熙设局兴办。十余年来，地方风气渐开，养蚕树桑之户日甚一日，官局成林桑树二千余株。又本年上春，鄱阳县陈令庆绶购买桐子，托潘从九开垦县署旧基栽种，已成活三千余株。拟即以此为基础，再于堤工成本项下借银三百两，为开办购种经费，由府分三年认捐摊还。合将开办农林劝业场缘由，暨拟议办法四条，禀乞批示。并据另禀，以蚕桑委员潘从九实心任事，不辞劳瘁，官局成林桑树二千余株，教导乡民种成者亦三四千株；养蚕之时，来局学成者，已有二十余人；近年蚕户日多，产丝约值二千余元，实系该员导诱之功。拟请抚宪奖给五品功牌，以示鼓励。其养蚕已著成效，种桑千株上下之民人史大喜六名，拟由府赏以匾额；其次之廪生程丹凤等十五名，拟置银牌奖励等情。乞示前来，当经批准照办。并据该府禀奉抚宪瑞批示：该府现拟开办农林劝业场，试种各项植物，具见办事实心，知所先务。所借堤工成本银三百两，归该府分三年认捐摊还，及所议办法四条，均尚妥协，应准照办。附禀请奖给从九潘祖熙五品功牌、民人史大喜等匾额银牌，事亦可行。批局转饬督同委绅人等，认真经理，实心劝办，以兴地利而厚民生。由局转饬该府遵照办理，并通饬各属，一体仿办。

三十三年四月，据该府禀称：捐廉开办农林劝业场，并筹议办法，明定劝惩章程，前经禀奉批准在案。查原禀以道署旧基为栽种试验之地，府署左右为桑林场，县署旧基为桐林场，放马洲为柏、柳场。已于正月间，督饬委员，将道署开辟，四周围以土墙，栽种桑树、桑秧、桐树、桐子秧、漆树秧一万余株；墙之四周，则种柳、柏、竹、棕；并于空隙余地，分种花木杂粮。原报此处计地十余亩，现在开垦成熟，核计实有二十四五亩。又县署旧基，日前布种桐秧，督饬委员，将空地一律开辟，环以土墙，计地二十五六亩。放马洲原拟种柏，因余干购来柏秧七千余株，秧苗太小，易被水淹，现将柏秧间以柳条，散种沿城各地；拟于下年觅购长秧，再行栽种。又本年头蚕只出丝一百余两，现拟接饲二蚕。又原禀劝惩各条，现在编成表格。并酌拟《乡约大纲》，同劝惩表格，附诸《劝兴农林告示》之后，札发各县晓谕劝办。谨将办理农林实情，及场内所缫新丝，同照片、告示，禀请核示。等情前来。当经本局批示：该守任事实心，有条不紊，而其意则在使民间观感仿效，尤征为民兴利之方，关怀民瘼，深堪嘉许。饬仍督率委员，认真经理，毋得始勤终怠。并饬辖境各县，清查荒地，择宜布种在案。并据该府禀奉抚宪瑞批示：该郡开办农林劝业场，经该守认真讲求，布置有方，送到新丝，尚属柔细。所开劝惩表格及《乡约大纲》，亦均妥协可行，且可为地方自治之基础。两汉贤良太守多以劝课农桑、勤恤民隐著称史册，当不让古人专美于前，饬局通饬各属，一律体察情形，妥为仿办。一面饬即督率委员及所属各县，凡境内官荒民荒，务须切实查明，劝令一律开垦，视土性所宜，分别栽种，以兴地利。由局通饬各属，及该府遵照办理在案。旋由藩司移奉督宪端批示：禀并照片均阅悉。农林蚕桑各实业，规模初具，蔚然可观。种植各树，均成本轻而收效速。新丝复坚纫[①]洁白。具见该府极力提倡，各员绅亦均实心任事，从此加意扩充，于实业必日臻发达。所拟劝惩章程及乡约各条，亦属切实可行。仰西藩司传谕嘉奖，并饬认真办理，切实保护，务期推行尽利。地无旷土，野无游民，转贫弱为富强，皆于此基之。裨益政略，良非浅鲜。由司通饬各属，一体仿照兴办。移知到局，又经分别移行，饬属察看情形，妥为仿办。此该郡劝办农林劝业场之大略情形也。

工务

光绪三十二年十月，该府张守检督同鄱阳县知县陈令庆绶，以筹款开办府城罪犯习艺所情形，条陈办法，绘具图说。禀奉前抚宪吴批示：该府县拟在府署东首永福禅林古庙基地，建设罪犯习艺所。暂挪堤工成本银二千两，援照饶州定章，以七十股归各县匀摊。自本年九月初一日起，无分正署、代理，按在任月日，以一年摊还。由奉文之员，先后垫解；如果不敷，一律加派。所需常年经费，经该府自行提捐经征贾税渔税平余银二百五十两。该县认捐银三百两，按在任月日认缴。嗣后不分正署、代理，一体认捐。并于店捐警察冗费内，裁拨银二百数十两。该府县办理此事，兼筹并顾，并各自慷慨认捐，均属可嘉。派摊一节，虽与停止捐摊定章不甚相符，惟此系地方应办要政，与别项事件不同，应改为分作二年，按日匀捐；与其余各节，均准照办。饬即妥筹办理，仍将未尽事宜，及开支款项、管理规则，暨勘估工料清册，分别妥议开送，均毋违延。并分

① 纫：通“韧”。柔软而结实。《孔雀东南飞》：“蒲苇纫如丝，磐石无转移。”

行藩、臬两司派办政事处知照，由处移知到局。当经转饬遵办。嗣后已否建造完工、何时开办，未据禀报。

商务

光绪三十二年十月，据该府张守检禀称：前奉明诏，宣布立宪，薄海臣民，欢声雷动。然为立宪之国民，当有国民之资格。第民智未开，非广兴教育，无以开风气而袪[1]锢蔽。窃谓鼓舞振兴之法，莫如书籍报章，最易输灌文明，增益智慧。饶州僻居腹地，书籍无从购阅，图画、仪器、报章，更多缺如。查有正任泰州知州张牧浍，本年集股开办储材图书公司，专办学堂用品。现经函招公司经理人来饶，已与订明在饶分设公司，并招添股本，两处合办，各招四百股，每股英洋五十元。该守先认缴二十股，中学堂二十股，鄱阳县陈令庆绶十六股，以为之倡；一面函劝各县令及学堂绅商，一体入股。地方士庶，得此消息，欢忭踊跃，股款易集。所有办法，悉遵商律办理。合将饶州招股与泰州合办储材图书公司缘由，并抄录招股章程，禀请核示前来。当经本局以该守议办图书公司，首先入股为倡，具见热心教育，开通民智，殊属可嘉，自应准予集股开办。惟该公司系属有限，抑系无限？未据声叙，股票式样亦未检呈。饬即造具股东姓名清册，检同股票式样，遵章呈请注册，以凭详咨。旋于十一月，据该守禀覆，所开储材公司系与泰州合办，所有注册事宜应由经理人在泰州造册禀办，以免两歧。嗣后股分已否招齐、何时开办，现尚未据禀报。

① 袪：通“祛”。除去。

鄱阳县

农务

光绪三十年九月，据郭令曾准表称：晚稻收成丰稔。所种杂粮，以番薯为大宗。因农人不知用肥，前经教以多下骨灰等项含磷肥料，今岁收成较丰，足见栽种之法，必须讲求化学。又于奉发《农学报》内，择其简要易知易行者，摘录多条，散给乡民，俾知考验。前种苎麻均已成活，培养亦甚得法，须待来春方能睹其成效。至饲蚕、缫丝、制绵、拈线诸艺，民多习熟，现在互相教授，将来可以获利无穷。

十月表称：乡民所种土桑，叶小而薄，远逊湖桑。现经饬令随行蚕师，驰往近城处所，劝导种有土桑各户，趁此冬令，剪去繁枝，明春发叶，必能肥大。

三十一年四月，陈令庆绶表称：苎麻、土桑，俱已改良，似有成效可观。塘堰储水既足，堤岸亦皆坚固。每于接见绅耆时，晓以种植之义，非专指正、杂粮食而言，如桑、竹、茶、桐等树，亦可就地垦种，以收其利。容俟劝有成效，再行具报。

六月表称：讲求种植，必先设立试验场，将获利较速之各种树木分别试种，使之有所观感，然后可期风气渐开。前经谕饬工书地保，将城厢内外官荒切实确查；一俟禀报，即当覆勘垦种。县属土货，尚有莲子一宗，红白各半，每年约收二三百斤至四五百斤不等。

七月表称：设立试验场一节，虽查有官荒数处，但地段过狭，不适于用。惟县署旧址，宽大合式，能否垦辟试种，尚须邀集绅董，妥商办理。

十一月表称：小湖村程颂萱报垦祖遗荒地一块，计二亩八分，认种桑树三百株。准俟开春，即由郡城蚕桑局领回栽种。此外苎麻各种，亦皆日有成效。现又刊印条示，劝种茶、桐。

三十二年正月表称：县署旧址，业经商诸邑绅，动工垦辟，拟种桐子，以资试验。前在进贤任内，曾辟城内荒地一区，试种桐树，颇觉相宜。现已托友往进贤购取桐种。

二月表称：顷据西乡楼下村民人史学喜等，各在己姓地内，约计二亩左右，种桑二百一十余株。试验场内，现已购到木本桐子五千四百颗，如法试种；又种草本桐子八九株。并出示严禁居民纵放牲畜残害。

三月表称：据西乡博士湖民人余志祥等禀报，在于祖遗熟地，共计一亩八分有零，种桑一百九十余株。

四月表称：程颂萱、史学喜、余志祥等，先后在蚕桑局领种桑树，悉已成活。试验场所种桐子，萌芽者约三千五六百株，仍当时加培壅，以期一律成活。

七月表称：程颂萱等所种桑树，均因随时培护，一律鬯茂[1]。查阅奉发十九期官报内，载有种桑养蚕诸法，现经抄录多张，发给各处绅耆，谕令就近讲解，俾知则效。

十月表称：试验场所种草本桐子，一律收齐，计有二千粒之谱，收储署内，以俟来春散发各乡，如法试种。此外尚有萆麻子一种，亦与瘠土相宜，拟购种子试种，以广种植，使无

① 鬯茂：旺盛。鬯，通“畅”。

隙地。

十一月表称：各乡荒山旷土，随处皆有，节经劝谕民间，择宜种植。并拟来春在郡城蚕桑局，分给桑秧及茶、桐种子，饬令试种，俾免弃利于地。

十二月表称：试验场内所种草本、木本桐树，成效已著。现又托人前往进贤，添购桐种，以便在于隙地补种。

三十三年正月表称：托购进贤桐子，现已购到。业将县署旧址，再行添垦，以便及时补种。

二月，李令相表称：前县陈令任内，册报试种桑秧、桐子等类，究与县属何处地土相宜，俟咨询明确，推广办理。现值春令，植物发生之际，最忌人畜践害，拟先悬戕害之禁，兼尽保护之方，以为斯民观感。当经批饬将所种各物，曾否悉数成活，查明具报。

工务

光绪三十年八月，郭令曾准表称：工艺院久经前县周令景祁于二十九年八月捐廉禀设，租赁民房开办。该令抵任，察看各犯，于舂米、打绳诸事，均已习熟，爰即招募工师，教织毛巾、布匹。数月以来，颇能仿造。昨奉饬解土货，已将毛巾解呈。

九月表称：工艺院舂出之米甚多，均就地平价发售，贫民称便。所造绳索，行销本地。毛巾布匹，均由外商贩运。又县属乐亭地方，出产棉花，向用土车轧子，每日仅十余斤。现经劝令置买东洋轧花机器数架，每日一机能出净花二三百斤，较前力省功倍，容再极力扩充。

三十一年五月，陈令庆绶表称：土货惟烟叶最旺，棉花次之，蚕丝尚属无几。东洋毛巾机器，每日一人仅能织四五条，其利尚微。此外人力制造、行销出境之物，一无所有。容俟筹有的款，再行改良兴办。

七月表称：本年烟叶出产稍歉，其余均称中稔。毛巾机器，现又添购三架。并将其中工作未能划一之处，酌拟章程，条示遵照，以杜偷惰而收实效。

三十二年正月表称：工艺院于正月十五日开工。并经添购织毛巾、轧棉花机器各一架，容即添招艺徒，来院学习。

二月表称：已添招艺徒两名，在院学制。饬令工师悉心指授，俾得日有进步。

四月表称：教习艺徒，均尚安静。每月可出毛巾一千一百余条，行销甚畅。

五月表称：毛巾一项，较前精致。现四五人逐日织制，以应销路。拟再添招艺徒，俾得扩充。至织草履、搓麻绳两项，亦能随作随销，并无壅积。

六月表称：现又添招艺徒一名，以期推广。

八月表称：工艺院毛巾畅销无滞。奉饬以此项织机，并可织造平布，现拟先令在院织毛巾工师试办。

九月表称：工艺院除制造毛巾外，遵饬试织平布。并劝谕民间，来院学习，一面如式仿造。至毛巾一项，城内已有购机制造者，风气已开，可期推广。

十月表称：工艺首宜注重者，莫如织布，因本地布匹无多，其市廛售卖，均由别处贩运而来，价甚昂贵。现查城内置用土机、自行织造者，已有一家，尚觉不甚灵便。谕令仿照毛巾机式，仿造备用，以图快利。

是年，据该府张守申送政事总表，该县工艺院每月约可出毛巾一千余条、草履一千五百余双、麻绳一千七八百根，均在本市分销。

三十三年正月表称：工艺院于本月二十日开工制造货物。

二月，李令相表称：工艺院所制各件，仅在本城行销，尚嫌销路不宽。已谕工匠设法改良，推广销路。

商务

光绪三十年八月，郭令曾准表称：土产烟叶，其质颇佳，商人贩运九江、吴城等处，甚属获利。惟收买之时，乡民往往高抬价值，遂至成本太重，因饬以后烟叶当按年岁丰歉定价，禁止格外高抬。近来市面生意，比前淡薄，有因亏本歇业者，亦有故意倒骗者。每遇倒骗案件，无不从严惩办，以维商务而免效尤。

九月表称：烟叶一宗，自禁止抬价居奇以后，各处商贩纷至，目下行销颇畅，获利甚溥。

十月表称：烟叶获利，已胜往年。所惜烟梗未经提净，现又饬令卖户，去其梗蒂，价值既高，转运复便。现在谷价渐平，城商陆续收买，乡民挑谷入城者不绝于途，市中贸易，稍觉起色。

矿务

光绪三十年八月，郭令曾准表称：黄港地方，有煤可采，惟因经费难筹，不克开办。

余干县

农务

光绪三十年三月，俞令省三表称：县境地势低洼，滨临鄱湖，又当信河冲击，中下乡田亩全赖圩堤屏蔽，故堤工尤为紧要。县署旧存以工代赈银八千两，前经黄令秉湘禀奉批准，发给各圩，作为修筑之费，由黄令会委散给。该令抵任后，督饬各圩长，赶紧修筑。屡经亲诣监察，务须工坚料实。现已一律兴筑。各乡菜麦，收成约五六分。至于垦荒种植，曾经黄令议定章程，谕绅劝导乡民，复由该令谆谕绅耆，切实劝办。查下乡洲渚甚多，若能广种乌桕、蓝靛，数年之后，即可取子榨油。采苗成色，其利甚厚，现已劝谕栽种，绅耆均各乐从。

四月表称：乡农种植，多守成法，因劝绅士讲求，以为之倡。本年上乡戴绅书升，在荒山试种茶、桐，田内改种烟叶、糖蔗。中乡李绅思沆亦试种糖蔗三千余株。下乡各村，向种乌桕、烟叶、靛青、豆子，获利尚丰；本年种者尤多，风气较前稍开。现将奉发《农学丛书》，发存会议总局，饬绅会同考求，并嘱戴、李二绅主笔，择其于本地相宜、见效而易行者，摘出若干条，编成俚语，排印晓谕，使民易于领会，俾可仿办。

五月表称：本月中旬，大雨三日，河水陡涨，各处圩堤均系新筑，深虑渗漏崩卸，因冒雨亲往督工救护。惟二十八都及二都，正当信河之冲，力难施救，以致冲决，幸四五日，水即退出。复经亲诣查勘，谕令合都出工修筑。已于二十日开工，下月初可以完竣。沿河田亩，稍有损伤。各乡早稻，可望收割。上乡黄埠、社赓各处，荒山旷土甚多，已谕副贡戴书云等，招股开垦种植。

六月表称：二十八都、二都两处圩堤，督工修复方竣，乃本月下旬，又复大雨，加以信河水发，陡涨二丈有余，正在督工救护，无如水淹堤面几及三尺，致将沿河圩堤冲决五十处，合约二千丈上下，冲倒房屋十余所，溺毙人口数十名。当即派人查明安抚，并谕绅耆设法补救。幸上年收成尚丰，不致流离失所。至广信河漂没人畜甚多，又派小舟捞获安埋。此次水势，据绅民云，"实三十年所未有"。各乡早稻，已收割者十之六七，其未收割之处以及各项杂粮均被淹浸。已督饬各乡绅民，疏消积水，补种杂粮，并将各圩堤设法修复。其李、戴各绅所种靛青，均遭水灾，未免可惜；惟甘蔗宜水，尚无妨碍。现正纂辑种植各法及其种类，择其土宜可种者，详列表说，发匠刷印，拟分给各乡，仿照试种。一俟刊就，即当呈送。

七月表称：各都冲决堤口，现虽逐渐兴工，惟工程浩大，民力实有未逮。现奉藩宪札委王令化璋，来县查勘。俟会勘情形，再禀明办理。李、戴各绅拟招股开办糖蔗公司，城乡绅富均愿附股，冬间租地垦荒，明春必可种植。

八月表称：各乡圩堤，倒口五十三处，计长三千二百三十六弓；又坍卸险要各处，二千五百三十二弓。早稻大为减收，补种杂粮，仍不济事，已由藩宪札发赈银二千两。现又会禀再发三千两，以工代赈，修理圩堤。其不敷银两，再行设法筹措。李、戴各绅试种糖蔗，现将收割，因所种无多，不能制糖，存作来年籽种；其试种茶、桐、麻、棉各物，亦尚合法。现又谕饬各乡，设立农学会，由绅士考求试办。如吴、张、潘各绅，明年均拟试种竹、蔗，并各项瓜果。

九月表称：各乡圩堤，亟须修复，若待领款，为时已迟。现已谕派各都正绅，督率圩长，趁此九、十两月，迅速动工，所需工料之费，俟领款后匀发。又因该令一人力难兼顾，已移请清赋委员邱令昌奎，帮同监修。禀请加札委派。惟圩工浩大，请加拨银二三千两，以资工赈。本年收成歉薄，难以责令完纳丁漕；已禀请本府委员下县，勘灾缓征，以恤民艰。一面竭力提倡农业，以资补救。所有农学书报，均发存现立之勴[1]志学社，任人观抄。又令学社肄业高材生，人各纂辑农学一篇。该县亦自辑《种植述要》一书，石印千本，广为分送。现在士绅皆知讲求农业。戴绅书升集股三千元，举办质进种植公司，租赁黄埠旱稻田二百余亩，预备来年种蔗。已由县出示保护。此外拟自备资本、试办种植者，尚有十余人。将来种植繁兴，即遇灾祲，当不致流亡困厄矣。

十月表称：冲决各圩，其倒口稍狭者，已由圩长士绅筹借修复。惟倒口过宽各圩，所需竹木、工资太多，圩长人等无力筹借，实因地方困穷，无可如何。核计已修之圩，不过三分之一；奉发之款，短少甚巨，惟有恩准加拨银两，庶几圩工可以刻期而成。

并据该县禀陈举绅设局，筹议一切庶务情形。据称今年邑被水灾，亟须讲求实业，而其借手之方，则在通民情而通民智。故于履任之后，即于城内添设会议分局，裁撤陋规，以充局用，选四绅充之，于兴利除弊之事，次第筹议。又于上乡黄埠、下

① 勴（lǜ）：赞助，勉励。

乡瑞洪，设立会议分局，与城乡联络筹议。复于城内赁屋，兴办勴志学社，常年经费约八百元，由县捐廉供给。选四乡英俊十二人，入社肄业，分门考求，注重实业，令每月札记中，必纂箸[①]农学一篇。不数月而士之言农学者纷纷矣。窃维教士人可以书籍，而教乡民必以实事。故又分委举人李思沆、附生李学乾，招股设厂，于中乡开办垦荒牧植公司，试种茶、桐、蔗、棉各品，并筹办熬脑、制糖、压花、织布各事。又谕副贡戴书云、增生戴书升，招股租地，于上乡开办质进垦牧公司，试种糖蔗，开厂制糖。此外闻风兴起者，如附生潘由庚，于潘范村试种蜜瓜、蓼靛、糖蔗、萝卜；童生张士瑞，于庙前涧源坊，试种桐、茶、梓、竹。或招股合办，或独力创办，皆议具章程，禀经核定，给示保护。又有蔡家洲官荒地二百余亩，土肥草丰，上年可种蓼靛，下年可种萝卜。已谕贡生吴有机、举人曾秀章等，集股四千元，雇工买牛，制器购种，作为官绅合办，五年后照章升科。尚有重阳坂荒地五千余亩，初拟集股二万元，垦种蔗、竹；因被灾难以筹集，俟明年蔡家洲获利后，再行集股垦种。

又据附禀：勴志学社各生编箸农学论说四十九篇，简明切实，足开风气。谨先抄缮目录并自箸之《种植述要》，呈送鉴核。至黄埠旷地，已由戴绅垦种二百余亩，尚有荒山，力尚不及。社赓荒山甚多，如重阳坂一处，开垦须招巨款，现只择要先办，以图逐渐推广。等情前来。当经本局以该令捐廉兴办勴志学社，注重实业，并举绅设立会议局，举办垦荒牧植各事，诚为务本要图，富强基础。查阅所著《种植述要》一书，考察详明，论说切当，深堪嘉尚。饬即会督绅董，将现在拟办一切

① 箸：通“著”。撰述；写作。

庶政，认真办理，期收实效。并将学社箸述农学论说，赶紧集成刊刻。并另编浅近俚语，散给乡民，辗转传诵，借开民智。

十一月表称：东南各乡，地广人稀，向多荒芜。该处磻溪寺山田，约有六百余亩，已谕举人李思沆、岁贡张汝骧等，招股开办，改种竹、蔗、桐、茶，以为之倡，来春可以垦种。至被水冲决圩堤，筹款修筑，统计已有三分之二。惟民力困苦，已另禀请款，举办工赈。

三十一年四月，据该县详称：南乡二十九都磻溪寺，建自宋时，置有早、晚稻田一百八亩，山地五百余亩，向由斋工住持。上年秋间，该地士人请改学堂。禀经查明，该寺每年所收租息，除纳粮外，所赢无几，不敷开学用费；惟该处土质腴美，荒山甚多，如兴种植，必可获利；即邻近山田荒地，亦易推广，自不得不速为提倡。当即照会举人李思沆、岁贡张汝骧，酌议章程，于十一月间，招股开办，无如殷富甚少，附股寥寥。现在先择早田十一亩五分、垦地十亩三分，栽种糖蔗；晚田二亩，栽种白莲；其余早、晚田亩，今年仍令种稻。未垦山地五百余亩，分种茶子、桐子，就其力之所及，先种二百余亩，每亩百株。俟股本充足，再行逐渐推广。该寺山田，均有丁漕，并非官荒。此次官督绅办，原为标示法则，开拓利源，并非与民争利。又据举人李思沆，在于李家渡黄冈岭种茶子一万余株、桐子一万余株，又种糖蔗二十余亩；于上年四月间，招股开办，取名牧植公司。又据增生戴书升等，于上年十一月间，集英洋三千元，取名质进垦牧公司，在于黄金埠云岭，租赁早田二百亩，专种糖蔗。又据贡生吴藻翔等，在于六都新村，与余姓合股，栽种糖蔗十余亩，并种茶、桐三四千株。又据童生张士瑞，在涧源坊栽种糖蔗五亩五分，又种茶、桐三千余株。又据贡生潘由庚等，将伊族内田亩，改种糖蔗、靛青、甜瓜等类。均经出示保护。顺道查勘，悉于今年正月以[①]后，切实兴办。因垦种伊始，地段尚须推广，株数亦须加多，未能[②]核定确数。又田亩山地，不在一处，故亦未便绘图。所议试办章程，尚须增改，大致与磻溪寺章程相同，请免开造。合将兴办种植缘由，及磻溪寺章程图说，详请批示立案。再蔡家洲地方，系前县黄升令秉湘任内，因程、刘两姓无据争讼，断归官荒；前拟招股垦种，嗣因股本难集，且本年雨水太多，洲之四围已被湮没，不便开垦，只得暂从缓图。合并声明。当经本局以该令提倡公司，振兴种植，所议章程，详明切实，各绅所办公司均准立案。惟各公司兼办垦牧，应饬于畜牧认真筹办。并将股票式样、股友姓名、种植情形，造册禀报查核。至蔡家洲既属官荒，宜即拨归局绅，雇工试垦；俟水稍退，设法筑堤，择宜种植。批饬知照。

五月表称：磻溪寺及李、戴、吴、潘各绅，新办种植，如桐、柏、靛、棉、竹、茶等物，均极滋长。上、中两乡所种糖蔗，均已繁茂。上年漫决圩堤五十余处，去冬今春均已修复；即稍形低薄之处，亦加培筑，委系一律竣工。蒙发工赈银两，亦均匀摊给。业经会同验收委员王令万育验收结报。

六月表称：本年修竣各圩，凡近圩沙田荒土，添植柏树甚多。上乡之蔗，下乡之麻、靛、烟叶、豆子，均仿种渐广。

九月表称：磻溪寺、黄埠各处糖蔗，浆汁甚浓，出糖必多。中乡蓝靛，本年广种，较旧岁多出一千余石。下乡烟叶、靛、麻，逐渐推广，获利均厚。

① “月以”底本原文缺损，据国家图书馆馆藏本补。

② “多未能”三字底本原文缺损，据国家图书馆馆藏本补。

十二月详称：垦荒种植一事，曾经劝据各绅，将磻溪寺寺田荒山改种糖蔗、茶、桐，及上乡质进糖蔗各公司情形，汇详请予立案。兹据职员孔庆鑫等禀，以伊等购就县属西乡二十九都三图地方，荒山荒地一千余亩，土名天道山，拟集股二千元，招工前往开垦，取名崇实垦牧公司，种植甘蔗、茶、桐，兼备牲畜牧养。粘呈开办章程，禀请转详立案，并恳出示保护等情。伏查该乡土旷人稀，荒山荒地甚多，而且土质腴美，如办垦牧，将来必可获利；即邻近荒地，亦可推广。所拟章程，均尚切实。除出示保护，并饬该绅认真兴办外，合将送到章程，具文详请立案。当经批饬绘图造册，呈送查核。

三十二年正月，杨令承曾表称：崇实公司，因天雨连绵，未便开垦。下乡地滨鄱湖，荒地虽多，然常虑水淹；现谕绅士于水势稍涸之际，随时栽种莲、菱等类。

二月表称：崇实公司，现在招工开垦，购买籽种，布置渐有端倪。各乡荒地，谕绅查明，劝民垦种树艺。各处圩堤，均皆沙质，现令各圩长广种柏树，以固堤根而防水灾。

三月表称：质进公司及磻溪寺、蔡家洲各处，去年所种甘蔗，熬糖售卖，获利颇厚。现令各公司多备蔗种，广为栽种。

四月表称：各绅及各公司所办种植，尚为合法。惟本年雨水过多，糖蔗颇多霉烂，如崇实公司种蔗五十余亩，霉烂过半，现在补种黄豆。各圩堤新种桐、柏各树，顺道查验，成活尚多。

闰四月表称：崇实公司，自去冬开办，昨经亲诣查勘，开垦荒地荒山一百数十亩。计种萆麻子八亩、黄豆二十亩、芝麻三十亩、甘蔗山薯二十余亩；其余田亩，尚未种植。又于荒山种桐子四万余株，成活约三万余株；松树二千余株，成活一千五百余株；毛竹一百八十株，成活一百二十株；棕树一百六十株，成活八十株。

六月表称：早稻收成中稔，晚稻现已栽插。惟各公司种植，均山地居多，日望甘霖，方能深透。

七月表称：本月中旬，广信一带，水势盛涨，县属圩堤，岌岌可危，当经饬令各村绅民，昼夜抢护。现在水势稍退，可保无虞。

八月表称：质进公司及磻溪寺所种糖蔗，本年天时合宜，出产颇富。桐、柏、松、茶各树，逐渐滋长，随时严禁居民戕窃及纵牲畜践害，以卫树艺。

九月，郑令辅东表称：各公司所种甘蔗，可收制糖之利。蔗稿造纸之法，人亦有知之者。已勉勖各公司，设法挽回利权，相机办理。

十月表称：衙署东偏以及屋后，约有隙地一百二十余方尺。现拟将习艺所内罚作苦工之人，每日提出，令其垦辟，淘去瓦石，作为试验场，试种木本、草本各项植物。又请发下星子县呈送草本桐子试种，当以草本桐子试验场内收子无多，碍难分发，饬即派人径赴星子县购买试种。

十一月表称：县署东偏隙地，业已开齐。尚有西偏空地，因系屋基，瓦砾甚多，现将地面耙平，复再锄深，俟得雪后，土性松润，察看宜种何物，再行试种。

十二月表称：署内东偏隙地，已种棕树、毛竹、乌柏；西偏各地，拟将星子寄到之草本桐子试种。均作为试验场，如其土性合宜，明年即可遍布种植，以收地利。

三十三年正月表称：县署西偏隙地，已于春分前试种草本桐子。

三月表称：前种桐子发秧后，即发交崇实公司栽种。查此种桐子，不必肥料，不用人工，本少利厚。惟购种无多，俟下年收获后，专作种子之用，明年即可遍布。

四月表称：崇实公司领种桐子秧，访询尚与土性相宜。至署内东偏隙地，购买赣州蔗种，并薄荷秧试种，现在均已成活。因系试验土性,所种均不甚多。现奉饬办农林劝业试验场,已经禀委员绅,将旧设之崇实公司切实整顿,并清查荒旷山地,推广办理，以收地利。

工务

光绪三十年八月，俞令省三表称：县属工艺，向不讲求。惟铜工傅福安，所造烛台、洋锁、嵌钢小剪、褂衣铜杆及柄藏小钻之裁纸刀，尚属灵巧光洁。余如棕工李发祥所制床刷、拂尘，亦尚整齐。此外则木工张本俚、吴和尚均能按样仿造，堪备陈设。前奉札饬调取，现已督令制造，一俟制造齐全，即行解省陈列。

十月表称：现据张绅禀办女工织布局，以伊媳为教习，购买洋纱，招募幼女学织。业已由县保护，并出示劝令妇女前往学习。

十一月表称:原有货物，生货居多，间有制作，类多窳陋。现经设立商会三处，讲求工艺，俾渐改良。女工织布局，现亦筹款开办。

十二月，据该县禀称：铜工傅福安所制各项铜器，均尚适用，业经解送陈列，请奖八品功牌，以示激励。等情到局。当经详奉前护抚宪周批准，填发八品功牌一张，由局转发祗领。

三十一年二月表称：奉发奖给铜工傅福安八品功牌，当即发给祗领。并另制一二等银牌，分给木、棕、漆各工匠，面加奖励，饬令广教学徒，益求精美。

三月表称:张绅所办女工织布局，现已兴办。铜、木、棕、漆各工匠得奖之后，争自奋勉，用心改造。

四月表称:县属不产棉花，故不讲求纺织。自上年劝谕上、中两乡绅民，多垦沙地，布种棉花，收成尚好;本年种者更多，此后可兴纺织。现已选择聪颖识字子弟张树德等九人，发给川资火食，申请南昌府，札饬城外工艺厂委员，收入厂内，分学织布、织毛巾、织线毯，并造肥皂、卷爆竹以及各项手工。限令三月学成回县，再行设局仿造，以广生计。其织布新机，木工已能仿造。铜工傅福安现已购运白铜，拟别制新式油灯、烛台等项。

五月表称：铜、木、棕、漆各匠，现各收徒二三人，勤加教授。其赴工艺厂学生九人，均学织业。

九月表称：织布艺徒，已有五人卒业回县。现令其各就乡镇，置机购料，举办织业，广为教授，就近学习。并拟设立工艺厂，教养游民。一俟集有款项，再行禀办。

三十二年二月，杨令承曾表称：前奉饬造罪犯习艺所，已经俞令筹款兴办，尚未办成，即已卸事。该县抵任，随即切实筹款，照依俞令原议，将署内旧日皂、快两班住房，拆改厂屋，围以木栅，改为习艺所。已于本月下旬，鸠工改造，并派典史徐锡麟经理监修。一俟工竣，即将应办工艺，酌定办理，禀报立案。

三月表称：俞令前派张树德等九人，赴省城外工艺厂学习织业，悉已回县，设局教徒，渐有进步。

四月表称：习艺所工程系由徐典史督率包工办理，五月当可竣工。其经费前经俞令筹款移交，不敷尚巨，会集城乡各绅，再三设法，始克兴办。至女工纺织，日有进步，沿街卖布者，日见其多。

六月表称：前因农事正忙，妇女无暇纺织；刻下早稻已割，农事稍闲，从事纺织者多，卖布者亦日众。

八月表称：铜、棕、漆各工匠，现仍照常制造。已谕多收学徒，创制新器。如其造成合用，即予转送呈验，请奖专利，以示鼓励。

九月，郑令辅东表称：铜工傅福安制器精巧，曾奉给奖，现谕益加勉励，力求新制，虽不能骤与他人争利，亦当保此令誉。其棕、漆各器，纵难追步洋货，亦为江省各属之冠，亦令多收艺徒，以期推广。当经本局以访闻该铜工自赏给功牌以后，颇有自满之状，其于各种制造，并不尽心教授学徒；如果属实，殊负本局提倡工艺之意。饬即传谕该铜工，认真考求，倍加奋勉，勿得始勤终怠，是为至要。

十一月表称：罪犯习艺所，现已筹备款项，购备机料，先由粗工试习，再求精致。木工胡梅魁现在郡城，承修习艺所工程。棕、漆、铜器各工，亦知多收艺徒，广为传习。

三十三年三月表称：罪犯习艺所，早经购定毛巾布机，延定工头，已于本月初一日开办，用洋纱织布数匹，但初学尚未如法，饬令尽心学习。

四月表称：习艺所工头，教法不善，故出货不佳。现已在省城工艺厂另雇工头二人，俟其到县，即令改良办理。

商务

光绪三十年八月，俞令省三表称：县城仅通小河，水涸仍须陆行，舟车不便，故商务不能起色。沿河市集，上乡则黄金埠，下乡则瑞洪，系广信至省大河、闽浙通衢，船只上下，生意较繁。第乡镇行铺，情势不通，即欲考查货物种类、行销数目、价值涨落，无从查问。现拟于城内、黄金埠、瑞洪三处，先开商会，每月逢十集议一次，以联商情而资考察。已谕饬公举商董，议定章程开办。至行销外县物产，除米谷豆麦外，上乡则茶叶、白土，下乡则鱼虾、靛青、柏油，尚为大宗。

十月，该令于“禀陈举绅设局，筹议兴办一切庶务”禀内，据称农工所出产物，必赖商以流通，谕饬各会议局绅董，分劝城内、黄金埠、瑞洪三处商人，各设商会，选举明白诚实之商，作为会董。会中购备书报，以广见识。会董每月集议三次，令考求境外商情及本境商业推广改良之法；于每月终，将境内货物出入填表报县。该县则力任保护提倡之责，务期渐收成效。又因农工商矿，同时并举，不可无总会以挈其纲，故又谕令议绅会筹，于城内设一农工商矿总会，公举明干殷实之绅四人为会绅。其义务有四：曰调查一切、曰提倡诸务、曰维持实业、曰传达下情。凡现在已设之公司，及将来添设之公司，其创办绅董，皆于总会入册注名，作为议绅，有事会商，力予赞助。

并据表称：县城商会，已议定章程，本月二十七日，借抚建公所开办。经该县亲诣该会，劝谕该绅董等，切实考求，联络商情，按月将所销货物列表报县考查。所有章程，俟黄埠、瑞洪两处报到，一并禀报。

三十一年正月表称：城内及黄埠商会，均于本月二十日开会。

嗣据该府造送三十二年总表报称，该县城内及黄埠地方设有商会，并未设有局所。嗣因无事停止，现在尚未遵照部章禀报设立。

矿务

该县煤矿甚多，其脉系从乐平县名山起发，绕由万年县境而奔赴呈山、大石山、小石山，迤而为城中之东山，又迤而出乌石。

乌石煤矿，有一二富绅拟请开办，惟因合股集款，纠葛未清，至今未克动工兴办。

呈山煤矿系属官办，先后拨给官款六千两，详奉抚宪札委黄道秉湘承办。当经该道将官办及承办日期、款目，划清界限，计自三十年六月二十五日以前，官办期内，除官本六千两耗去外，再由该道垫用六千余两。其时正值文道聚奎停办乐平县鸣山煤矿，即将所买起重吸水机器，发交呈山备用。当经禀明承办以后，一俟取煤得利，所得余息，先归垫款，次缴官本；官本缴清，再缴机价；万一日久无功，则官本银六千两应免缴还，机器只缴原物，免缴原价。详奉前署抚宪夏批准立案。自三十年六月二十六日承办以后，又亏折银二万两，连前官办期内，共耗去银二万六千余两。

三十二年十月，该道以呈山煤矿款绌停工，照案缴还机器，恳予免缴官本缘由，禀明前抚院吴，请示遵办。据称自三十年六月承办以后，负累如山，不忍坐废半途。九月，忽奉督办八省膏捐事宜贵州抚宪柯，委办江苏土膏查验局，犹派留司事接办矿工。今年由沪调川，不能兼顾。昨接友丁来信，具言“工巨款虚，棉力[1]已竭，借垫两穷”。已函饬呈山司事，即日停工，前奉发之钤记一并呈缴。原领之官本银六千两，应请恩准免其

① 棉力：犹微力。常用作自谦之词。

缴还；其吸水起重两机，仍照原案，缴还原物，免缴原价。职道一面自觅官绅接办，并请宪台另招他商办理。所有官本及职道垫用银两，拟恳宪台批明立案，此后无论何人何年承办呈山煤矿，即将前项作为老本;万一接办无人，职道他时力能筹垫，仍准接续办理。并恳俯准援照文道乐平成案，所有呈山官办期内垫用银六千四百二十余两，仍由官款拨给还垫等情。

禀奉批示：查呈山煤矿，前经督部堂委员带同洋矿师勘验，并据两江矿政调查局填表申送，均谓苗旺质佳，煤脉甚长。该道认款接办有年，未获大见成效，总缘土法既不能取深处之煤，西法又无专门名家，骤难仿效。风气初开，此等困难情形，实为必历之境。兹据禀称“工巨款虚，该道又调办四川土膏局，不克兼顾，已饬停工;所有官本银六千两，请免缴还，机器只还原物，免缴原价”，核与各前院批准案据相符，均应照准。附禀“该道垫用银六千四百二十余两，请援文道乐平成案，拨给官款还垫”等语，当此财政匮乏，能否照办，行局会同藩司核议详夺。至用过官本及该道垫用银两作为老本一节，应俟承接有人,再行商定禀报立案。当经本局会司核议,以“该道认款接办呈山煤矿，工巨款虚，已饬停工，所领官本银六千两，请免缴还；又接受乐平煤矿机器，只还原物，免缴价银”，既经前宪吴查与各前宪批准案据相符，均予照准，司局自应遵照办理。惟将来或黄道续办，或招人承顶，仍应作为老本，以顾官款而维公益。至前项机器，系文道聚奎前办乐平煤矿时，由铜元厂在于余利项下拨款购买；后因乐平停办，遂将机器送与余干呈山煤矿黄道接收；现在黄道既已停工，惟有仍由文道派员前往余干县点收，解归铜元厂收存清款。“所有黄道垫用六千余两，请援照文道乐平成案，拨给官款还垫”，现值江省财力异常匮乏，安能拨此巨款？所请碍难照办。至“该处煤矿仍由黄道自觅官绅，或另招商接办；或一时接办无人，由黄道筹资续办，其所领用官本，均应作为老本”，会同详奉抚宪瑞批示，如详办理。饬即分移遵照在案。

嗣由该道具禀，请仍援照文道办理乐平煤矿成案，拨给还垫。略谓“文道办理乐平煤矿，官办期内共用银一万二千余两，从前仅领官本一万两，不敷之数，计二千余两。经文道禀请于官煤栈盈余项下，提补银一千两，又原入股银一千两，免其赔偿，以足万二千金之数”，均由局会同核议详准。所有文道专办期内，尚亏银三千四百余两，系由文道自认赔偿。职道上年承办呈山煤矿，系自三十年六月二十六日起，从前官办期内，除原领官款六千两外，实垫用银六千四百余两；自三十年六月二十六日承办以后，至三十二年六月十八日停工止，又耗去银二万两有零。均经先后造册报销在案。伏查文道官办期内亏款，既蒙拨给，职道承办以后，赔累虽多，亦不敢妄生希冀；惟官办期内亏款，似当一体仰荷恩施，仍请照文道成案，准由官款拨给还垫，庶几公溥而免向隅等情。禀奉抚宪瑞批示：该道所称赔累，自系实情。惟所请“援照文道成案，准由官款拨还”，查文道系于官煤栈盈余项下拨给，现在该款有无余存？能否照数拨还？或另动支何款？批局会同藩司税务局查明详候核夺。奉经司局会议详称：前次司局议复，以江省财力异常匮乏，安能拨此巨款？且深愿该道筹款续办，是以不允拨款还垫。兹复核阅奉发抄禀内称，“虽欲招商续办，而百为支绌，债累交加，更何颜开口求人，徒贻讪笑”，是其前禀所称自。觅官绅接办，尚无端倪，即该道亦一时无从筹款续办。惟司局并无闲款可以指拨，官煤栈余利项下所存不过五千两左右，而各煤店延欠未偿者，约居其半。现闻该道行期在即，因会同商酌，拟即在于官银号先行挪借二千两，拨给该道，归还垫款；将来即由税务局于官煤栈余利项下，拨还官银号，以清垫款。至该道垫用之款，仍有四千四百余两，一俟查明官煤栈余利，除拨还此款外，尚有余存与否，再行详候核示。倘垫款尚未付清，而该道已筹款续办，自可勿庸再付，以节帑项。详奉批准在案。此该县呈山煤矿官办未获成效之情形也。

至商办煤矿，则为该县廪生曹藩等，禀报在于枫江地方集股开采。据该廪生曹藩等，于三十三年三月禀称：枫江地方产煤颇旺，邀集股本，设立维新矿厂，赁得观音岭万姓柴山一方，兴工开采。谨将租约地段界址绘图贴说，禀请核准，转饬府县，随时弹压保护。并陈章程八条。等情前来。当经批饬该县，迅即诣勘所租山场，是否与附近居民田园庐墓有无妨碍，详候核办。并据该廪生等禀奉抚宪瑞批示：该处矿厂是否与民间田庐无碍？该廪生请办各节有无违背定章？饬局核明。转饬该县，详细查验明确，据实禀复核夺。饬据该县郑令辅东申复，勘明矿界以内所租山场，与附近田园庐墓均无妨碍。当经填发印照，由县转给具领。并饬出示晓谕，妥为保护。并呈复抚宪查核在案。

嗣据该县郑令详称：据职商分部主事黄大暹等禀称，县属西南乡二十九都三图，查有乌港坝煤山一处，面积七方里有奇，拟用土法大开，计须资本五万元。现已由创办人应允招足，共分五千股，每股英洋十元，名曰博厚公司，拟定章程，请详咨发给开矿执照。业经亲诣勘明，其所租矿界以内，并无田庐坟墓，与界外他人之柴煤小矿亦无妨碍。当即批准照办，合将送到章程、合同、图表、票式、照费、保单、矿质，具文详恳转请咨部发照等情。当经本局以矿章第三条，载有“矿地若系有主之地，则须与该地主商允地价，或愿作股分，报明立案，方准禀请给照”等语。今详内未声叙何姓山主，亦未将租约抄呈，碍难遽行报部，应准先予立案。饬即抄呈租约，声明地价若干，是否愿作股分，转送查明，再行详咨。

旋据复称：饬据该职商等禀复，所租山场，概系出给租价，并未作为股分。计有彭家岭、顺山里、对岸岭、季山坪、吴家山五处，山租炭租，已于约内分别载明，理合照抄租约，申送核明详咨。即据廪生曹藩等，以博厚公司不遵部章界限，竟在生矿左附近数丈之地，开井十余丈而无煤，忽转向生矿开挖，窃取煤数千石。经中证调解，赔生煤四十石了事。不谓贪心无餍，复在生矿右开井，且瞯[1]生来省请领印照之际，将生凭中封闭之处挖穿放水，反架以抢物大题，诬生主使，捏控到县。县主即发兵差，至生厂搔扰封窿，勒令停工，留博厚公司独挖生炭。厂中货物，席卷一空。县主不惟印照不发，并将未经详革之廪生，签差提讯管押。遣抱禀恳鉴核，迅赐发委勘验，查明开工先后，照土法三里新章，出示严禁侵夺，以安矿业而救生命。等情前来。当经本局电饬饶州府派员查办。并据该廪生等禀奉抚宪瑞批示：所禀各情是否属实？抑有别故？饬局会司行府，转饬该县查明原案，据实禀复察夺。由局转饬详叙实情，其矿山既属毗连，究应归禀报在先之曹藩等独开，抑或可与博厚公司并开？据实禀复，以凭转报。续据该廪生等以前情赴院控奉批示，两矿相距仅及十丈，殊与矿章不合，究竟两处公司禀报孰先孰后，饬由臬司饬府委员查办。由司移局，并据该廪生等来局续控，又经本局饬府，转饬所派之员，将查办情形，单衔禀复。一面

① **瞯**（jiàn）：窥视；侦伺。

饬县谕令博厚公司及该廪生等，俱暂停工，听候勘讯；仍由该县拘集全案人证，秉公讯断，勿稍瞻徇迟延。现在尚未据该府将委员查办情形禀复。

邬石煤矿由本地绅民试挖，时开时停，未据请领执照。罗家堡煤矿，前由承办呈山煤矿黄道拨款试办，后因遇水停工。此外如曹坊、大小石山、花石岗、仙姑岭、马鞍山、和尚地等处，均有煤矿，无人开采。惟梅港等处，向产瓷料，俗名白土，由碓户舂制成块，运往景德镇销售，以为瓷器坯料。

三十二年，由该县杨令承曾禀请在黄金埠地方，设局办理统捐，提充县学堂经费，于四月初一日开办。其后改归鄱阳、角山两统税分口征收。

乐平县

农务

光绪三十年九月，冯令用霖表称：县属民情质朴，咸知务本力田，各项杂粮均获丰收。甘蔗业已上市，只因六月遭水浸伤，价较往年略昂。油菜播种齐全，发荣滋长。惟县属向不产棉，前县郭令曾准因将前在泰和任内所刊《种棉说略》发给民间，劝令仿种，各乡间有遵办者。查县属沙土相和之地甚多，于棉性最宜，现经谕饬城乡绅耆，广为劝种。

十月表称：晚稻已收，年称中稔。油菜豆麦，一律畅茂。惟东乡一带，山多田少，地势稍高，每当春耕之时，雨泽愆期，往往争水滋事。值此农隙，谕饬各乡绅耆劝导农民，挑浚淤塞塘堰，以备蓄水灌荫，免启争端。西乡沿河一带，多种乌桕，其子可以榨油，惟惜所出无多;分饬各乡村，于春后一体栽种，无失土宜，坐弃地利。

三十一年正月表称：乡间塘堰，俱已挖深，以蓄春水，借资灌荫。各处有无荒田荒地，现在按乡清查，劝民垦种。油菜久已扬花，二麦亦甚青葱，如无水患，可望全收。

二月表称：甘蔗为向有物产，其汁既可熬糖，其稿复可造纸，成本轻而获利速。现在劝谕推广种植，先行雇用吉、赣熬糖工人试办，再行考究造纸之法，使无遗利。

四月，张令树森表称：各乡荒山荒地，前县冯令业已谕绅清查。现拟亲往各乡查勘，劝谕绅民，已垦者竭力耕种，未垦者设法倡立垦务公司，分别土宜，栽种蔗、靛，以尽地力。至沿河堤岸及附城之地，亦当谕饬居民，插种柳枝，俾兴林业。

七月表称：农民勤于垦种，辖境并无荒芜。二十九年，已由本局饬府委勘禀报在案。屡次因案下乡，未见荒山荒地。一面仍谕各乡绅耆，切实清查，若有荒废之区，即当劝令垦种；并集议筹款，倡立公司，以收地利而兴农业。

八月表称：查询县属产蔗甚多，味亦甜美，大合制糖之用。每于下乡之时，即将土榨制法详告地保老农。现有下基地方彭姓，将蔗试榨，熬成红糖；惟提色不净，制质不清，尚难发卖。已传谕令其设法改良，俟其成效稍著，再当令其筹款设立蔗糖公司。当经批饬劝谕绅民，筹款设立公司，选雇工师制造，以期货美价廉。由此研究，逐渐扩充，俾地利不至坐弃。

三十二年二月表称：沿河沿城一带，现已购插柳株。

三月表称：所插柳株，现已成活四十余株，其余五十余株均被践踏戕害。除另购补种外，已饬地保及巡兵，一律查视保护，如再戕害，责令赔种。

闰四月表称：前于因公下乡，谕令乡民，趁此雨水较多之际，赶紧挖深沟渠，修筑堤垱，以备旱时灌荫；沿堤亦令多种杂树，俾固堤岸。本月多雨，河水骤涨，所种豆子、靛青，不免为水所浸，惟幸旋即放晴，收获不至减色。

五月表称：上年彭姓试熬红糖，提色不净，资本无多，旋即歇业。现经劝谕西南乡汪姓，购蔗试制，如有成效，再当劝令设立公司。各乡所种靛青，今年雨水调匀，收成极佳，销行亦广，实为县属一大利源。

六月表称：县属除五谷杂粮及靛青以外，出产仅有甘蔗。

现已试熬红糖，尚属可用。惟提色仍不能净，且出蔗无多，尚须广为种植，改良制法，方可推行无滞。业经谕令各乡绅耆，各在本地清查，如有可种之地，务即速为开辟，广种甘蔗，一面讲求制造，俾收美利。

七月表称：县属向产萝卜，除日用外，其余晒干行销本地，名曰萝卜干，喜食者众，惜出产无多，行销不远。现又劝谕绅民，觅取相宜之地，依时广种，讲求制法，以期出产多而行销广，亦可获利无穷。当经本局以信丰所产萝卜干及萝卜条两项，为出产货物之大宗，批饬督令种户，设法仿效。

九月，何令敬钊表称：县属物产，以靛青为大宗，销路极广。今年雨水调匀，禾稻杂粮收成甚丰，各乡所种靛青亦较往年为佳。其余尚有甘蔗、萝卜两种。甘蔗生食者多，间亦能制红糖，不敷本地之用。萝卜晒干成条，行销颇广，惜其质不良，亦仅生产中之一附庸。前县张令屡次督绅设法改良，咸谓渐臻进步，容俟因公下乡，随时考察。已谕绅劝导乡民，讲求熬制，务使日益精美，渐广行销。并令趁此农隙，速垦可种之地，添植茶、桐、竹木，广辟利源。

三十三年二月表称：县属土产植物，以靛青为最，上年颇获丰收，地方深资利赖。此外，蔗糖、萝卜条虽亦为土产之一宗，但制造不精，值贱难获厚利，亟须分别提倡，设法改良，冀臻进步。

三月表称：上年春间，先后在县署内及城外沿河堤岸，暨西乡等处，栽种成活柳树、柏树各一百余株。现谕绅董多开荒地，分别土宜，广为添种。当经本局以种植场所既有数处，及考其出产，仅止此数，是否尚有漏未填报之处？批饬详查填报。

工务

光绪三十年九月，冯令用霖表称：民间所需布匹，均由别处贩运而来，利权外溢，为数不少。前县郭令劝民种棉，现经谕绅劝种，并劝置备机车，自行纺织，以资衣被而保利权。

十月表称：各乡间有土布，均系本地木车纺织。惟栏杆棉带，所出不少，销路亦畅。现经商之乡绅，劝谕各乡购用机器织造，工费较省，获利当必益厚。

三十一年二月表称：县属妇女勤于纺织，惟棉花购自安徽，近又盛行洋纱，利权不免外溢。业经集绅筹议，采访彭泽、瑞昌等县种棉方法，广为栽种。倘能兴盛，再议集股设厂纺织，以拓利源。

五月，张令树森表称：现拟捐廉另借公屋，或租民房，设立工艺院一所，专收市井游惰，教以缝衣、纺织、搓绳、织屦等艺。已与各绅商议筹款，俟有端绪，即当专案禀报。

六月表称：创设工艺院一事，现在各绅议覆，情愿捐款举办。并向各商劝捐，已由该县印发捐簿，不患经费无着。

七月表称：捐款所收无几，刻下尚难开办。已在城内寻觅房屋稍多及有空隙园地者，一俟觅得合式房屋，即先捐廉租用开办。仍一面广募捐款，以资扩充。

八月表称：租赁民房，难期合式。觅得东门何家基地方，有方姓祠堂空地，大可两亩，建造甚为合宜。惟地价甚昂，修造费亦不赀，仅恃捐廉，无济于事。一面与绅商议，拟与习艺所合而为一，庶足以节经费而图扩充。至妇女纺织，间亦售布，但棉来外县，资本太重，新棉虽已上市，实觉难以推广。

九月表称：方姓祠堂地基，非合族允许，不能出售，尚须另行觅地。已于署内李公祠暂行开办，将拨派军犯一名，暂为安置在内，令其每日搓草绳、卷纸捻，尚属有用。

十二月，据该县张令禀称：化莠工艺院、罪犯习艺所急应分设，以兴工业。惟因经费无出，前县均未开办。现经捐廉为倡，并奉巡宪瑞面谕，在上年莠民滋事赔款内，酌量拨济，作为二处修造房屋并开办经费。并由铺户每日分等认捐，自五文至三十文为止。各铺户均以莠民收院，商业自安，无不乐于从事。现在两处合而为一，即在县署大堂左首张公祠内设立工艺院一所，可容四十人住宿。中间空地，搭盖竹篷，作为工厂。又在二门内右首李公祠前、监狱之后，就原有房屋，改设习艺所一处，外面加筑围墙，以免疏虞。均于本年十二月十五日开办。除习艺所罪犯本由监内提入，仍责成典史管理，其工艺院内已委县丞李肇漳为稽查。另派司事监工，管理购料售货，延雇教习，以教工艺。另举首士四人，经理账项，不假书差之手。合将开办缘由，并录章程，禀请立案。并于章程内，声明先习浅近手艺，如扯烟叶、搓草绳、做竹器、织草屦、搓纸捻等类，先以此数项办起，将来再加。当经本局以章程尚属可行，应准立案。饬即督同员绅，认真经理；将来经费充裕，即行添雇教习，推广工艺。

三十二年二月表称：工艺院及习艺所内，均尚勤于工作。现议纺织布匹，已饬绅购机，并聘教师。仍不时亲往稽查勤惰，分别赏罚。

三月表称：织机尚未办齐，教师亦未雇定。拟先学织毛巾，将来有成，再将织出货样呈送。

四月表称：工艺院内添织毛巾，均能行销无滞，尚拟添机加造；将来布匹布带，亦拟添织。该管员绅实心督率，各工尚属勤奋，可期进步。县属向有张公会，相沿于四月出迎，现经劝谕停止。并酌提会费，拨入工艺院，作为活支项下经费。

闰四月表称：工艺院内，前月加织毛巾、红绿色带，货物尚属精致。现拟将毛巾、色带，检样另文呈送考验。惟事属创办，刻下尚无余利可计，日后渐推渐广，当可大获利益。

六月，据该县张令禀称：工艺院自开办以来，为时未及半载，规模颇有可观，已请教习四人，先后共收莠民三十八名，粗者则督令织屦、搓绳、卷纸捻及爆竹筒，细者则教令织毛巾及红绿带。现在每日可出毛巾二十条,红绿丝布各带二十余丈。工艺渐习渐精，销路愈推愈广，如邻境德兴，安徽婺源、祁门，就近采买，商贩纷来。现又饬令司事，赴九江购买织布机器，一俟运回，即拟添织布匹。此其办理之情形也。县属自将莠民痞棍查获收院以后，外匪固无从勾结，内奸亦闻风远扬。本年四月，邻境鄱阳会匪蠢动，县境安静如常。且往年一遇米贵，即有强买抢夺之事。近来米价较昂，各处抢米之风甚炽，县属绝无滋闹情事。绅商士庶咸以工艺院为有益地方之举，竟有将其不肖子弟送请收院习艺者。惟有督同员绅、司事、教习人等，再行切实讲求，以期日有进步。合将院内所出毛巾并红绿丝布各带，检样禀呈考验。等情前来。并由广、饶九南玉道，以该县工艺院已著成效，所出毛巾、色带，销路亦广，考验均可适用，可否优奖，以励其余？禀奉前抚宪吴批示：讲求工艺，为州县应办之事，所请将该令优奖以励其余之处，应否照准，饬局会同臬司，核议详复酌夺。并由该令检样呈送到院。禀奉批示：据呈洋式毛巾及红绿丝布各带，逐加考验，工艺尚属精良，具见办事实心，殊堪嘉许。饬局会司，即将发来毛巾等件，转发工艺厂，以作比较。一面查照前批，核议详夺，并饬该县遵照。督同员绅人等，切实讲求经理，以期日有进步，扩充实业；暨将罪犯习艺所照章切实筹办，具报勿延。等因批发下局，当经分别移行遵照办理；暨将奉发毛巾、丝布各带，转发工艺厂，切实比较；及札饬该县，遵章筹办罪犯习艺所，通报查考。并移会臬司，查明有无给奖成案，核议见覆。嗣准移复，会文具详，以各属制造各物、解局陈列者，种类甚繁，即毛巾亦不下二三十种，其精美有胜于乐平所制者，尚无给奖之案。本司衙门亦无办过似此请奖成案。诚如宪批"讲求工艺，为州县应办之事"，况各属办理工艺，应列入政事表内，核其分数，分别等次，勿庸再给奖励。今张令创设工艺院，其办事实心，深堪嘉许。但其所织各件，未占特色，所请给予优奖之处，暂请勿庸置议。详奉批饬转移饬遵在案。

七月表称：罪犯习艺所亦于上年十二月间，与工艺院同时开办，规模已具，容再督同员司，恪遵定章，切实整理，以期尽善。

九月，何令敬钊表称：工艺院由前县张令创设，自上年开办以后，所织毛巾色带，均较市间售卖者为佳。嗣又添做爆竹，亦极响亮，附近各县咸来定购，大有应接不暇之势。商诸在事员绅，拟明定赏罚，俾知劝惩。并添购机器，督饬工师，讲求制造，以期出货日新，行销益广。

十一月表称：工艺院内人犯，现已酌定工程，分别勤惰，予以赏罚，俾得知所劝惩，踊跃从事。

十二月表称：工艺院所制爆竹，有专来定购者，出货无多，恒苦不给。在院学徒，勤惰参差，已于年底会督员绅，查得工作勤善者，分别等次，筹款量为给奖，以励其余。嗣后随时考察，庶期咸知奋勉。

三十三年三月表称：工艺院内，每日约出毛巾二十余块、丝布各带三十余丈、爆竹二万余枚。其余各物，因人数时有增减，出货未能一定。现拟设法加添机器，督饬匠师，再行讲求进步，以期愈臻精美。

商务

光绪三十年十月，冯令用霖表称：县属上通德兴及安徽之婺源各县，下通鄱阳等处，每遇竹木簰船经过，沿河渡子上簰勒索篙钱，屡次滋事。该县出示严禁。一面饬差将刘得胜等拿获惩责，并责成该处绅士，认真稽查。迩来河道肃清，商民称便。

十一月表称：今年萝卜一项，收成甚丰，乡民刨成细丝，行销各省，价值约三四万金。惟闻泰西各国，多以萝卜制糖，若能仿办，获利不赀。业经告知各乡绅耆，拟令明岁鸠集股本，前往上海，访求制法，购买机器，设立公司。

三十一年九月，张令树森表称：寓居县属之南昌人，类皆绣花裁衣为业。前有本地绣工，以南昌人绣货颇佳，有碍本地销路，与之争执。经该县谕以优胜劣败，艺事贵精，利权各不相犯，不得无理取闹。现本地人与南昌人合而为一，拟集资本，聘请高等工匠，专教刺绣各项上等用物，已于何家台地方，设立春茂公司。俟有成效，再当奖给专利，以资劝工。

矿务

光绪三十年九月，冯令用霖表称：南乡藕塘煤矿，系由江苏县丞蒋如松禀准给照开采。前因夏间被水，致将窿口淹浸冲塌，且因出煤不多，暂行停止。现拟另招新股，订立章程，复行开挖。牛头山煤矿，系朱道子春筹资承办，前因莠民械斗，被火烧厂，亦暂停工，尚未开采。此外各矿，出炭多寡，煤质美恶，未据禀报。

三十一年二月表称：南乡之茅屋场，西南乡之保家岭、大山凹、荷树坳四处煤矿，均系试用布经历郭鞠领照开采，尚有成效。至土人开采之张家山煤矿，已严饬集股遵章开办。

六月，张令树森表称：茅屋场四处，出煤甚多，煤质亦佳。其红火煤一种，专销省、浔两处，可供轮船及机器厂之用；绿火煤质稍次，可供炊爨之用，运销县境及府城各处。均尚有利可图。又张家山一处，系本地居民用土法开采，煤质颇佳，销售亦广。

七月表称：张家山煤矿，本地居民设立春丰厂，集资开采。前经丰乐公司职商布经历郭鞠禀称，张家山矿界与茅屋场毗连，恐春丰厂有越界取煤之事；当即传谕春丰厂，出具各守各界切结，俾免日后争执。当经本局以春丰厂究系何人开设，未据禀局有案，饬令厚集股本，照章禀办，勿任私挖，致滋事端。

九月表称：春丰厂以成本不多，出煤亦少，浼人与丰乐公司商议，愿将厂地归并丰乐公司办理。俟其成议禀县，再行详报。

十月表称：各矿产煤，尚有利益。官轮局所采办者，以茅屋场所出之煤为数最多。当经本局以保家岭、大山凹两处煤矿，前经郭布经历鞠等，禀报因水浸灌停办，将照缴销在案；兹据报称“出煤最多，煤质亦佳”，是否该员等现复来县重办？抑系该处乡民私行开挖？饬即亲往查明，据实禀复。

十二月表称：遵批亲往保家岭、大山凹两处查勘，该员既未重开，亦无乡民私挖。传询丰乐公司经理人程大钧，据称实因被水停工，将照缴销，并未赴县禀报，实属疏忽。当即谕以嗣后开工、停办，务须届期报县。茅屋场现在煤价，每百篓约五十元上下。此外均未开采。

三十二年闰四月表称：丰乐公司所开茅屋场一处，虽用土法，出煤尚旺。现因天雨过多，窿内被水停挖，该公司刻正设法疏消。

九月，何令敬钊表称：各煤矿被水之后，承办无人，虽经张令一再谕绅招股开采，迄无应者。现又劝谕各绅，分投招股。容俟集有成数，即当饬令遵章请照，妥为办理。

十一月表称：本月中旬，两江矿政调查局派有委员矿师，来县勘矿，据称煤质以藕塘、荷树坳差胜，荷屋场、张家山次之。所有详细情形，概由其分别登记，自行汇报。

三十三年四月，据该县何令详称：据职员袁希祖禀报，上年冬间，邀集股本三千零四十七元，在南乡铜鼓岭地方，试办煤矿，已与山主鲍姓书立租约，四至无碍田园庐墓，拟设美利公司，搭盖厂屋，兴工开采。抄粘股友、合同、山主租约，绘具图说，禀请转详给照，俾得遵守办理。等情到县。据此，该县覆查无异，合将呈到山图及照钞契约、股分清折，详请填发印照，给领开办。等情前来。当经本局批准立案，札发印照，由该县转给该职妥慎收执。并饬将开办章程，速行拟定，呈由该县禀候核夺。仍将所出矿产，按季造报。一俟稍有成效，改用西法，即行遵照部章办理。

浮梁县

农务

光绪三十年三月，据郑令辅东禀报：设立农工商矿公所，将西门外操场、东门外沙洲，雇工十名，垦种麻、靛、乌桕、香樟等类。

十二月，又据禀报：开垦东门外荒洲六十一丈二尺、横塘坞荒田三十亩、西门外校场一百二十六丈、绍文书院荒地十亩、南门外沿城河岸，栽种柏秧二千余株。

三十一年四月，据李令克鏻表称：前县垦种校场坪等处荒地，所种菜麦，约收八成，归农工商矿局绅支用，按月册报，办法尚妥。

六月表称：樵溪都查有民荒两处，已谕绅查明有无业主，赶紧筹款开垦，以免日久荒芜。

七月表称：樵溪都民荒，据绅查明均有业主，已劝谕设法垦种。

十月，徐令孝泰表称：县属山多田少，人民俗尚俭朴，农务尚知讲求，绝少荒田荒地。其山场多种杂树，以供景德镇烧磁窑之用。而童山亦复不少，已谕农工商矿局绅金照等，查明劝导，酌购所宜种子，明春一律试种。一面严禁侵害，实力保护。

十二月表称：蚕桑之利甚溥，现已劝谕绅民，概于隙地栽种桑秧；一面购买蚕种，讲求喂育之法，以开风气而辟利源。

三十二年正月表称：县城向不栽桑，无从购觅桑秧。闻郡城设有蚕桑局，已历多年，培养最为得法。刻已谕饬局绅金照等，往郡购买，分发试种。

三月表称：北乡多山，向来多种茶叶。其余各乡之山，乡民以烧磁窑柴获利最厚，故多种松、杉、杂木。前以种桑获利甚速，谕令局绅往郡购买桑秧，并出示劝民试种。乃乡民以事非素习，获利尚不可必，故局绅购来桑秧，领种者甚属寥寥。现经于奉发《农学报》中，摘录种桑数条，剀切示谕；并饬局绅切实劝导，令其照法布种。

四月表称：局绅金照等购回桑秧，饬即在于校场坪试种，据报成活者十无二三。查悉前县任令玉琛，曾购桑秧数万株，至今无一成活，盖地方寒冷，土性不宜故也。惟南乡洋湖地方，现有业户布种松秧二千余株，均经成活。此外荒山隙地，容再督饬开垦。

闰四月表称：县属荒山隙地，从前多任荒废。近来物力维艰，颇知垦种之利。惟多自立乡约、集股开垦、不愿报官者，盖恐另行升科，转致受累，此则乡愚无识之见。然其勤业思想，正宜因势利导，善为董劝。现谕各乡绅董，令其互相劝勉，设法垦种以尽地力。

六月表称：现值早稻收割之际，农事正忙，应俟农隙，谕饬局绅赴乡，查明荒山隙地，劝令集股开垦，期收利益。当经本局以该县景镇窑厂，需用松柴，常购买于数百里以外，而景镇两岸山场，并无栽种松秧者；推原其故，必因种树成林，有人偷窃斫伐所致。应由该县速撰告示，详言种树利益，谕令各山业主，及时种植，并严禁偷窃斫伐。乡民既知利之所在，又知该县力任保护，当无不乐于从事者。饬即悉心提倡，仍将遵办情形，具报考查。

八月表称：境内荒山隙地，前据局绅禀报，四乡未垦各处，遵饬劝令业主，于农隙以后，先行开垦，再视土性所宜，购种试种。并由该县撰就严禁偷窃残害告示，分发各乡张贴，俾知利之所在，乐于从事。至景镇两岸山场，询诸土人，或云多系砂石，种树不发。现饬局绅前往复勘，如有可以垦种之处，再行切实劝导。当经本局批示，景镇两岸，蔓草丛生，何至不可种树？饬即切实劝谕，广为种植。

九月表称：景镇两岸山场，饬据局绅查报，多系砂石积成，并无可种之处。至各乡未垦山场，再饬局绅前往劝导，垦种松、杉、杂木，以供景镇窑柴之需。

十一月，孔令昭珍表称：县境僻处山乡，不乏可垦之地，若能广植树木，景镇窑户需柴虽夥，亦足供其取给。每于接见绅耆时，嘱令劝导乡民，设法垦种，勿弃地利。

三十三年二月表称：县境多山，向所种植，以松、杉、杂木为大宗，取柴运镇，供烧磁窑。其童秃荒山[①]，迭次谕令各乡绅耆，各就各都，查明业主，劝导开垦，广为种植。当经本局批示：种植树木，惟松易于成活，且为景镇窑户之所必需，售价较昂，获利自厚。但以此意出示劝导，并严禁偷窃砍伐，何至尚有童秃荒山？饬即撰示劝谕，并将已种树木勤加培壅，以供景镇烧磁之用。访闻景镇窑户所需松柴，常贩运于远道，价值异常昂贵。居民称松柴为窑柴，不敢购为炊爨之用。前经本局批饬前县徐令，劝民种松，乃以“景镇两岸地多砂石，不能种树”，饰词禀复。又经批斥在案。本年署臬司庆，赴镇考

① 童秃：光秃。

察磁器回省，亦谓景镇两岸，急须种松，以供窑户之求。应由该县设立种植公司，广为种植，勿任荒废，致弃地利。

工务

光绪三十年十一月，据郑令辅东禀报：劝据景德镇柴帮并各绅商，捐集英洋三千八百元，在于本镇黑市渡地方，购买基地，建造男、女工艺院各一所。女工艺院之内附设养济院一区，仿照省垣工艺院章程，变通办理。

三十一年六月，李令克鏶表称：工艺院自开办以至本月，适届一年，而出货售钱无几，工业未精可知。现已谕绅将办理情形、出入款目，开折禀报。再当督率董劝，务期改良进步。

七月表称：据绅开报办理工艺院、养济院情形，以及收支各数，查核尚属认真，仍当随时提倡。

十二月，徐令孝泰表称：工艺院经费向由三帮绅首筹集，如能全数收清，尚可扩充办理，只以抗延拖欠，未能推广改良。院中所制，仅止手巾、草鞋、凉帽等项，获利尚微。刻拟催收欠款，添置各项纺织器具，雇匠教授。诚能经理得法，必可推辟利源。应俟参酌情形，随时整顿。

三十二年正月表称:工艺院经费，前因三帮铺户积欠不清，几至歇办。自抵任后，催收欠款，设法维持。现改为习艺所，收养流民一百六十余人，分为五班，各习一艺。

三月表称：景镇工艺院，奉饬改为罪犯习艺所，惟男、女两所，同在一处，女所防范，尤宜加严。兹拟移缓就急，杜绝嫌疑，以该院女所改为习艺所，其院内妇女概归入养济院栖止。盖养济院人数无多，且皆年老残废，与妇女共处无碍。另于两所相通之处，堵筑一墙，绝其往来。并将工艺院改悬习艺所匾额，以正其名。派拨巡目一名、巡兵四名，在所轮班巡查，以资严密防范。

闰四月表称:习艺所工艺，屡拟扩充。前经责成三帮绅首，催收经费，所缴无多，仍难接济。现经筹垫经费百千，于向有工艺之外，加制爆竹一项，延雇工匠，认真教导，既免各犯偷惰，可冀利源扩充。

六月表称:习艺所内添制爆竹，销路尚畅。现已添雇工匠，加造器具，限定每日每人制造若干。责成经理人，分别勤惰，登记簿内，每月朔日，查明奖罚。但罪犯众多，只因经费有限，未能随时扩充，容再会绅筹商，设法振兴。当经本局以景镇地方商业发达，筹捐集款，当较为易;饬即会商绅耆，宽筹经费，扩充举办，俾期经久而收实效。

九月表称：习艺所内人犯，约有一百二三十名，制造爆竹及搓纸捻、织草屦等项，出货日见其多，互相传授，各有执业。

十一月，孔令昭珍表称：习艺所内所制各货，物小价廉，获利不厚。现在集绅议筹经费，添购各种器具，制造大件货物，以振工业而图精进。

三十三年二月表称：习艺所原就工艺院改设，经费不裕，未能改良扩充。前经谕催三帮绅董，会商筹费，一俟集有的款，即行推广兴办。当经批示：习艺所专收罪犯，重在罪犯二字；工艺院专收穷民，重在工艺二字，不能以工艺院改易习艺所名目，遂谓二者可并为一。饬即筹费另建工艺院，收养穷民，教以工艺。其习艺所内，仅止出货三种，习成释放以后，未必足资赡养，仍应将未有货物，逐渐仿办，以期艺精物美，获利日丰。

商务

江省商务，以瓷器为大宗，窑工贩商数十万人。而瓷器窑厂悉在该县景德镇一隅。每年所解上用贡瓷，另设御窑厂，雇用头等瓷工制造，仍于民窑中位装烧。其民窑又分两种：烧松柴者计七十余座，出瓷较佳；烧茅草者仅二三十座，出瓷较逊。统计一年所出瓷器，约可值银三百万两左右。瓷泥细而彩画精者，西人尤宝重之。其行销中国之货，恒多拘守旧式，不求精美，贬价出售，以故获利甚微，难期进步。

光绪二十九年五月，前护抚宪柯奏调湖北候补道孙廷林，委办瓷器公司，筹拨银十万两，以为之倡，余由孙道自行集股，在该镇建设窑厂，招集工人，专造洋式瓷器。拟定章程，于是年十二月，禀经前署抚宪夏，咨送商部。

三十年，接准咨复，饬按公司律更正。又经电复，以瓷器公司设于未定商律以前，故条款未能尽合，章程久定，更改不易。其时孙道回鄂，委办要差，且远在宜昌，恐难兼顾，改委候补道蒋煇接充，会同本局司道及各绅，集股筹办。并据孙道禀明，原奏拨款十万，仅由藩司径发皖省瓷土公司订购祁门土不[①]，付价一万两。其所招商股，亦仅筹集三万两。一面知照股东，一面将所建房屋窑厂变价退股。

三十一年四月，又准商部咨催，蒋道考察之后，股本已否筹足？章程已否改良？厂屋已否布置妥洽？如其开办有日，应令遵章来部注册。经前抚宪胡，以饬据蒋道迭次禀称，前赴景镇，调查情形，随往上海，考查办有成效之各公司章程，病

① 不（dǔn）：方言。做成砖状的瓷坯。

体纠缠，一再辞差，自应另行遴员接办，先行咨复。嗣于八月，改委候补道李嘉德接办，因未筹有切实办法，迄未咨报。

三十二年，前抚宪吴因筹款为第一要义，饬令李道赴沪招集商股，晤商沪道瑞澄。瑞道前在浔关任内，管理窑厂，深悉瓷业情形，久蓄改良之意。但以官商合办，未为尽善，拟请改为商办。力任纠合同志，以为发起人，议立有限公司，妥订章程。由李道代为请示，因与往复电商，允为招商承办。札委瑞道查照商律，议章集股，拟定公司字号，禀请开办。并将改归商办缘由，咨请商部查照。

三十三年四月，由两江督宪端会同抚宪瑞，奏明改归商办。由候选道曾铸等与上海道瑞澄，商同担任发起，定名为商办江西瓷业公司。议集股本二十万元，每股五元，由发起人分认一万五千股，俟批准后，再行承集二万五千股。其公司造瓷，多用机器。请照部定湖北机器制麻办法，酌定厂税，凡出口之货，只完正税一道，若在江西内地零销，纳税定值百抽五之率。请咨明税务处察核办理。旋准税务处咨称：该公司既用机器制造货物，应准无论运销何处，只完一值百抽五出口正税，沿途不再重征。将来《中英新约》第八款施行，应即照第九节，完一出厂税章程办理。会奏请予立案，以示维持而昭激劝。奉旨该衙门知道钦此。恭录行知到局。嗣由该公司公举内阁中书康达为总理，一切文牍，由总理出名代表；并拟添集股本二十万元。又续呈议复各条，均由本局先后奉准咨行。会同藩司税务局，核议商改，务求妥善。详奉抚宪瑞批准。转移该公司知照。该公司布置一切，刻虽尚未就绪，但其开办之期，当亦不甚远也。

光绪三十一年九月，据景德镇职商陈庚昌等禀称：瓷器为出口货物大宗，青花实十居七八，而滇料则为青花所必资。

近日瓷业衰败，受劣料之影响为最巨。盖此料产自云南，由土人入山掘取，转售职等各号，名为生料；运回景镇，雇工洗拣，再用窑火煅炼，名为熟料。只因厘剔不净，洗拣研炼之工不精，以致擂融填画，花色不鲜，瓷户渐用洋料，利权将为所夺。兹已邀集向贩滇料之商号八家，合筹资本四万元，创办保源滇料公司，借图抵制，一面派人赴滇采办；一面多雇优等工人，设厂洗炼；再赴上海，聘请谙练配制颜料化学之教习，训授子弟。各商意见相同，资本均已措齐，议定章程，订立合同，禀请立案，再行开办。当经本局以抄呈章程、合同尚为妥洽，批准立案。

三十二年正月，据该公司径禀商部，核准注册给照。二月咨行到江。奉前抚宪胡行局，饬属妥为保护。

三十三年三月，据职商陈庚昌等禀称：旧岁四月，派股友凌邦济，赴滇省东川府采买滇料，被东利兴记萧鹏舟等拦阻挖户，不准自售于客商；并抢去已购之料，搀入自办料内，运镇售卖。已禀明商部在案，请饬浮梁县先行查封严究。等情前来。当经本局饬县查明禀叙各节，如果属实，准予查封，听候部示办理。旋奉抚宪瑞行准部咨，据该公司禀控“东利兴记萧鹏舟等阻挠抢夺”各节，已于三十二年九月咨行滇督，饬属查办在案。该职商于本年二月，又禀称萧鹏舟等将抢去材料，运镇售卖，请咨饬景镇地方官，暂行验明封存，禁止抢夺等情。咨请饬属秉公查办。行局会同藩、臬二司，转饬浮梁县暨景德镇同知，详查实情，核明商律，秉公详办。

四月，又据职商萧鹏舟，以前奉云贵督院批准办东川碗花公司，去岁运碗花二百包到镇，有保源公司设法阻挠，豫先在浮梁县捏控生在东川有抢夺情节，请县查封，禀恳批县，准生将货出售等情。禀奉抚宪瑞批局，饬属传集讯断。嗣复据萧鹏舟等，禀奉农工商部暨云贵督宪锡，先后咨行到江。饬据景德镇同知吴丞大璋、浮梁县倪令廷庆，详称此案。因萧鹏舟等禀准在东川创立东川利兴公司，所产碗花，归其收买发运；陈庚昌派伙赴东，自行收买，分其利权，阻挠采办，事必有之。至陈庚昌在江报其抢料出售，事属虚诬，毫无见证。现姑免予深究，嗣后各收各料，利兴公司不准再阻外客采办；保源公司所办滇料，仍宜发售包料，不得再用瓶装。以免窑户借口；原封碗花,准利兴公司领回洗售。两造均已输服。等情详复前来。本局会同藩、臬二司，复查讯断情形，尚属平允，似可照此结销。详请分咨察销。旋奉行准部咨，此案讯断尚属允协，咨复饬属结销。行局转饬遵照。

光绪三十二年八月，据浮梁县廪生郑之檪等禀称：浮邑东乡窑里地方，向产釉果，为瓷器最一紧要物料。惟碓厂拘守成法，进步难期。生等平日究心商务，稔知釉果向有三等，均合两种土石而成。一名釉石，色光而软;一名赛白，质坚而白。搀和之法，或釉石七八分，或赛白二三分，偶一不慎，非柔则硬。此制造宜改良者一。采挖之法，与挖矿无异，深或二三里及六七里不等；其运至碓厂，远者又以十数里计，向来此地禁止车行，恐坏田塍，人力肩运，工资甚贵。此肩运急宜改良者二。该处距景德镇，水程百里有奇，河多崖石；自六月以后，河道难行，船价昂贵，装运不便，窑厂无可接济，碓厂屡受挟制。此装运急宜改良者三。至窑厂与碓厂不能直接，每为行家把持假冒。近来碓厂资本不充，不能豫为屯积，行家复从而盘剥,碓厂并且资本难保。此买卖急宜改良者四。现已邀合同志，公议集股万两，创办振益釉果公司。已集股四千两，一面呈请开办，仍复再行招足，斟酌办理。如制造疏陋，公司随时着人监察，必使精益求精。肩运艰难，公司专雇石工修理各路，以便车运。碓厂无须自运来镇，由公司收买转运，以济要工。若碓厂本缺,公司给以副本。釉果字号,良窳不一,公司任为己责,照前价另换。此次开办，务在监造劝导改良。开具章程二十一条，呈请核准等情。当经本局以该生等平日究心商务，于釉果一项尤为深悉，殊属可嘉。所请创设公司，为改良瓷业起见，事属可行。惟各生认股若干、合同、股票，均未抄呈，无凭核实。至拟修石路行车，与地方有无窒碍？公司与碓厂交易，只能平价收买，不能禁止碓厂与各行家直接交易，垄断把持。“若碓厂制造疏陋，随时着人监察；碓厂本缺，公司给以资本”两节，该公司权力尚微，资本不厚，能否有此力量？慎勿好为大言。至章程第十七条，“釉果船到镇，各白土行不能索取一切费用”等语，向来白土行抽收何项费用，亦未详析声叙。批饬浮梁县遵照所指各节，逐一查明详复核夺。

嗣据倪令廷庆详称：饬据举人江庾南等禀复，以资本一条，现拟集股一万两；所有创兴股东，即系生等数人；余尚招股，未曾筹定。又修改石路一条，均与该地绅民公议。至与碓厂交易，价照向章，每年会议一次，不得随时增减。“各行家代售釉果，皆抽行用；公司运来改良之货，行家不能抽用”，亦与地方绅商议定。但碓厂不无缺本之时，每年约需万元，如有的保，准其来借，放以官息。抄录合同、股票各一纸，转禀请予立案前来。又经本局以股本共集万金，而查阅股友姓名清折，创办人仅认四百股，尚止四千金，其余六百股，何时可以招齐？有无把握？殊难悬揣。向来买卖釉果，系由碓厂与行家直接交易，该公司与碓厂往来，果照向章，每年仅只议价一次，事亦可行；惟不能遽禁各行家与碓厂直接交易，致蹈垄断恶习。各行家领帖纳税，凡客货由伊行内售卖，自应抽收行用。该公司既不由伊行内买卖，自无须再完行用，此为独得利益。至改修石路，不可施其强迫手段。借给碓厂资本，亦须量力为之，不能既取官息，又复勒令减价出售，致启争端。详内所叙具禀之人，以江庾南居首，而原禀内并无其名；其原禀列名之廪生郑之檪、汪银涛两人，股友清折内反无其名，岂发起人亦不愿认股耶？饬即采访舆论，详细查明，据实详覆，呈候核夺。现尚未据详复。

光绪三十二年正月，徐令孝泰表称：景德镇商务，磁器居其大宗。近来工商私立规条，彼此未能划一，每因时价高低，互相争执，稍不遂欲，工人则歇工要挟，商人则停办把持。彼此逞雄，动辄争斗，俗语谓之打派头，最为恶习。窑业之坏，商务之衰，未始不由于此。业已传集各绅商，仿照省垣商会章程，公举总理，妥筹经费。一俟议定，即当禀报。再该镇可设官银分号，畅销铜元官票。前经禀明官银总号，如准委员开办，将来铜元官票，一律畅销，以及购买申票汉票，生放月息，公家既能获利，商民亦莫不称便。

二月表称：景德镇议设商会，现已仿照省垣商会章程，会同各绅士，分别总理、协理。于本月二十八日，该县亲莅开会。其公所暂借育婴堂试办。经理首士，皆系富商大贾，公正明干。谕以嗣后工商争执，秉公善为调处，庶安居乐业，工可争强于艺作，商可竞胜于资财。

三月表称：景镇工商，数十万人，良莠不齐，动辄滋事。自设立商会，以资联络，迩来各窑户均已次第开窑，地方较为安静。此后更当督同商会绅董，认真劝导，冀收实效。至市廛向用制钱，不用铜元官票。现已由官银总号派委易守郁芳，到镇开办分号，即当商同办理，务使官票铜元，一律畅销，利源日辟，有益公家。

闰四月表称：县境产米无多，景镇地广人稠，所食米谷全赖外来接济。前因各处米价陡涨，而安徽祁门等县复来贩买，镇商存货日少，来源又稀，抬价居奇，人心惶惶，深恐游民借缺食为名，乘机滋事，即经严禁出境。一面劝令米商平价，再赴抚州采办米谷，以资接济。日下采办者，络绎运回，米价平减，人心大定，商业悉安。

八月表称：欲兴商务，先开民智。现行各项报章，凡有关于时政及筹办实业者，无美不搜。现于景镇育婴局内，先行设立阅报社一处，将奉发各种报章发交传观。另饬各绅筹定经费，择要购置，凡识字者均可入社阅看，不取分文，俾开风气，试行有效，再行推广。

九月表称：十四夜半，方家同地方失火，毗连官银分号与天主堂，只有一同之隔，当即亲督兵役，极力救护，共烧五十余户，而官银号及教堂均尚无恙。其被难之户，业经酌量抚恤。惟一镇之大，仅只水龙一二具，街巷又无储水之桶，往往因此延烧，不能立时扑灭。现经谕令各店户，置备太平水桶；并饬三帮绅首，筹费添置水龙器具，保卫商业，大有裨益。

矿务

光绪三十一年四月，李令克鏻表称：西北乡煤矿，前县任内，据绅禀请开采，以无费中止。当经前县张令，印发股票，谕绅劝办。现尚未据该绅将如何集股举办情形禀覆。

七月表称：开办煤矿，招股不易，已催据两乡绅士章甫等，将原领股票一百张，缴回涂销。嗣后尚无禀报开矿之处。

德兴县

农务

光绪三十年八月，曾令传泗表称：县处万山之中，地势甚高，仅有一线溪河，四乡田亩皆赖此以资灌荫；然低洼不免水溢，高阜易遭干旱。前饬邑绅，在于白沙关青板桥适中村庄，开塘数处，业据禀报工竣。现当秋收之际，通县约有七分。前闻黄柏村一带，地高缺水，业经饬据该处绅耆具报，已督饬农业人等，广开塘堰，不日即可竣工，将来农务可望振兴。县境最宜种树，向以茶叶为大宗，竹木、茶子次之。此外果木杂树，土性均不相宜。每于接见绅耆时，谕令考验土性宜种何物，劝导农民广为种植。

九月表称：黄柏村新开塘堰，业已具报工竣。乡民咸知水利为农田之本，均能踊跃从事。现仍劝谕各乡绅民，趁此冬晴农隙，将旧有塘堰，挑淤挖深；其缺水之处，宜再多开，以资灌溉。

十一月表称：东乡银岭关，西南乡济源岭、梅溪坂等处，有荒地五十余顷，现在责成业主，立限开垦。东南乡郑家坊、垄头等地方，添种杉树、茶子五处。西乡雾山、枣树岭添种苗竹六处。东北乡青板桥、龙冈头、醴泉村等处，添种茶叶、甘蔗十二处。各乡所种粟、谷、芝麻，早已收获，现又布种荞麦。

三十一年四月，杨令景星表称：银岭关、济源岭、梅溪坂等处荒地，共有五十余顷，先后由业主报垦数处。陆续诣勘二十余顷，其中土肥者十居三四，土瘠者十居六七；间有人力不敷者，招佃辟垦，约十居四五。均经饬令各业主，分别肥瘠，议定年分，先后交租。现又经业主续报十余处，俟下乡时便道往勘。

五月表称：西南乡重溪、华桥等处，添种杉树、茶子数百株。西乡雾山、枣树岭，现又添种苗竹二处。东北乡青板桥、龙冈头、醴泉村等处，添种甘蔗三处。禾稻杂粮，得雨滋培，颇形畅茂。

六月表称：东南乡银岭关及梅溪坂等处荒地，离城较远，尚未诣勘。其西乡济源岭荒地，业于催粮时便道勘明，皆系田亩，惟因地居高阜，缺水滋培，业主人少难耕，雇工费资甚巨，以故去、今两年，荒而未种。当经传谕田主，赶紧招佃耕作；一面开挖塘堰，以资灌溉。现在先种杂粮，来春再种禾稻。

七月表称：银岭关、梅溪坂等处，兹经勘明，系属荒山，并非荒地。询诸土人，佥谓山高土瘠，乏水灌溉，即种以极贱树木，经旬不雨，无不枯槁，改良乏术，致令荒废。

八月表称：县署西偏，有空地一处，长十余丈，宽约数丈，本系留为典史建署之用，现在雇工开垦，拟种各项树株。

九月表称：县署西偏空地，雇工逐渐垦出。县属土产杉树，种植易而获利速，春间抽条插之，数年即可成林，拟俟明春，购枝插种。本年晚稻，收成丰稔。惟田地傍山，多为野豕所害，山间百十成群，昏夜入田践食，虽有猎户，取之不尽。统计收成，只有七分。

十月表称：野豕为害农田，传谕佃业人等，于近山处搭篷看守，遇有豕至，率众驱逐；并雇猎户，设法收捕。十月望后，天适大风，嗣后野豕逐渐稀少。

十一月表称：树艺一项，须择土宜。县处万山之中，土性干燥者多。查苎麻之性喜燥，似与县境相宜。现将滁州黄厚裕所著《苎麻法略》，遍贴晓谕，劝民于明春多种苎麻，以兴地利。

十二月表称：种植最忌折害，亟应认真保护。如苗竹一项，为出产大宗，二十一都茅桥等处，历来大年出笋，禁人挖食；小年无笋，不禁挖取。今届大年，十未出一；来春小年，笋必尽出，任人取食，立见濯濯[①]。查合邑纸槽，历蓄苗竹，年无大小，一律禁挖。同一苗竹，岂能独异？已经出示晓谕，凡有竹山之家，无论年分大小，毋许挖食竹笋，致耗利源，有妨生计。

三十二年正月表称：署西空地，已于去冬先种菜蔬，兹已交春，拟即改种苎麻，一劳永逸，图获厚利。奉发草本桐子，已交绅士如法栽种。若土性相宜，自当饬令多购种籽，随地播种。

二月表称：署西空地，现已雇定佃人六名，将地复行犁松，给发钱文，令购麻秧，遵照奉发《苎麻法略》栽种，多挑细沙，堆护麻根，以防水浸。倘土性相宜，采绩有效，再令民间多购广种，庶于竹木、茶、纸外，又添一宗利源矣。

三月表称：南乡白茅港、小木源等处，查有荒芜山田数十亩，业户无力垦种，野豕又复为害。现经询明情形，劝谕农民猎户，先将野豕驱逐，再将山田开垦，田种稻粮，山栽树木。

四月表称：自示禁挖笋以后，现已森森成竹。又东南乡荒山，所在多有，已经示谕居民，劝令一律种竹。

① 濯濯：光秃貌。《孟子·告子上》："是其日夜之所息，雨露之所润，非无萌蘖之生焉，牛羊又从而牧之，是以若彼濯濯也。"赵岐注："濯濯，无草之貌。"

闰四月表称：县属向本产茶，惟种法制法，均不讲求，以故销场年逊一年。适奉督宪派员前往印度、锡兰，考察植茶、制茶之法，编列成书，札发到县。即经转发绅商、茶户人等，令其如法栽植，购机仿制。果能逐渐考求，茶务当有进步。

五月表称：西南乡地处高阜，田禾需水灌荫。前谕农民多开塘堰，现闻所开池塘倾堤数处，已饬令赶紧修筑完固，以蓄水而防旱。

六月表称：东南乡一带荒山，迭经出示招垦。兹有职员笪宗元，邀集乡民，拟于秋后协力垦作，先种本邑通销之茶、竹两项，而以草本桐子及苎麻为新植品。已为力担保护，俾令踊跃从事。

七月表称：白茅港、小木源等处山田，前经劝谕业户赶紧垦种，兹经便道勘明，仍旧荒芜。传询业主，始知荒废之故，一由业主无暇垦山，雇工又复价昂；一由野豕蹂躏，并为邻邑人畜践害；一由山高土瘠，缺水滋培，得难偿失。因此观望，不知地非不毛，山可种树。复经劝令逐渐开垦，审择土宜，若松若柏，随时种植，既不畏旱，且亦省工，人害可禁，畜害可驱，由县力为保护，切勿因噎废食。该业主允俟晚稻登场，尽力以图。

八月表称：据白茅港、小木源等处业主禀称，该山距居庐甚远，今欲开垦种树，必须搭盖篷厂，派人看守;估计工程，所费甚巨，民等出资既属无力，集股又乏同志，垦请拨借公款数百金，分年缴还等语。当以并无闲款可拨，仍饬该业主自行筹办。

九月表称：兹届采取茶子之时，男妇络绎不绝。西乡各都，有等棍徒，借检拾茶子为名，或混入盗摘，或恃强夺取，往往口角争殴，滋生事端。该县派差弹压，此次相安无事。

十月表称：县属土多硗瘠，全借肥壅。农民于肥料一切，多未讲求。现经谕绅督饬农民，在于隙地设立窖藏，派人于街市收检，田土既得肥料，地方亦觉洁净。并将奉发《农学报》发绅翻阅，摘录肥料各法，令其考究，以期进步。

十一月表称：县属于刈稻后，接种菜麦，塘堰亦皆深浚。惟禾稻收成虽丰，谷价仍未能平，盖由邻邑搬运。本拟即行禁止，一恐谷贱伤农，二恐完粮减色；拟俟开年，禁止搬运。

十二月表称：上年奉发草本桐子，曾经交绅在新营银堂庙地方试种。兹据该绅来县面称，桐子最易长发，高逾五尺，枝干生有棱刺，牛羊不能践踏，每粒收子约二升许。当经令其分布籽种，辗转传栽，取子榨油，五六年后，定为地方一大利源。

三十三年正月表称：茶叶本为大宗出产，行销远而获利优，只因焙制不得其法，销数不能畅旺，茶户无意种植，未免因噎废食。劝令种茶各户，将督宪颁发《考察茶务》一书，认真考究，以图改良进步。

二月表称：东南乡荒山垦种茶、竹，曾于上年六月填报。兹因赴乡催粮，查得职员笪宗元等，所种之茶成活数百株，竹亦成活四百余株。惟野豖时虞践害，已谕令设法驱除。

三月表称：留笋蓄竹，前已劝令山主舒姓遵办。兹又劝令舒姓，于北乡杨家坞，种茶叶树八百余株、茶子树三百余株。已为出示保护，勿许践害。

四月表称：各乡产茶尚旺，价值亦较便宜。日来各茶号拣择烘焙，加意监制，拟于下月运沪销售。成本较轻，制造略善，头帮运沪，获利必厚。

工务

光绪三十年九月，曾令传泗表称：县属民多务农，不甚留心工艺。虽有造纸榨糖者，纸既甚粗，糖亦不洁，以致销路不畅，利息微薄。现经会商士绅，拟令雇订他县精于造纸榨糖工匠，来县教授制法，俾有则效，渐臻精美。

十一月表称：西乡旧有花笺纸厂十余处，现因南乡产竹尚多，劝集商富，在重溪等处添设两厂制造。并另起一厂，雇募广信纸工，仿造连四纸，尚为光洁。北乡旧有糖坊十余处，因土产红蔗不能提制白糖，现谕种蔗各户，来年另雇糖师，精为熬制，以期改良。本地产竹既多，已雇河口竹匠二人，借县城隍庙房屋，收养无业之人，教以竹匠手艺。现仅收养三名。

三十一年四月，杨令景星表称：学制竹器艺徒，所制簸箕、筛箩，均属粗劣。兹又收集二人，质性灵慧，采购南丰针凿簸箕、徽州篾簟等项，饬令竹工教之仿制。

六月表称：县境与乐平县接壤，而乐平所出烧酒，以粟、麦、膏粱为之。此等杂粮，随处皆有。劝谕商民，开设醩坊，仿造烧酒，以开利源。

七月表称：仿造河口竹器，现在尚堪适用，较前略有进步。

九月表称：县属土旷人稀，工资甚贵。即如稻谷一项，向以人力舂碓成米，出米少而费多，不免谷贱伤农。境内溪河一线，间有以水碓舂米者，惜乎造碓不多，未能推广。已经劝据农民，多筑水碓，较之人工，事半功倍。

十月表称：南门外原有水碓一所，近因年久失修，不堪应用，劝据该业主修整完固，每日出米甚多，既熟且白，人争购之。

十二月表称：土产竹为大宗，熟货仅有纸张一项。无竹则无纸，其事适相因。业于禁止挖笋示内，劝令多设纸槽，是于保护种植之中，隐寓振兴工艺之意。

三十二年正月表称：土产连泗等纸，销数迥不如前，皆因洋纸盛行，夺其销路，乡民只知守旧，未能设法改良。劝谕纸工，派人晋省，考求改良之法。

二月表称：竹木为出产大宗，常运售于邻境。而木器竹器，稍为精细者，悉由他境输入。即如纸帘一项，为造纸所必需，亦必远购粤东。莫如派聪颖子弟，往各埠学习，业成回县，辗转传授，使土产生货悉变为熟货，则利源不至外溢，民生亦资利赖。

四月表称：城内所售竹木等器，货粗价昂，皆因工无师承之故。亟宜创置工艺院，雇募工师，招集良家子弟以及无业游民，购备各项物料，教以制造竹木各器及蒲鞋、草箦、帽笠等类，务使出货日多，销场日广。俟会绅妥筹的款，再行禀报开办。

闰四月表称：现经购置署前空屋一所，改为工艺院，招集游民习艺。但屋宇不宽，兼且欹漏，尚待修理。又另赁屋旁董姓荒芜圃基一片，以为作工之场。惟修整房屋，延师购料，一切用费，尚未筹定。现在赶紧筹办。

八月表称：四乡不乏樟树，土人取供薪爨。每于因公下乡，常见古樟大可数抱，废弃实为可惜。爰约同志，会绅商筹，集股买樟，雇匠熬脑。客籍土著，均许入股，惟此间风气未开，附股者恐难踊跃。

九月表称：集股熬脑一事，所集股本无几。闻有粤人刘姓，曾在安仁等县熬脑，考求得法。兹经该县林县丞函邀来此，量股买樟，先行试办。

十月表称：县属产木，小者多而大者少，无论造屋制器，概归大木作坊为之，以致所制器物，粗笨不堪。该县发出木器数种，令其照式仿造。现开小木作坊一家，若能逐渐推广，较之运木出售，获利必厚。

十一月表称：熬炼樟脑，必先延雇工师。现奉批示，省城拟设公司，外县商民均可附股。自当广为布告，劝集股分。

十二月表称：县属产竹最多，向运饶州销售。如得良工仿造器物，运销他处，获利更厚。拟请工师来县，招集聪颖子弟，设一工艺学堂，专教制造竹器。

三十三年正月表称：竹为造纸原料，前已禁人挖笋，现复出示严禁。庶西南乡一带，制造花尖纸者，原料既充，出货必广。

二月表称：伐竹运售，获利有限。自劝令制造竹器以来，所出各货尚称精细，竹篮一个可售数角，可见生货之利，不如熟货之厚。

三月表称：县境向无织带之户，民间需用，非购自邻县，即买于肩挑带客，颇觉不便。兹有奉拨军犯一名，素习织带，已经给以资本，令其织出宽、狭各种带子，尚能适用，人多购之。

四月表称：劝谕工匠制造竹器，已能制出竹床、竹椅等物销售。时当炎夏，尚无制卖竹帘者，现经给以帘式，令其仿造，虽不精细，究可避暑，徐图改良，必能收效。当经本局以该县提倡工艺，批示奖励。仍饬督率工匠，渐次改良，以期艺精物美，开通利源。

商务

该县商业，向以红茶为大宗，惟焙茶不精，行销日减。

又产苗竹甚多，专供造纸之用，自洋纸盛行，销路亦滞。该县杨令禁民挖笋，皆蓄成竹，以充造纸原料；并劝仿制竹器，以开利源。木亦大宗出产，常运外境销售，亦经杨令劝开小木作坊，制为木器出售。县境僻处山中，生意骤难发达，是以尚未设立商会。

矿务

该县略产土磺，时挖时停。光绪三十二年七月，本局于该县政事表内批示：该县土磺，前据景德镇硝磺分局委员江理问锐禀称出产甚广，而该县造送矿产一条，未据填报。饬即查明产磺矿地共有若干处，现由何人私挖，详细禀报。一面严饬遵章领照办理。

嗣于十一月，据该县杨令景星表称：铜厂等处，于前数年被水之后，山裂出磺，土人煎而售卖。其产磺之山，皆一龙发脉。该处田土甚稀，且经磺水灌溉，收成歉薄，赖有磺产，以为生活，时挖时止，姓名不一。检查案卷，江理问曾经移县，谓其派有友丁，在铜厂设立支局，平价坐收。迄后未知办理情形。

十二月表称：县属亦有银矿，前县陈令祥燕任内，经邑绅杨子琛将矿苗带至上海化验。据称矿苗尚嫩，不堪采取，以是中辍。

三十三年二月表称：铜厂磺矿，奉批饬立公司，请领执照。已经出示晓谕绅民，集股开办。

四月表称：磺矿有无不定，近坟处又不能开。其挖矿者，多系无赖，作辍靡常。设立公司，难免不受亏折，招股甚难，开办无期。

安仁县[①]

农务

该县设立农工商务局，派绅四人经理，已垦宾兴馆荒田四十余亩、放马洲荒地三十三亩。并饬据熊姓领垦盂津外荒洲，播种菜麦；暨东、南二乡，领种蔗种一千六百余株。城垣内外，种蔗四千余株。沿河堤岸，各处山地，栽种桐、杨、柏、梓各树。已于光绪二十九年，据该府委勘禀报，纪载前略。

三十年九月，马令振仪表称：境内晚禾，现已收刈。补种杂粮，一律青葱。县属荒山，计有三十余处，虽经前县谕各业户种植树木，日前分投饬查，尚有未及遵办之处。查山土性润，种竹最宜。现在会绅筹议，广兴种竹。当经批饬会绅妥议，一律开垦，各就土宜栽种，以收地利。

十月表称：各乡原有塘堰，谕令乡绅清查，如有坍塌，趁此冬晴水涸，一律补修完固。县属所产甘蔗，现已设棚开榨，每日约出糖二三百斤不等，惟所种不多，制法亦不甚精。该县前在茅店厘卡，见赣州熬糖之法甚良，现谕绅传知各业户，考求其法，仿照熬制。

十一月表称：前垦放马洲一带公地，自云锦门直达迎澜门濠沟，计田三十三亩，今岁仍种膏粱，业已收获。各乡塘堰，

① 安仁县：今江西省鹰潭市余江区。

凡有坍塌之处，均已补修完固。

十二月表称：谕令乡民，于来春购蔗，广为栽种，以辟地利。

三十一年正月表称：沿河一带，均系土岸，去年大水冲卸处甚多。现谕附近居民，栽种杨柳，以护堤岸，农田水利，均有裨益。

二月，李令玮堂表称：沿河堤岸，已经前县谕种杨柳，现经饬催该处绅士，督率居民人等，际兹春令，一律栽种。一面谕饬乡民，凡有隙地，察看土宜，随时种植。

三月表称：河道下游三十里，与余干县交界，前于赴任时，察看沿河两岸圩堤，空地甚多，尽可栽种树木。日前晋郡，路过斯地，停舟上岸，接见绅耆，劝谕及时广种，限以五日种齐。嗣回县时，亲诣查勘，约计栽种杨柳、桃、李、桐、柏、杂树，共有二百余株，仍谕一律栽齐，以护堤岸。

四月表称：沿河堤岸，栽种树木。日前遣丁往查，又添植三百余株，惟成活者不过十之七八，已饬妥为培护。并示谕往来行人，不准攀折践害，以冀成林。

五月表称：沿河所种树木，共活四百余株。北门外余、李二姓，各有荒地一片。饬据该业户面称，因无塘堰，仅能栽种蔬菜、甘蔗。业经该县捐资遣丁，前赴乐平，购买蔗秧二千株，运回发给领种。

六月表称：余、李二姓荒地，所种甘蔗，现已长发。惟新垦土性尚瘠，必须重加肥料，该业户培壅一切，尚属得法。将来倘获丰收，来年似可推广。

七月表称：现饬局绅清查境内，如有荒芜山地，责令业主作速垦种。

是月，据该县禀称：城外放马洲荒地三十三亩，业经前县王令会绅勘丈，于二十九年七月间，招佃开垦，试种膏粱，议以三十二年为始，每亩交租谷一石，由农工商务局绅经收，留充地方公用。禀准立案。嗣于上年，前署县马令以小学堂经费不敷，会绅筹商，拟将前项洲地，自三十年为始，不必按亩交租，就田内所收稻谷，各半均分，半给佃户，半充学堂经费。禀奉藩宪批府确核饬遵具覆。该县抵任，据佃户倪四喜等禀称，承垦城外荒地，经王前县议明，自三十二年起租，每亩交租谷一石；其三十二年以前，所有播种利息，准作垦本。去岁马前县主见民等垦地成熟，拟提前收租，即自是年为始，无论年岁丰歉，与小学堂各半均分。当日佃户等已将碍难遵办情形，据实具禀。现在洲地虽已垦熟，惟开垦之初，多费工本，厚加肥料，此时若与学堂各半均分，是当日用去垦费无从收回，即此后应需籽种、肥料以及雇工辛资，亦虞不敷。恳请转禀上宪，仍照王前县原议章程办理。等情据此。该县伏查委系实情，拟请仍照前县王令原禀，自三十二年起，每亩交租谷一石，改归小学堂经收，以充经费。禀请核示前来。当经批准仍照原议，自三十二年起，每亩交租谷一石。惟学堂已收书院改拨之公款，前项租谷能否仍照原议，归局绅经收，作为垦荒工本？饬府妥议饬遵具复在案。

八月表称：北门外余、李二姓所种甘蔗，霜降后可以收割。现谕业户于割蔗后，仍种杂粮、菜麦。

九月表称：余、李二姓于北门外垦种甘蔗，收割尚称丰稔。惟售蔗之资，仅抵垦本，因须厚加肥料，尚觉入不敷出。俟布种杂粮以后，既可逐渐获利，而土性亦可变熟。

十月表称：县属民勤耕种，尚无大段荒地。本月因公晋省，路过西南乡，所见沿河村庄，本年栽种松、杉、杂树，甚属不少。间有旷地，询之该处绅耆，或因近水不能栽种，或因土硗未能成活。细加察看，均属实情，当经晓以辨土宜，讲培壅，实无不可种植之地。复于回县后，邀请农工商局各绅，分赴四乡，再为切实劝导。

十二月表称：据局绅面禀，县属向无大段荒地，惟荒山四乡皆有，多系硗瘠红石；其土性稍为松润，勉可种植者，约有数处。当经劝令传谕各业户，务于明春栽种树木，以期地无遗利。

三十二年正月表称：树木之用甚大，近年价值倍昂，皆由出产日少之故。县属田多山少，是以木植不及南赣一带。间有荒山，半系石质，未能栽种树木。上年冬间，饬据局绅查得二十四都尚有空地数处，当经谕饬该处绅耆，劝令业户栽种。本年各绅来县，据称已将地土锄松，俟春分后，一律栽种。

二月表称：南乡二十四都荒地，已由业户王姓合族，在于虞家岭、雷家岭、献花地三处，种植松秧一万余株；又于李家园、社云岗两处，种有柴木五千余株；并于该都沿河，栽种乌桕六百二十株。均于本月中旬，先后栽齐。现又查有北乡一都王家边山、桃源田塍，五都黄茅坞山各荒地，亦已谕令业户，速为垦种。

三月表称：北乡一都王姓于王家边山种松秧三千余株，徐姓于桃源田塍种茶树二百十四株，五都曾姓于黄茅坞山栽杉树一百二十株、乌桕四十八株。下乡时便道勘明，数均相符，其种植之疏密亦颇得法。面谕各业户，妥为培护，以冀成林而收地利。

四月表称：各乡新种树株，渐已成活，出示严禁居民，勿许纵放牲畜残害，俾重农业。

闰四月表称：查勘本年所种之树，成活计有九成以上，仍饬业户加意培养。

六月表称：春间劝民垦种各树，共计一万余株，时已半年，逐渐长成。该业户深知利之所在，均各极力培养。

八月表称：农民尚勤耕作，如去岁于北门外开出荒地两块，栽种甘蔗，今岁该业户仍旧种植。此外尚多种蔗之家，日后出蔗，似可年胜一年。本年劝据乡民所种各树，亦均成活。俟晚稻登场后，再行出示劝办。

九月表称：晚稻刻已登场，现复布种菜麦。通县收成，尚称中稔，商贩络绎贩运，米价近仍增昂，务农之家可免谷贱伤农之慨。间有空旷隙地，亦必垦熟栽种。一面出示劝谕，借期农事日有起色。

十一月表称：种树为富民之举，近年屡经劝办。每于赴乡时，见有新种果木、桑、茶等树，数甚不少，但非大段荒地，或种十数株，或种数十株。该业户因系分内之事，多不赴县禀报，以致县中亦难查其确数。如本年开垦之虞家岭等处，系因查有民基荒地，会绅往劝，始行办就；且种植树株较多，是以先后具报。当此农隙之时，前经出示劝民添种，现复谕绅往查，切实开导，总期岁岁增种，日形推广。

三十三年三月，陈令敉功表称：各乡土性，与松相近，故种松秧者多，种茶梓者少。然茶梓甚有利益，未便偏废。业经随时劝令各乡绅耆，就其土性所宜之处，赶紧布种，以辟利源。

四月表称：访查各乡种植情形，种松者多，间亦有种茶梓者。其余桐、柏各项树木，乡人未知种法，故种者甚少。现经晓以种法及其利益，俾使地无弃材。

工务

光绪三十年九月，马令振仪表称：县属小民贫乏，苦工甚多。无论何项工作，大都艰于谋始，如织布、绩麻、饲蚕、缫丝以及制造竹木器具，均难行销出境。现已饬绅劝令讲求精美，并拟俟种竹后，仿河口造纸之法，兼造各种竹器，以兴工艺而开利源。

十月表称：前拟造纸并制竹器，绅民均尚乐从。惟造纸非设厂不能成事，拟令城乡各绅，先集股本，设立纸厂，依法试办，以为民倡。

三十一年二月，李令玮堂表称：民以耕种为本，向无大宗工艺。前县拟造竹纸竹器，集绅商议，实缘地瘠民贫，筹费维艰，迄无成议。自当妥为劝导，以期工艺日有进步。

三月表称：县属种麻尚多，惜未谙织夏布。现与城绅筹款，拟赴广信府，雇请织夏布工匠四名，先于城内庙宇，设机教徒学织。俟有成效，再行推广。

五月表称：创织夏布一事，现经购买机器，一面雇匠先行开织，准由民人入内学习。所有匠人工食及购机买麻一切用费，概由捐廉应付。一俟款项集成，即当设局开办。

七月表称：前拟雇请广信机匠四名，创织夏布，现仅雇定两名，中秋节后，约可到县。惟织夏布必先绩麻，而县属妇女，向多未谙纺绩之法，间有能者，亦粗细不匀。现拟选择精于纺绩之人，为之教导，俾所绩之麻，粗细合宜，以便随时收买。俟机匠到县，即行开织。

八月表称：前由广信雇织夏布匠二名，业已到县。当于署内腾出房屋，安设织机。民间绩成细麻，准其送县，即照市价收买，以便克日开织。并邀绅商议，必须收徒学织，方能开通风气，催令筹费设局办理，各绅均允竭力赞成。

十月表称：创织夏布，前已捐廉雇请机匠来县。惟事当创始，独力难支，邀绅商令出资附股，仅由各绅认出资本百元，若遽设局开办，必仍废于半途。现经切实估计，至少亦须洋三百元，方能勉强开办。一俟经费筹定，自当竭力维持。

十一月表称：本地织成棉布，粗劣异常。捐廉购买湖北巴河及本省南昌所织之布，分给四乡绅耆，劝令织户仿照改良，俾能推广销路。

三十二年正月表称：棉布为出产大宗，前经劝令民间改用洋纱，以期细密精匀，织工稍有进步，将来群相争购，不难与巴河之布并驾齐驱。

二月表称：城厢等处，昔年种桑甚多，原为养蚕之需，民间亦知养蚕大概，惟屡被游民砍作柴薪，即于上年冬间，出示严禁。并派人督率雇工，于官地所种之桑，培壅肥料，冀其蕃茂。继复劝民广为育蚕，摘录《蚕桑辑要》内养蚕之法，发给绅民阅看。现在民知蚕桑之利，均愿乐于从事，本年蚕业当能胜于往岁。

三月表称：种桑育蚕，其利甚厚。前经出示劝民兴办，兹拟由农工商务局，先为试养，以开风气。至筹办习艺所，需费甚巨，尚无闲款可拨。现在集绅商议，容俟筹有经费，再行议章禀办。

四月表称：春间饬由局绅托人往浙购买蚕子，现已取茧缫丝，计得三十余两，就地变价，抵还工本，尚无亏折。近城绅民，如郑绅朝祥、倪绅建阳等，同时兴办，亦尚不少，有售价十余元者，亦有七八元者，概由本地丝线店收买，合计约有千元之数。此次尚系试办，来年必须力图扩充。

闰四月表称：局内养蚕，已毕乃事。县境种麻，尚属不少。现经劝谕民间，绩麻须求匀细。俟绩法精良，再劝学织夏布，务使男耕女织，益厚小民生计。

五月表称：县属出产棉布，殊形粗劣。前由局购买匀细棉纱，雇匠改织厚实棉布，数月以来，民间织布，渐有进步。现拟添织夏布，惟绩麻尚不见多，一俟绩麻得法，自当接续倡办。

七月表称：民间纺织棉布，节经谕令改良，询之布业商人，咸以本地所销棉布多系贩自南昌、丰城等处，今则乡人售卖之布与前迥不相同，各店群相收买等语。察看情形，销路似可推广。至于添织夏布，民间尚未讲求绩麻之法，应再竭力提倡，以求将来成效。

九月表称：棉布改良，进步甚速。间有织夏布者，幅面与万载庄相同，第绩麻尚未得法，夏布粗细不匀。刻下因系初办，自当随时饬求精美。

十月表称：民间种麻，风气尚开，惟不知绩麻之法。秋间各户将织成夏布，交由局绅送县看验，布身过粗，皆由绩法不精之故，现经饬令考求改良。至罪犯习艺所，现奉本府督同七县，捐资建设开办。该县奉派捐银二百二十余两，已经认捐解用。

三十三年正月表称：县属出产土货，素少精致美品，屡欲提倡改良，苦乏匠师指示，因此实业不兴，商务难期发达。现奉饬办艺徒学堂，实为商务最要基础。现拟集绅筹办，俟有端倪，再另禀报。

三月表称：设立艺徒学堂，原可振兴工艺，惟地方瘠苦，筹办不易。容俟会集绅董，妥为筹商。

四月表称：木工制器，向甚粗陋，已饬木匠店主，分赴各埠考究，俟其回县，逐渐改良。至艺徒学堂，迭经谕绅筹办，各绅均以款项难筹为词，容再极力劝办，不任诿延。当经批饬赶紧筹款，早日开办，勿任绅富推延，致废要政。

万年县

农务

光绪三十年八月，文令炳堃表称：通县晚稻收成，约计六分。其被水成灾各户，现奉藩宪行知，准发赈抚银三千两。并委员来县勘办，已查明极贫、次贫户口，由县筹垫，按户散发。至垦荒一事，自应由官先行试办，以为民倡。现将演武厅前隙地，开筑官圃，雇工开垦，试种菜麦等类。

九月禀称:演武厅前隙地，丈计二亩有零，四周缭以短墙，雇工将土垦平，作为劝农官圃，试种菜麦，以培地脉。俟来春再察所宜，另为栽植。惟民间锢习已深，必须绅士为之董劝，照会在籍安徽县丞高震、候选训导刘燮邦，帮同劝办，以开风气而求进步。并据禀奉前署抚宪夏，批局转饬会督各绅，认真劝办,考察土宜,广为栽种,以兴地利而厚民生。转饬遵照在案。

又据表称:县处万山之中，树木本极茂密，惟因屡伐不种，遂致日形濯濯。迭经劝谕绅民，及时补种。现据北乡绅民饶昌发等，禀报于遥子冈栽种松秧千余株，请给示严禁盗砍等情。当经撰就告示，发交各乡地保，遍贴晓谕；并许事主拿获盗砍之人，随时捆送究惩，以尽保护之责。

十月表称:县境前被水灾，堤垱半多倾倒，陆续劝据乡民，筹议兴修。现值冬晴农隙，复谕赶紧修复，仍由富者出资，贫者出力，统照向章办理。其有应行疏浚培修之处，亦饬一并赶修，以备水潦而利农田。至官圃试种菜麦，现均青葱畅茂，农民有所观感，已有集议筹股垦荒之举。至种植之利，以茶、桐、柏、蔗、桑、麻为最，已令广为栽种。并将奉颁《栽桑种麻诸法》，摘录散发，俾知考究。其向未种植者，如粤种花生、棉花、烟叶等类，剀切劝导，觅子试种。谕令绅首高震等，设法劝令纠股，立会举办，以期有成。

十一月表称：劝农圃所种菜麦，均甚葱茂。各乡圩堤塘堰，前因被水冲坏，均已次第修浚。惟东乡之官陂、忠兴两垱，工资甚巨，饬令照章按田捐费，通力合作，赶紧兴修，以资灌溉。

十二月表称：乡间荒地，原本无多。本年被水冲坏之田，东乡为最，南北乡次之，业经示谕赶紧垦复。其有山石积压、难以挑垦者，则令栽种竹木，以资补救。东乡官陂、忠兴两垱，饬据绅首禀称，各业户现已按田捐费，次第兴修，惟工程较大，来春方可蒇事。

三十一年正月表称：前垦劝农官圃，时当春令，拟将本地所无者，如靛青、烟叶、西瓜、粤种花生各项，分别试种，以辨土宜。已择老农一人，以司照料。凡耕耘肥壅诸事，均令雇工办理。并移请警察委员，督绅劝办。所有上年垦地筑墙工资及租用牛具等项，共用四十余元，悉由捐廉付给。

二月，余令嘉珍表称：农民不甚讲求树艺，桑、麻、桐、柏、果木等类，所植无多。东南等乡，向产竹木，足供造纸刈薪之用；惟因上年被水，竹木颇多损坏，现谕绅耆，劝令补种。西北等乡，所种甘蔗、莲子，只供本地食用，亦经劝谕广种，以兴地利。至劝农官圃，拟俟菜麦收割后，试种果木杂粮。

三月表称：东南等乡，向以种竹、造纸为业，现经劝谕补种苗竹，兼种乌柏、茶子等树。其被水冲废田亩，凡积沙较少、人力易施之区，不难陆续挑复。兹据大源村业户孙凤池等呈报，已经开垦三百一十余亩。至演武厅前隙地，文令已开劝农官圃。但演武厅房屋，久已倒坏，仅存空地一片。现拟会同城守外委，仿照官圃办法，招工开垦，试种稻谷、杂粮。

四月表称：冲废田亩，饬令业户核实开报查勘，惟契据多被漂失，一时颇难清理。近奉札饬举办垦荒，是旧荒尚应开辟，新荒岂可听其成废？现经劝谕设法挑垦。兹据东乡石源村职员程金銮等，具报垦复者五十余亩。其有人力难施者，自当查明勘丈禀办。北门城内后山，查有荒地一片，约计二亩；现经捐廉雇工开垦，四面修筑围场，试种木棉，以示劝垦。各乡应修陂垱，均已饬令照章出费修筑。遇有因垱涉讼之案，无不立予查勘，秉公讯断，以杜后衅。

五月表称：前表所报大源、石源等处垦复田亩，均系上年六月，水冲原有熟田，并非向来荒土，现在照旧耕种稻谷。其余被冲田亩，饬催赶紧挑复；其万难耕稼者，各相土宜，栽种桐、茶、果木。前县锺令秉谦任内，据报东乡黄墩、南溪等处所种松秧，查悉成活六成。文令任内，据报北乡绅民饶昌发等，于遥子冈种松一千余株，查悉约活六七成之谱。劝农官圃所种之麦，今春雨雪较多，收成歉薄，现拟试种膏粱、苞粟、荞麦。北门内荒地，已种芝麻、绿豆、膏粱、木棉等物。忠兴垱工程较大，需费颇巨，现据该处绅首，禀经示谕各业户，查照向章，按田捐费，赶紧兴修，报县勘验。

六月表称：县属山田居多，最畏干旱。本年旸雨应时，塘堰均有蓄水，早、晚禾稻，可望丰收。上年被水未垦田亩，现经刊发格式，示谕照式填报，以凭亲诣查勘。其已经垦复之处，种稻不及，令其补种杂粮。

七月表称：本月大雨兼旬，早稻颇多发芽，幸已晴霁，渐次收割，通县收成，约有七分。晚禾得雨，尚觉畅茂。惟劝农圃所种芝麻，因雨过久，收获不多。

八月表称：锺令任内，所报西乡雷华村民人黄添彩，于张家岭背及艾家门首荒山两处，种松六百五十株；北乡石头村民人吕官祥等，于楼子源地方荒山，种松五百五十株。成活株数，查有六成。至忠兴垱工程，前经示谕派费分段修筑，现尚未报工竣。

九月表称：县属山多田少，民间以竹能造纸，松可刈薪，故种植为最多。乃自上年被水以后，北乡石头村职员吕逢春等原报大凹地方种松三千二百株，职员吕云章等原报朱树岭种松二千四百株；均因被水冲刷，成活仅有一成。其余如北乡板桐村生员侯一位等、板舒村监生蒋学桢等、曹文村武生曹正荣等、东乡黄冈村监生刘桂林等、珠坊村生员王宝盈等、荷溪村监生彭克振等，原报各将祖遗荒山集股栽种大小松苗，均因被水，冲倒无存。现在分谕仍旧集股补栽，或改种苗竹，蔚成森林。

十月表称：上年被水冲毁田地，以东乡为最。现查所报田亩，除声明可以开垦不计外，冲废仍有百顷之谱，捏熟为荒，在所不免。已经出示晓谕，令其将所报荒田，出具“如有隐饰捏报，查出愿甘究治”切结，呈县查勘，以杜朦混；如当时误报，准其呈明更正，宽免深究。

十一月表称：种植事宜，迭经劝导。并于查办义图时，集绅来县面谕，据称山场可树艺者，早已栽种竹木，惟土薄多石之山，种树不能成活。每遇因公下乡，查勘尚系实情。修筑忠兴垱，虽已动工，尚未蒇事。现饬通力合作，务于年内告竣具报。

十二月表称：县属农民，自经劝谕以后，稍知讲求水利树艺，惟尚不知畜牧为农家最大最速之利。昔陶朱猗顿，富拟王公，考其致富之由，不过曰五牸而已。现奉饬考求渔业，广牧牛只，均已出示晓谕。此外如猪羊鸡鸭，获利尤溥。现拟饬绅在于各乡设立劝牧所，讲求孳生喂养之法，举绅二人为会长，每遇星期，邀集村人演讲一次，所费有限，当可乐从。

三十二年正月表称：东北等乡，黄冈等村，前种松树，均于三十年六月间被水冲去。现经饬据监生刘桂林等，仍旧邀股补种松、竹。至上年水冲沙塞之田，按诸禀报，成为废业者，约有一万余亩。其积沙稍浅之区，除劝谕陆续垦复之外，尚有数千亩，多系零星小户，财力不及。前拟筹款设立因利局，果系赤贫无力，准取的保，酌借资本，定限归还，稍加利息。现正集绅筹议，俟有端倪，再行禀报。又修筑忠兴垱工程，虽照向章按亩派费，但据绅首禀复，各户不无拖延抗缴；加以今正久雨，工作难施，是以未报完工。业经示谕催缴修费，饬令赶修，核实报销。

二月表称：劝农官圃所种菜麦，均已长发。各乡水冲荒田，多与原报不符。现因查办义图，令各图长按照粮册填注，出具并无捏报甘结，随册呈缴，以凭清查。其东、南各乡竹木山场，据承办义图各绅来县面禀，已经陆续补种。因公赴乡，便道查看，尚非虚语。忠兴垱工程，业据绅首禀报动工，分段修筑。兹仍勒限修竣，饬令报县验收。

四月表称：劝农圃及各乡所种菜麦，现已刈获，收成约有七分。早禾亦均长发。现赴东乡查勘荒田，周历各处山场，松苗虽多，成材不易。惟富源等村兼种茶子、乌桕，种植易而获利速，谕令居民广为栽种。其所种松苗，颇称畅茂。但盗窃践害，虽经示禁，仍不能免。旋据廪生许养贞等，禀请示禁，因再给示禁止，以资保卫。

闰四月表称：东、南等乡，地高多山。西、北等乡，低洼滨水，自入夏多雨，其中不无被淹之处，当经随时查勘，饬令补种晚禾。其已经垦复田亩，现有具报复被冲塞者，仍令业户设法挑复。所有陈营村之忠兴垱、胡杉村之高桥陂石垱、石源村之官陂垱，均据具报于初四之夜被水冲倒。现已谕饬各业主，仍照向章，集费修筑，富者出资，贫者出力，通力合作，克期告竣。

五月表称：早稻渐次刈获，收成约有七分。东乡被冲田亩，清查尚需时日。现经先行筹垫资本，拟在县署设立因利局，先就附近荒田办起，凡赤贫无力者，酌借资本开垦。其余各乡，谕绅一律照办。另议章程，禀报立案。

六月表称：东、北等乡，黄冈等村，所种松苗，前年被水冲倒，现已仍旧集股，一律种松及竹。因利局原为垦荒而设，先以东乡为起点，各乡则由绅集资仿办，责成图长据实查报。前报陈营等村，被水冲倒石垱，现仍饬催赶修，俾得灌溉有资。

七月表称：西、北两乡，地势最低，一遇鄱湖水涨，即有失收之虑。四五月间，雨泽稍多，早稻收成，已形歉薄；讵自七月以来，鄱湖复行盛涨，田禾被淹，现仍未退，时逾白露，补种无及。当经亲诣查勘，督饬农业人等，设法疏消，补种杂粮。所有已修复冲堤垱，亦饬业户集费兴修，以御水患。

八月表称：东、南等乡，前年被水冲倒竹山，现经因公赴乡，便道查勘，已由业主一律补种，三四年间可以成林，纸槽亦逐渐复业。西、北两乡，被淹田亩，现已消退，谕令赶种杂粮，以补不足。其冲倒堤垱，惟忠兴垱工程较大，其余修筑尚易。

现由各首事具禀，批饬照章分段集费，限令赶修报竣。并分谕各首事，派费务须秉公，一俟竣工，仍将进出费用，榜示通衢，以昭大信。

九月表称：晚稻业已登场，收成约有七分。各乡荒田可垦者，劝令陆续垦复；未能开垦者，令其改种树木，期成森林。其冲倒圩垱，有尚未派修者，亦经传案具结，督催承修，免误要工。

十月表称：各乡三十年被冲田亩，前报拟在县城设立因利局，借给资本，谕令开垦；然此事必须择定公正绅士为之经理，庶借款不致虚悬，事归实济。现在赶紧集议，妥商定章，即行专案禀报。

十一月报称，乡民集股所种松苗，颇觉畅茂，如有纵放牲畜践害者，准受害业户报县传案究罚，以示保卫。

十二月禀称：县属自三十年被水之后，田多冲废，查其沙石积压、不能开垦之田，约百余顷；其人力可施、易于为力者，除劝谕陆续开垦外，尚有非一二年可以垦复之田，约在数千亩。兹查前年被灾之区，以东乡为最甚；被冲田亩，亦以东乡为最多。今拟先从东乡办起，设法筹垫资本五百千文，由县署设立因利局，谕令该乡绅耆设法凑集。责成该图图长，逐一确查，如有零星小户，荒田在五亩以下，无力开垦者，准取的保，借给资本，依限垦复，定期归还。其余所报冲废田亩，有已经垦复、仍复混报者，兹经出示晓谕，勒限呈契，俾得核实勘办。酌拟章程四条，开折禀乞立案。旋由田赋税契局，移奉抚宪瑞批示，所议章程，均尚妥协，应准照办。行局会同藩司粮道，饬即会督各乡绅富，赶紧筹款举办。一面晓谕各业户，将冲废田亩契据呈县勘办，毋任挨延，以杜朦混。移局转饬遵办在案。

并据表称：种植事宜，迭经随时劝导。兹据东乡石源村廪生王永定，具报于冲废田内，栽种柏树一千余株。又据职员余崇五，具报购种桑秧一百二十株。现仍随时劝谕，借收地利。

三十三年二月表称：居民种植，仅止松、竹，而于桑、麻、茶子、桐、柏等类，不甚讲求，急宜购买试种。此外惟甘蔗为本邑素产，获利较速，亦宜遍行种植。但考求土宜，必须多设社会，难得承办之人，尤难于无兴办之款。现拟谕饬各乡，各举正绅一二人，派充绅董，劝令纠股设立社会，凡有荒山隙地，各相土宜物性，购种试办，以开风气。俟有端绪，定章禀报。

四月表称：劝农官圃，自三十年十二月创办以来，兼种稻谷菜麦，因垦地不广，物产无多，不过官为督劝，以期逐渐推广。当经本局批示，该县禀设因利局，开垦荒地，现在有无成绩，民间曾否观感仿办？饬即查明具报。

工务

光绪三十年八月，文令炳堃表称：县属民情鲁朴，所出货物，粗劣不利行销，民间所用布匹，且须仰给外贩。其余工艺，均不讲求，自非由官提倡，不足以开风气。兹拟设劝工所一区，将土布先行改良试办，由县筹款置备土机，雇用工匠，试织细布，并招居民来院学习。如有成效，再将织造洋布等事，次第举办。

九月表称：劝工所已购土机，办就洋纱，因本地机匠不谙浆织诸法，必须另雇外工，方能开办。现已派人至邻邑雇觅，日内当可到县。

十月表称：东门内有充公房屋一所，已设警察局。尚有多余房屋，即将劝工所并设该处，俾警察员绅得兼督劝。现已雇到机匠，于初一日开工，日可成布十余匹，经纬均甚缜密，尚合本地行销。其织洋布机器，亦当筹款购置。

十一月表称：劝工所兴办一月，共织成布四百余匹，仅供本地销售。通盘筹算，颇有利益。在工学习之人，亦皆欢然乐从。

三十一年正月表称：劝工所内，原无的款，现经拨给充公洋蚨二百元，以为劝农圃、劝工所经费。移请警察委员，督绅劝办，并兼管官圃事宜。留原派绅士一人，帮同筹办，略给夫马伙食，以期认真办理。裁撤司事，以节费用。所有上年办纱雇匠、薪水火食、备置用器各项，均系挪移垫用。除将所织布匹售价还垫外，不敷尚巨，胥由捐廉归补，并不开支公款。

二月，余令嘉珍表称：劝工所织成布匹，仅合本地行销。必须将本地素不出产之货，次第仿造，惟须先筹经费，拟俟谕绅筹款试办，以拓利源。

四月表称：督饬警察员绅，将劝工所内布匹，改织南庄土布，分发各店代售。

五月表称：劝工所改织南庄土布，东乡富田等村相率仿织，出布较多，市侩垄断居奇，售价不能稍昂。现拟加染青蓝，改织柳条、蚂蚁等布，督饬工匠，加意讲求，总期货美销畅，徐图扩充。东乡三尖岭地方，原有纸槽数十户，造作花尖纸张；去夏竹山被水，今春出笋不多，槽户遂亦寥寥无几。现经劝谕绅商，垦地种竹，招工开槽，以收游民而广利源。

七月表称：上年被水停歇各纸槽，现在渐次复业；惟补种之竹，非三四年不能成林，出纸自较往年减色。业经劝谕各业户，多种苗竹，以充造纸原料，广为造作。

八月表称：劝工所每月织成土布，综计一百五十丈左右，经费皆系由县筹垫。拟俟学堂经费筹足后，再行劝谕招股集费，设立公会，广兴制造，以开风气。

九月表称：花尖纸一项，本为民间工艺出产之次，往年可出纸一万余块；自上年竹山被冲，槽屋半塌，本年出纸，不过十之三四。现谕业户招集纸工，兴复旧业，冀保利源。

十月表称：民间造纸，株守旧法，劝其广筹经费，购机雇匠，首先改良。迄无成议，容再筹集经费，考察扩充。

三十二年二月表称：劝工所工匠人等，前因给假度岁，停止工作。本月二十八日，已经开工，仍旧织造土布。

七月表称：劝工所自织造土布以来，民间仿织者多，惟仅织土布一项，不足以拓利源。现仍劝谕绅民，筹集经费，另设公司，或附入公所，悉听其便。俟有端倪，再行禀报。

八月表称：奉颁木机式样，示谕民间，集股仿造，雇觅工匠，广兴工艺。

十二月表称：劝工所织出土布，仅敷工本，并无余利。现届岁暮给假，已于二十四日停工。容俟开年，再行兴办。

三十三年四月表称：劝工所于三月朔日开工，仍将土布改良织造。惟只行销本地，容俟筹有专款，再行扩充。当经批饬宽筹经费，扩充举办，并逐渐改良，精益求精，借广销路而辟利源。迅将所织之布，呈解一二匹来局，以凭考核在案。

商务

光绪三十一年十一月，余令嘉珍表称：县境界在鄱阳、余干、乐平、安仁、贵溪五邑之间，道路纷歧狭隘，一遇霖雨，步行亦防凝滑，是以商旅裹足，市面萧条，日用之物，且多不备。故欲流通货物，必先平治道路，使百工商贾，皆愿出于其途。今择其尤要者，一自县城北行四十里，至石头街，抵乐平河，以下通九江；一自县城南行六十里，至安仁县，抵广信河，以上通闽浙，则闽浙长江之货，可以流通。路工只须筑以碎石，所费当亦不巨。其地虽在南、北两乡，但此事关系通县商务，请以西乡益南乡、东乡益北乡，分段承修，免至推诿。现与绅士商定，出示筹办，以期商务发达，日有起色。

矿务

光绪三十年八月，文令炳堃表称：余坊鬼岭地方煤矿，系试用布经历郭鞠等领照开采，前因乐平乡民滋事，暂行停挖；现仍照常开采，惟尚未出大炭。

十月表称：鬼岭煤矿，近因出炭无几，亏折甚多，业已停挖。

十一月表称：北乡所产造瓷白土，向由业主自行采办，运往景德镇售销。又西门外溪河金沙，前经试办，并无成效，且于水利有碍，业据绅民禀经示禁淘挖。

三十一年六月，余令嘉珍表称：西北乡白马村禾斛岭，亦有煤矿，曾经乡人开采，嗣因煤苗不旺，且多积水，未能获利，早经停挖。此外并无可开之矿。

三十二年十一月表称：鬼岭煤矿，未经复开。现奉两江矿政调查局，派委县丞张崇德、矿学毕业生沈仁麟，到县查勘，已派差导引，妥为照料。

十二月表称：鬼岭煤矿能否开采，由该委员汇案禀报。